新线介入接口工程指导手册

中国铁路成都局集团有限公司◎主编

中国铁道出版社有限公司

2024年·北 京

图书在版编目(CIP)数据

新线介入接口工程指导手册/中国铁路成都局集团有限公司主编. —北京:中国铁道出版社有限公司,2024.4
ISBN 978-7-113-31175-9

Ⅰ.①新… Ⅱ.①中… Ⅲ.①铁路施工-技术手册 Ⅳ.①U215-62

中国国家版本馆 CIP 数据核字(2024)第 079522 号

书　　名: 新线介入接口工程指导手册
作　　者: 中国铁路成都局集团有限公司

责任编辑: 陈小刚　　　**编辑部电话:** (010)51870265
编辑助理: 周泰宁
封面设计: 郑春鹏
责任校对: 安海燕
责任印制: 高春晓

出版发行: 中国铁道出版社有限公司(100054,北京市西城区右安门西街 8 号)
网　　址: http://www.tdpress.com
印　　刷: 北京盛通印刷股份有限公司
版　　次: 2024 年 4 月第 1 版　2024 年 4 月第 1 次印刷
开　　本: 787 mm×1 092 mm 1/16　**印张:** 18.25　**字数:** 443 千
书　　号: ISBN 978-7-113-31175-9
定　　价: 136.00 元

前言

本指导手册根据中国国家铁路集团有限公司批准发布的企业标准《铁路工程接口设计指南》(Q/CR 9160—2022)、原中国铁路总公司铁路建设项目接口工程管理相关规定,吸纳成都局集团公司近年来贵南、川青、成宜、叙毕等铁路的建设、运营经验编制而成。

成都局集团公司紧紧围绕加强新建铁路项目接口工程的介入管理,坚持"今天的建设质量就是明天的运营安全"管理理念,加强设计、施工的源头卡控,"不留隐患、不留遗憾"兑现高质量开通运营的目标,通过总结、消化、吸收和再创新,形成了符合运营要求的《新线介入接口工程指导手册》,供参建各单位借鉴使用。

本指导手册由五章组成,包括路基、桥梁、隧道、站场和站房,其内容涵盖边坡防护、防排水、管线过轨、电缆槽、接触网、声屏障、场坪、房建、客服信息等接口工程,并从勘察设计、工程实施和现场介入等方面分析原因,提出建议方案。

主编单位:中国铁路成都局集团有限公司。

参编单位:中铁二院工程集团有限责任公司、中铁二局集团有限公司、中铁八局集团有限公司、中铁建工集团有限公司。

主要起草人:黄英、张可军、王可刚、张华、谭波、祁红兵、邓艽荣、苟浩、苏杰、周红青、陈辛辛、洪伟、马杰、马军、王中信、刘菀茹、张理、周文洋、蒋恒、王海波、许敏、袁立平、罗维、吕奇伟、辜英晗、罗禄森、王建捷、王加一、彭涛、杨利华、陈嘉、李佳妮、蒋倩雯、邢展铭、姚景生、王胜男、罗毅、赵琛、文菓、陈奋飞、邵岩、李云生、张持、梁皓、余柚良、屈智超、王智勇、姜斌、白昆华、冉桃、周鑫、王英、吴亚东、庞小军、罗华、何金龙。

主要审查人:薛斌、王生涛、叶世斌、杨义、刘强、杨斌、赵琴、李龙、冷明松、杨奎、钟彦、陈猛强、李文刚、龙洪凡、何军、甘云健、邹云坤、赵禄山、范国强、周桂平、廖恒、刘建华、伍治平、邓钦文、刘浩、崔志明、周舒琪、李安洪、刘伟、陶伟明、周覃龙、金旭炜、杨岗、林宗良、曾庆华、刘洋、殷家禾、薛元、沈均、周波、胡玉珠、谢海清、鄢勇、雷敏、胖涛、张鲲、甘宁、申允、夏成建、廖宇、曾甫海、刘立峰、范荣鑫、廖建州、梅熙。

特别感谢成都局集团公司客站建设指挥部唐弘，中铁二局集团有限公司甘嵌、吴乾隆、熊亮亮，中铁八局集团有限公司姜宾、雷丽为本书最终校稿。

由于编者水平有限，书中难免有疏漏和不妥之处，敬请读者批评指正。

编　者

2024 年 4 月

目录

第一章

路　　基

第一节 路堑与桥梁接口工程

一、现场情况

路堑地段支挡、边坡防护和排水工程与桥涵工程由不同专业设计，由于工程设计原则不同导致防护工程措施不匹配（图 1-1-1），造成接口工程衔接处协调性差、排水不畅，对主体工程形成潜在安全隐患。

图 1-1-1 桥路分界处边坡坡率、防护措施不匹配

二、原因分析

（一）设计方面

设计阶段专业间未详细对接接口方案，导致设计方案不匹配。

（二）施工方面

施工单位未详细核对设计方案，未发现接口工程设计方案问题；施工单位未详细对接施工工序或施工工艺不满足设计要求。

（三）介入方面

介入单位对施工图审查不仔细，未发现接口工程设计方案问题；介入检查中未及时发现施工过程问题。

三、解决方案

（一）设计方面

（1）设计单位各专业要互提设计资料，桥梁专业牵头组织路堑和桥梁接口工程施工图会审，确保设计方案相互匹配（图 1-1-2）。

（2）施工前设计单位对施工单位做好现场技术交底。

（3）施工中设计单位加强现场巡查和沟通，发现问题及时组织研究和变更设计。

（二）施工方面

（1）施工单位根据设计方案，组织联合现场踏勘，充分听取设计单位技术交底，对接相关单位确定施工工序和施工工艺。

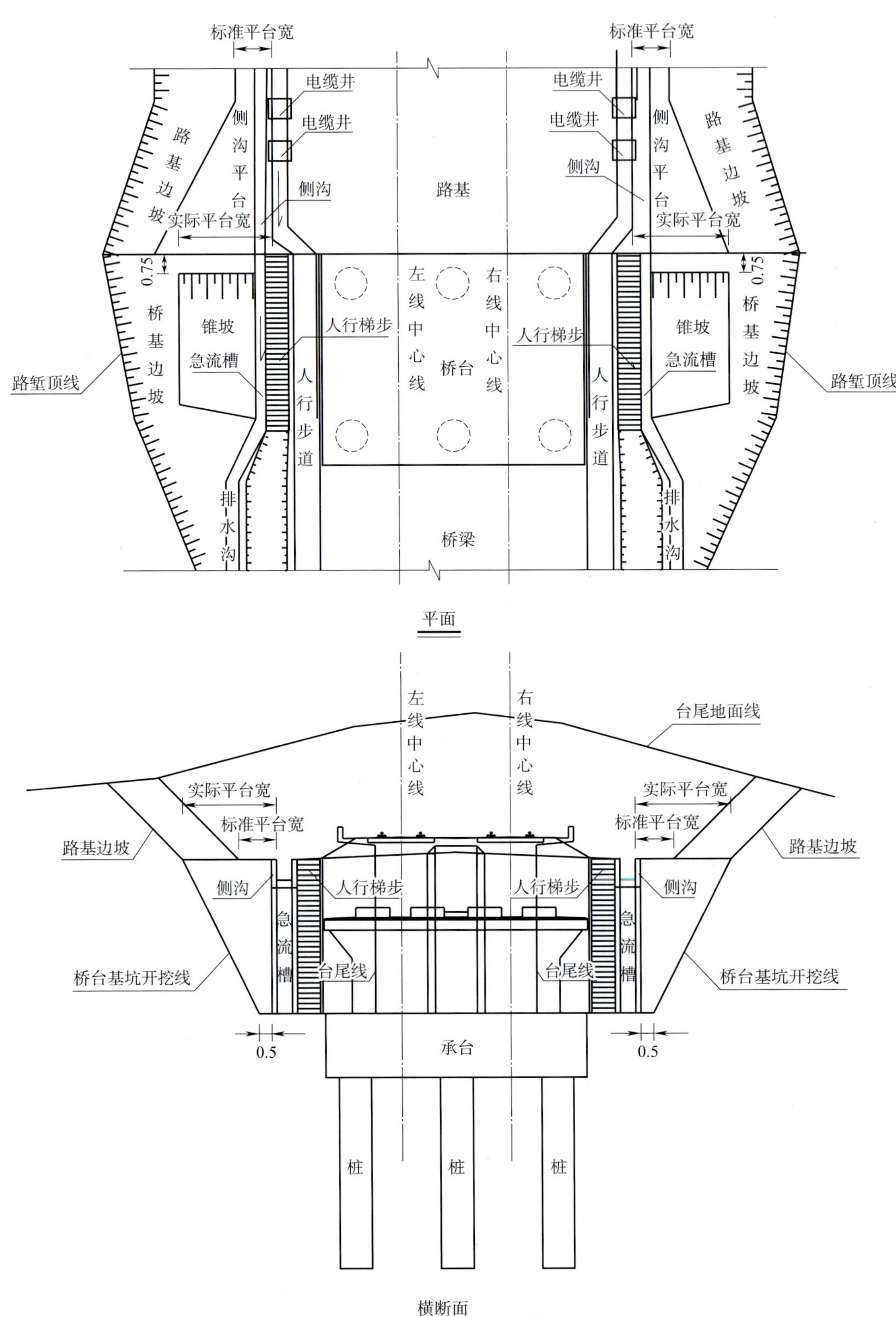

图 1-1-2 挖方桥台接口设计示意(单位:m)

（2）施工单位严格按照设计方案、工序及工艺组织施工。遇坡面不符合设计描述的处所，立即向建设、设计和介入单位报告，在未确定变更方案前，不得盲目施工。

（三）介入方面

（1）介入单位做好设计方案审查，必要时组织现场核实，确保图纸和实物的一致性。

（2）介入单位在过程中逐点检查路堑和桥梁接口工程匹配情况，发现问题及时向建设单位和施工单位通报并督促研究整改方案。

四、实施效果

路堑与桥梁接口工程如图 1-1-3 所示。

图 1-1-3　路堑与桥梁接口工程

第二节　不同构筑物间边坡防护的接口工程

一、现场情况

（1）由于路堑地段路基支挡结构（锚固桩、挡土墙）距线路中心偏距不一致，加之不同支挡结构顶面存在高差，在边坡坡率按照 1∶2 标准实施的情况下，工程接合部易形成错台，影响边坡线形，如图 1-2-1 所示。

图 1-2-1　支挡工程端部错台

(2)路堑地段挡土墙间边坡采用灌草防护,坡顶设置了排水沟,造成边坡存在浅层溜坍风险。桩间防护不当如图 1-2-2 所示。

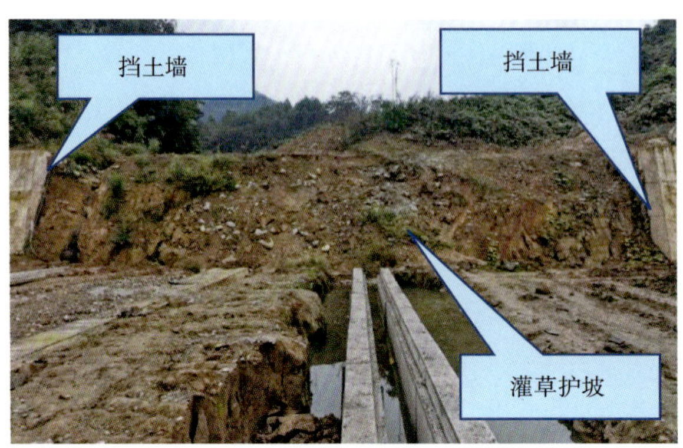

图 1-2-2　桩间防护不当

(3)桥梁边坡防护端头按照自然拐角设计,修建施工便道造成边坡防护端头被无序开挖,导致边坡基岩裸露且无相应的防护措施。桥梁施工便道边坡未防护如图 1-2-3 所示。

图 1-2-3　桥梁施工便道边坡未防护

二、原因分析

(一)设计方面

设计阶段细部设计不详,未考虑抗滑桩桩顶和路堑边坡的顺接工程;设计方案未细化考虑高低边坡之间、边坡防护和自然边坡之间的顺接方案。

(二)施工方面

施工前边坡细部放样不到位,施工单位未及时发现边坡顺接问题;施工时对设计边界外的边坡无序开挖,造成自然边坡被破坏。

(三)介入方面

介入单位对施工图审查不仔细,未发现接口工程设计方案问题;介入检查中未及时发现施工过程问题。

三、解决方案

(一)设计方面

(1)设计阶段做好现场调查,重点关注地形地貌变化较大地段。

(2)结合平面、纵断面情况综合分析做好细部设计,必要时适当扩大防护范围,如图 1-2-4 所示。

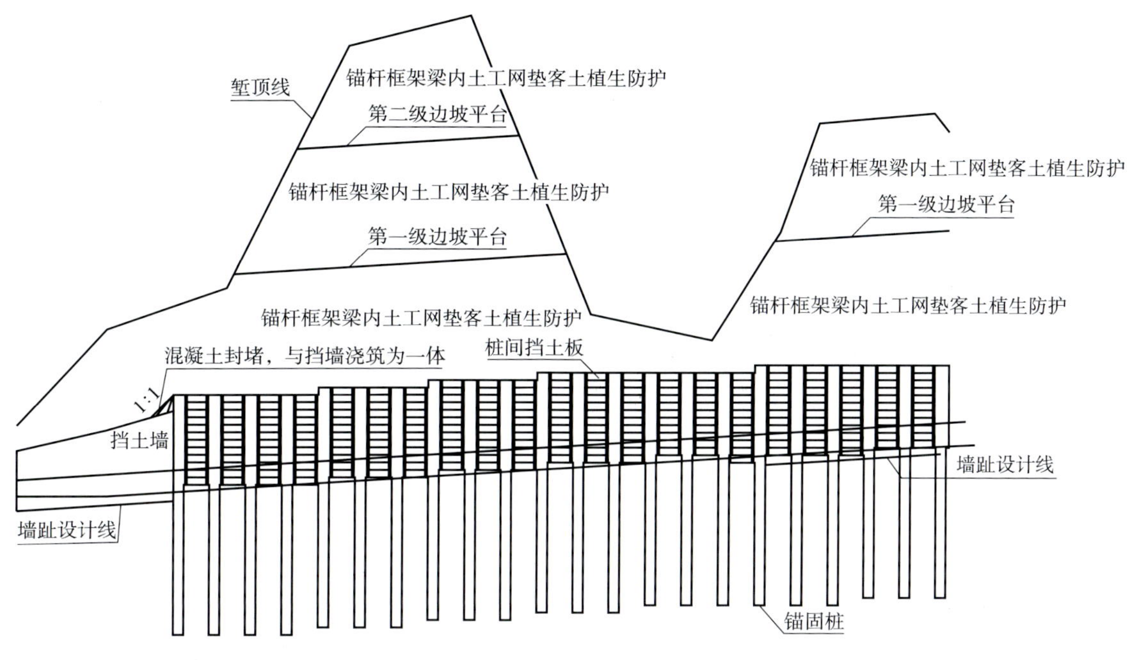

图 1-2-4 路堑支挡和边坡防护工程措施一致

(3)加强施工工序和注意事项的说明,技术交底时专项说明接口方案。

(二)施工方面

(1)施工单位根据设计方案做好现场踏勘,充分听取设计单位技术交底,对接相关单位确定施工工序和施工工艺。

(2)施工单位统筹实施支挡结构和边坡放样工作,做好抗滑桩桩顶和路堑边坡的顺接施工。发现问题立即向建设、设计和介入单位报告,在未确定变更方案前,不得盲目施工。

(三)介入方面

(1)介入单位加强抗滑桩桩顶和路堑边坡接口工程的施工图审查,必要时开展现场核实。

(2)介入单位做好介入检查,发现问题及时向建设单位和施工单位通报并督促研究整改方案。

四、实施效果

桩间设置挡土墙顺接如图 1-2-5 所示。桥梁边坡增设防护如图 1-2-6 所示。

图 1-2-5　桩间设置挡土墙顺接

图 1-2-6　桥梁边坡增设防护

第三节　声屏障与电缆井接口工程

一、现场情况

路基地段和桥路过渡段声屏障与电缆井位置冲突(图 1-3-1 和图 1-3-2),存在漏声和影响电缆井使用等问题。

图 1-3-1　路基地段声屏障与电缆井位置冲突

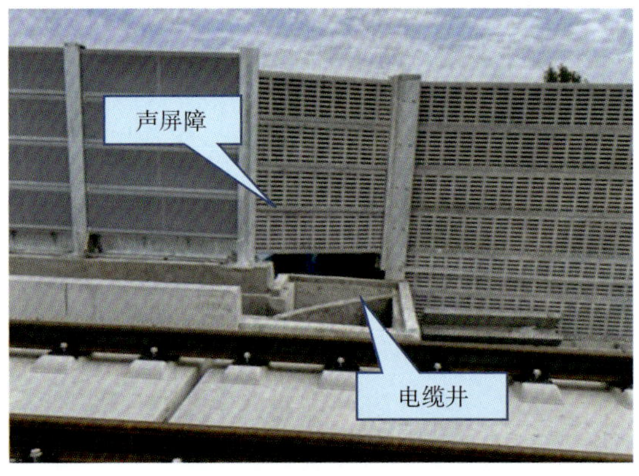

图 1-3-2　桥路过渡段声屏障与电缆井位置冲突

二、原因分析

(一)设计方面

设计阶段专业间按照本专业规范开展设计(《铁路工程环境保护设计规范》(TB 10501)规定,区间声屏障应连续设置;《铁路路基电缆槽》[通路(2017)8401]规定,桥路过渡段需设置电缆井),未详细对接专业接口方案,导致两处构筑物位置发生冲突。

(二)施工方面

施工单位未详细核对设计方案,加之声屏障与电缆井施工不同步,未提前发现位置冲突问题;施工单位施工工序或施工工艺不满足设计要求。

(三)介入方面

介入单位对施工图审查不仔细,未发现接口工程设计方案问题;介入检查中未及时发现施工过程问题。

三、解决方案

(一)设计方面

(1)设计单位各专业要互提设计资料,路基专业牵头组织施工图会审,确保设计方案相互匹配。

(2)路基专业核对声屏障地段是否存在电缆井,如位置发生冲突,与站后专业联合研究解决方案。

(3)桥路过渡段设置声屏障时,过渡段不设置电缆井,采用电缆槽顺接过渡,如图 1-3-3 所示。

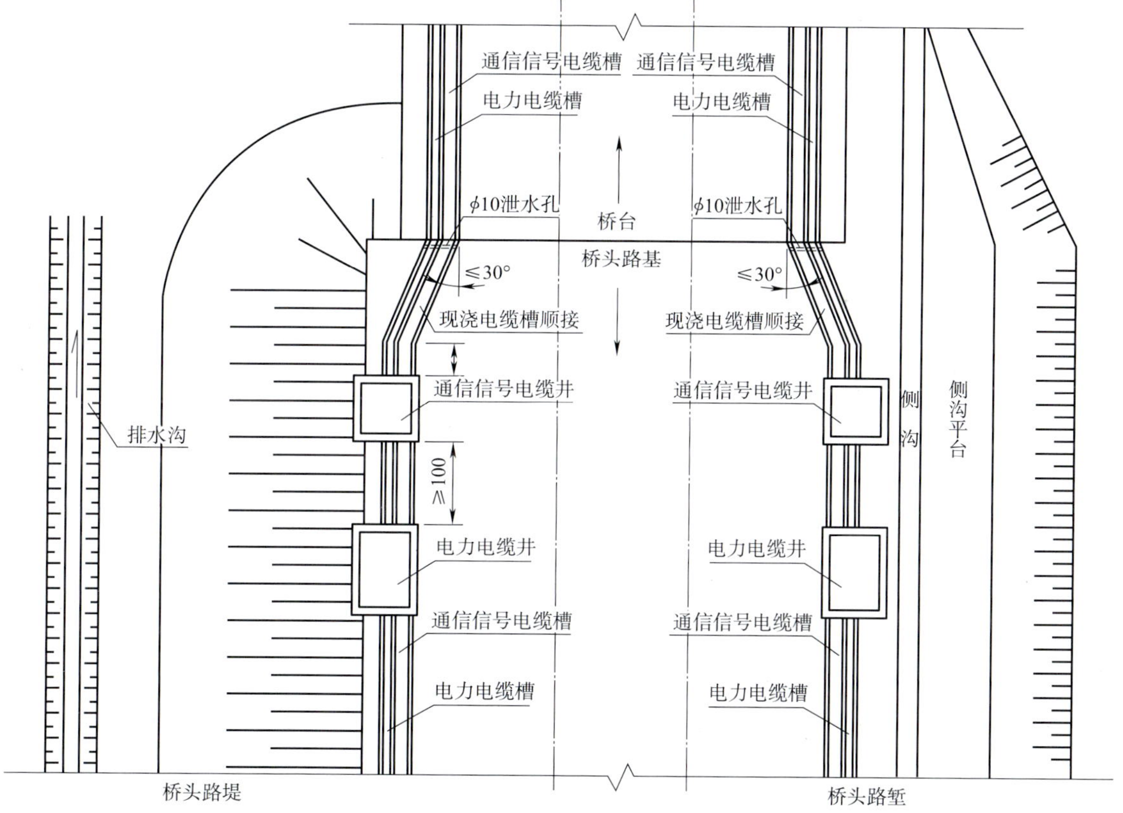

图 1-3-3 过渡段声屏障电缆槽过渡示意(单位:cm)

(4)遇无法避让处所时,采用增加 30 cm 厚钢筋混凝土盖板或盖梁方式,抬高声屏障底部吸声板标高。

(二)施工方面

(1)施工单位详细核实路基和桥梁地段声屏障、电缆井接口方案,确定施工工序和施工工艺。

(2)施工单位严格按照设计方案、工序及工艺组织施工。施工中如发现构筑物位置冲突,立即向建设、设计和介入单位报告,在未确定变更方案前,不得盲目施工。

(三)介入方面

(1)介入单位在施工图审查时,关注路基和桥梁地段声屏障位置是否存在其他构筑物。

(2)介入单位在过程中加强声屏障接口工程检查,发现问题及时向建设单位和施工单位通报并督促研究整改方案。

四、实施效果

声屏障基础设置混凝土盖梁如图 1-3-4 所示。

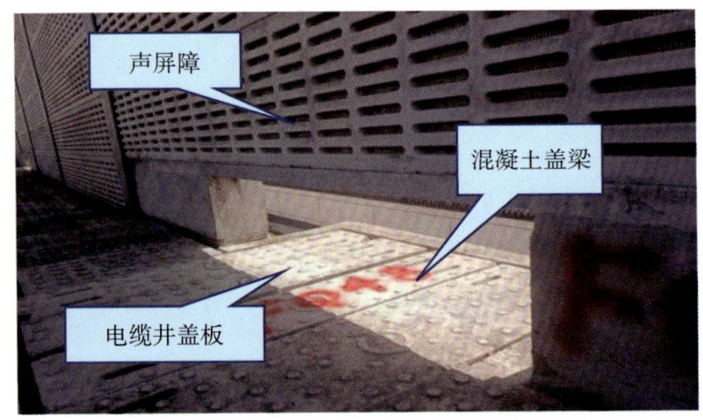

图 1-3-4　声屏障基础设置混凝土盖梁

第四节　声屏障与路基支挡接口工程

一、现场情况

路基地段在实施路肩支挡工程(如衡重式挡土墙、U 形槽等)时,未考虑声屏障荷载或未预留声屏障安装位置,造成声屏障无法安装的问题,如图 1-4-1 所示。

图 1-4-1　路肩支挡未预留声屏障接口

二、原因分析

(一)设计方面

设计阶段专业间未详细对接接口方案,导致路基支挡工程未考虑声屏障安装问题。

(二)施工方面

施工单位未详细核对设计方案,未发现接口工程设计方案问题;施工中路基与声屏障工程由多家单位实施,在声屏障设置段落发生变化或新增路基挡护工程时未充分沟通,导致施工接口问题。

(三)介入方面

介入单位对施工图审查不仔细,未发现声屏障基础和路肩支挡接口工程设计方案问题;介入检查中未及时发现施工过程问题。

三、解决方案

(一)设计方面

(1)设计单位遇声屏障和路肩支挡接口工程时,环评专业向路基专业互提设计资料,路基专业牵头组织施工图会审,确保设计方案相互匹配。

(2)路基专业核对声屏障地段是否存在路肩支挡工程,联合环评专业完成路肩支挡地段声屏障的预留设计,设计过程中需注意增加声屏障荷载,预埋连接杆件。参考方案如图 1-4-2 所示。

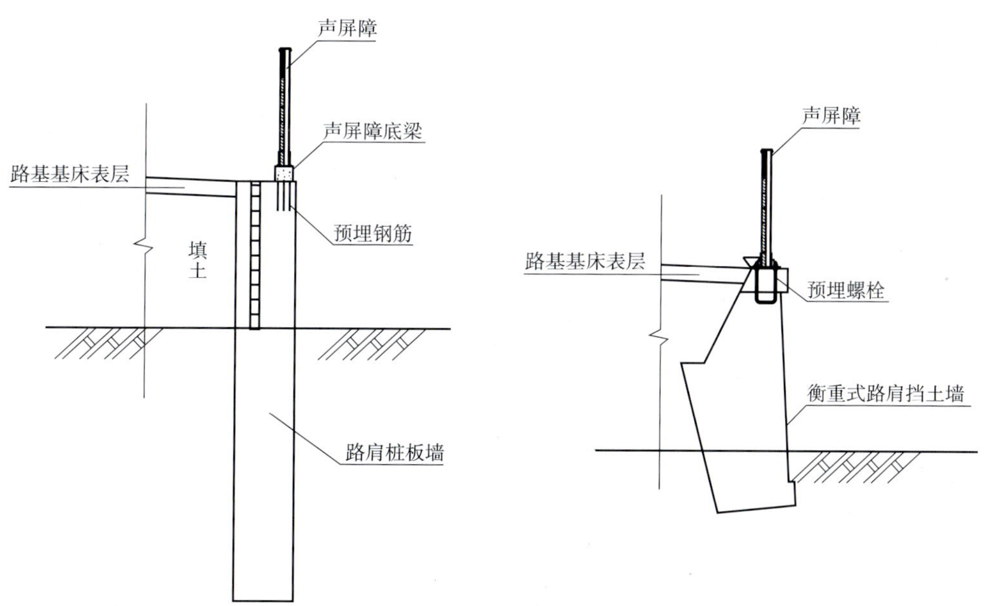

图 1-4-2 路肩桩板墙地段声屏障接口设计示意

(二)施工方面

(1)施工单位根据声屏障和路肩支挡接口工程设计方案,确定施工工序和施工工艺。

(2)施工单位严格按照设计方案、工序及工艺组织施工。施工中发现与设计不符或位置冲突问题时，立即向建设、设计和介入单位报告，不得盲目施工。

（三）介入方面

（1）介入单位在施工图审查时，加强声屏障与路肩支挡接口工程设计方案审查，必要时对照施工图开展现场踏勘。

（2）介入单位在过程中加强声屏障与路肩支挡接口工程检查，发现问题及时向建设单位和施工单位通报并督促研究整改方案。

四、实施效果

路肩支挡工程地段声屏障如图 1-4-3 所示。

图 1-4-3　路肩支挡工程地段声屏障

第五节　分支电缆槽与路基边坡接口工程

一、现场情况

（1）车站、无线基站、信号中继站、电力所亭等电缆接入点，需独立设置两条分支电缆槽，与信号电缆、光缆、强电电缆的路基电缆槽相连接。按照规定，两条分支槽道间距应大于等于 2 m，但在实际工程中两条分支电缆槽距离不符合以上要求，如图 1-5-1 所示。

图 1-5-1　分支电缆槽设置间距不满足大于等于 2 m 的要求

(2)根据设计方案,分支电缆槽引出路基边坡以后,采用电缆槽或钢管跨越排水沟。在实际工程中部分钢管或电缆槽跨越排水沟时从中部穿越,造成排水沟阻断或排水断面减小(图 1-5-2)。

(3)房屋围墙内外电缆沟施工单位不同,容易出现接口工程标高衔接不好的情况,只能通过补充设计电缆槽方式完成过渡(图 1-5-3),导致接口工程衔接处协调性差、排水不畅等问题。

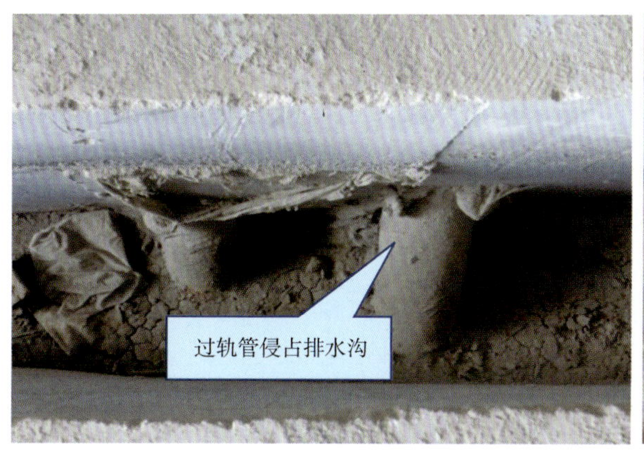

图 1-5-2 分支电缆槽过轨管侵占排水沟

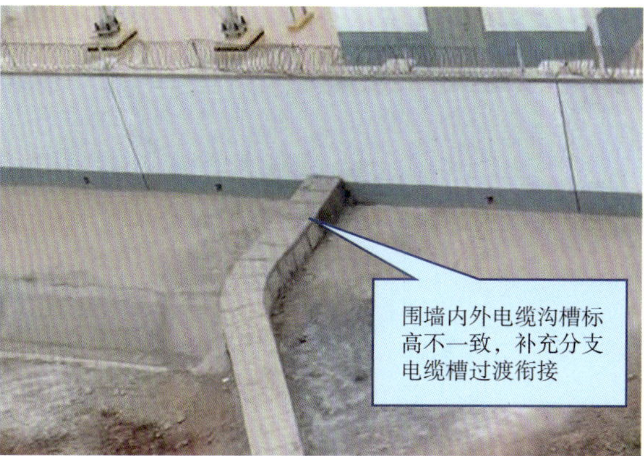

图 1-5-3 围墙内外电缆沟槽标高不一致

二、原因分析

(一)设计方面

设计阶段专业间未详细对接接口方案,未统筹考虑各专业构筑物的路径和位置关系,交叉接口部位设计精度不够或处理方式不合理、不明确,导致设计方案不匹配。

(二)施工方面

施工单位未详细核对设计方案,未发现接口工程设计方案问题;站后“四电”专业介入较晚,站前和站后施工单位沟通不充分,技术交底不清;站前单位电缆槽引出位置及分支槽道施工迟缓,造成接口工程衔接不好。

(三)介入方面

介入单位对施工图审查不仔细,未发现接口工程设计方案问题;电务、供电等设备管理单位与站前施工单位对接较少,介入检查中未及时发现问题。

三、解决方案

(一)设计方面

(1)设计单位各专业要互提设计资料,根据线路两侧车站、无线基站、信号中继站、电力所亭等接入点位置,统筹考虑各专业构筑物路径和位置关系,提供站区生产房屋综合管线图,明确分支电缆沟槽的径路与标高。

(2)合理选择分支电缆槽道引入及横向跨(穿)越结构物位置,遇无法避免情况应对交叉接口进行细化设计,满足各结构物功能。

(3)光电缆必须跨越水沟敷设时,不得挤占排水断面,应采用搭板从水沟上部跨越(图 1-5-4),在防护栅栏外跨越可采用入地直埋方式(图 1-5-5)。

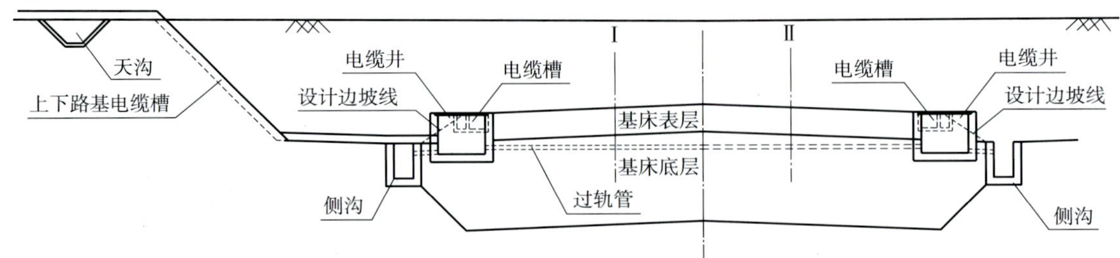

图 1-5-4　电缆过沟采用搭板上跨方式示意

图 1-5-5　栅栏外电缆直埋

(4)上下路基分支电缆槽应结合路基边坡防护形式、站后工程设计图和现场实际进行布置,如图 1-5-6 和图 1-5-7 所示。

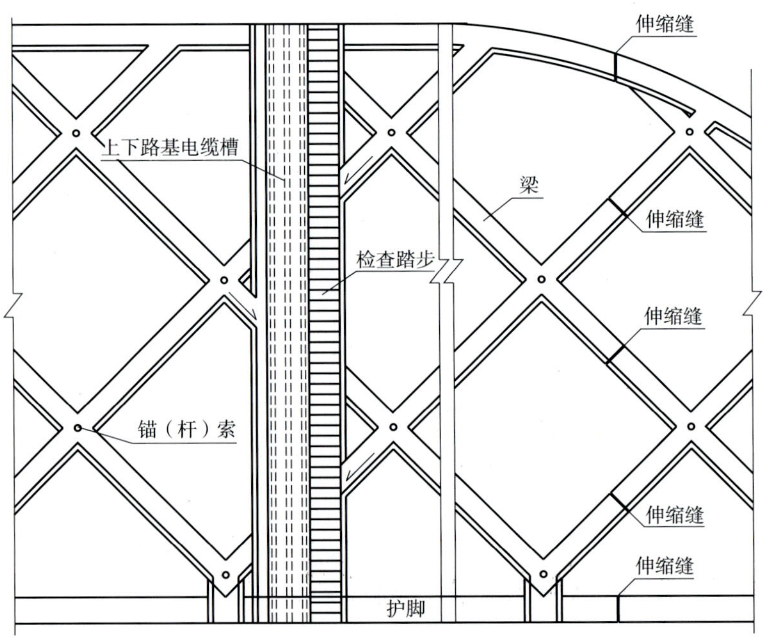

图 1-5-6　矩形锚(杆)索框架梁边坡电缆槽示意

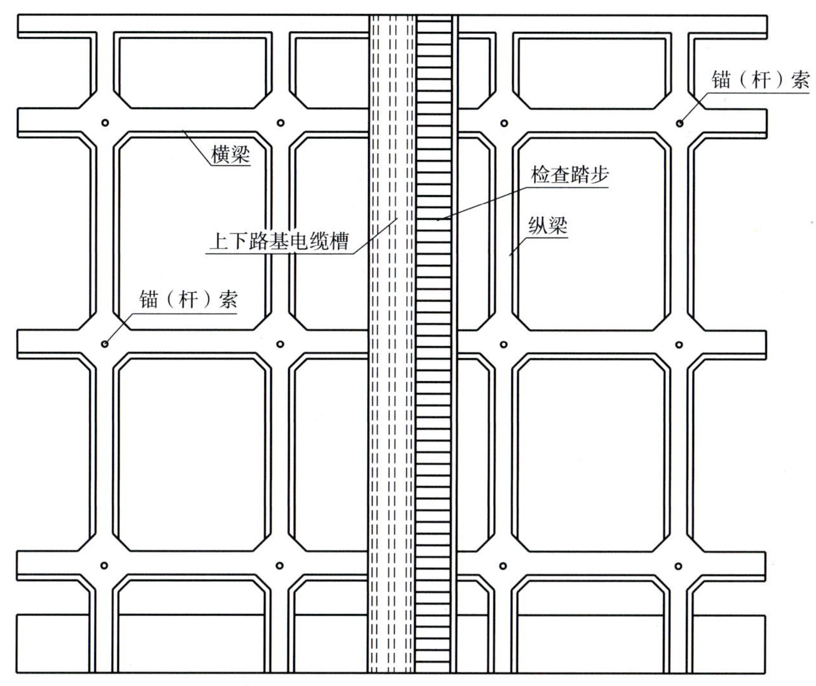

图 1-5-7 菱形锚(杆)索框架梁边坡电缆槽示意

(5)上下电缆槽位于路基挡土墙、锚固桩地段,应采用合页式钢槽进行安装,钢槽内设 U 形防爬钢筋与挡土墙(桩)固定,两端与混凝土电缆槽平滑顺接。

(二)施工方面

(1)施工单位根据设计方案,组织联合现场踏勘,复核接入场坪、线路两侧机房的各种管线位置,确定施工工序和施工工艺,站前、站后单位分支槽道接口工程宜同步实施。

(2)施工单位严格按照设计方案、工序及工艺组织施工,分支槽道跨越水沟、爬坡、下穿等场景应完成首件定标,施工、建设和设备管理单位联合确认实施标准。

(3)施工单位施工中关注电缆槽和路基边坡接口工程匹配性,发现问题立即向建设、设计和介入单位报告,不得盲目施工。

(4)施工单位施工后做好分支槽道跨越水沟、爬坡、下穿等部位的拍照记录。

(三)介入方面

(1)工务、电务、供电等设备管理单位联合开展设计方案审查,确保施工图接口匹配。

(2)介入单位在过程中加强分支槽道跨越水沟、爬坡、下穿等场景的检查,发现问题及时向建设单位和施工单位通报并督促研究整改方案。

四、实施效果

上下路基电缆槽如图 1-5-8～图 1-5-10 所示。

图 1-5-8　边坡上下路基电缆槽

图 1-5-9　挡土墙上下路基电缆槽

图 1-5-10　锚固桩上下路基电缆槽

第六节　电缆井与电缆槽接口工程

一、现场情况

(1)区间电力电缆槽跨越通信电缆井、通信信号电缆槽跨越电力电缆井时,电缆井内未采取强弱电隔离措施,如图 1-6-1 所示。

图 1-6-1　电缆井内未采取强弱电隔离措施

(2)电缆井与电缆槽相对位置不正确，物理隔离槽从电缆井中间通过，电缆井口被一分为二，电缆挂钩顶着物理隔离槽，使得相关专业电缆在井内盘存困难，需缩短电缆挂钩，如图 1-6-2 所示。

图 1-6-2　电缆槽混凝土隔离设置后电缆盘存困难

(3)电缆井内预留挂钩材质及位置不符合设计要求，如图 1-6-3 所示。

图 1-6-3　电缆井内挂钩材质和位置不符合设计要求

二、原因分析

(一)设计方面

设计阶段对物理隔离考虑不完善，未兼顾到盘线等要求；目前电缆井按照《铁路路基电缆槽》[通路(2017)8401]设计，该图中电缆井未设置物理隔离，设计过程中易出现遗漏。

(二)施工方面

施工单位未详细核对设计方案，未发现接口工程设计方案问题；施工单位未详细对接施工工序或施工工艺不满足设计要求。

(三)介入方面

介入单位对施工图审查不仔细，未发现接口工程设计方案问题；介入检查中未及时发现施工过程问题。

三、解决方案

(一)设计方面

(1)设计单位各专业要互提设计资料，路基、电力、通信、信号等专业协同设计，完善电缆井设计。图纸中根据过轨类型，明确电缆井类型及铺设要求，如图 1-6-4～图 1-6-6 所示。

（2）施工前设计单位对施工单位做好现场技术交底。

（3）施工中设计单位加强现场巡查和沟通，发现问题及时组织研究和变更设计。

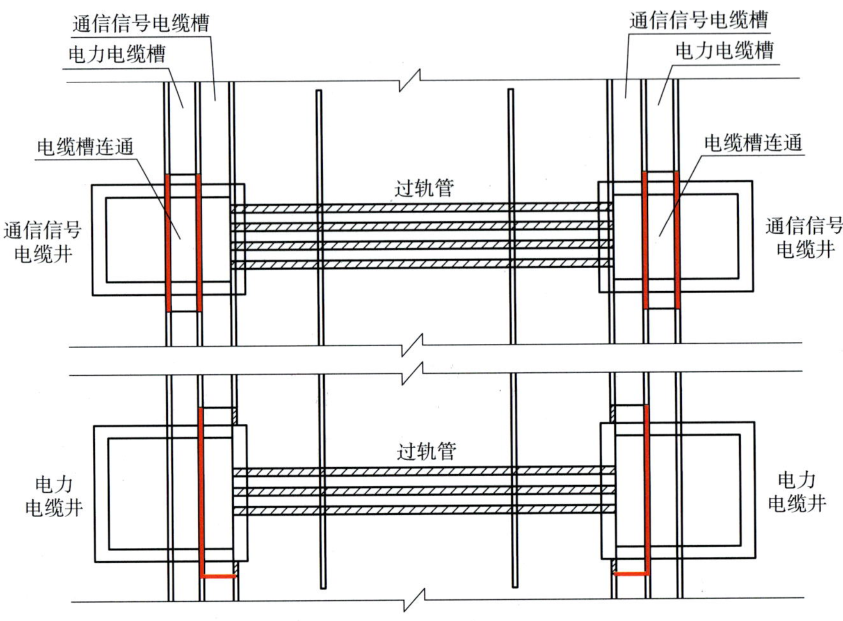

图 1-6-4　电缆井隔离示意

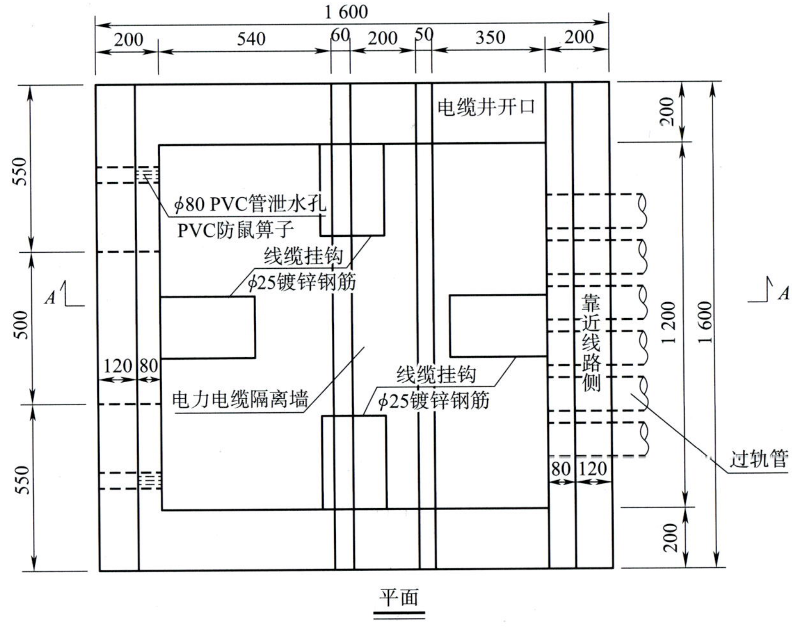

图 1-6-5　电力电缆井平面和截面示意（单位：mm）

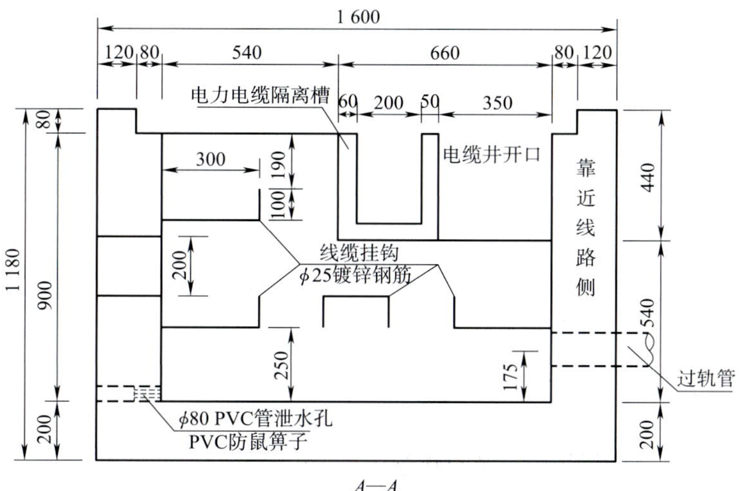

图 1-6-5 （续）

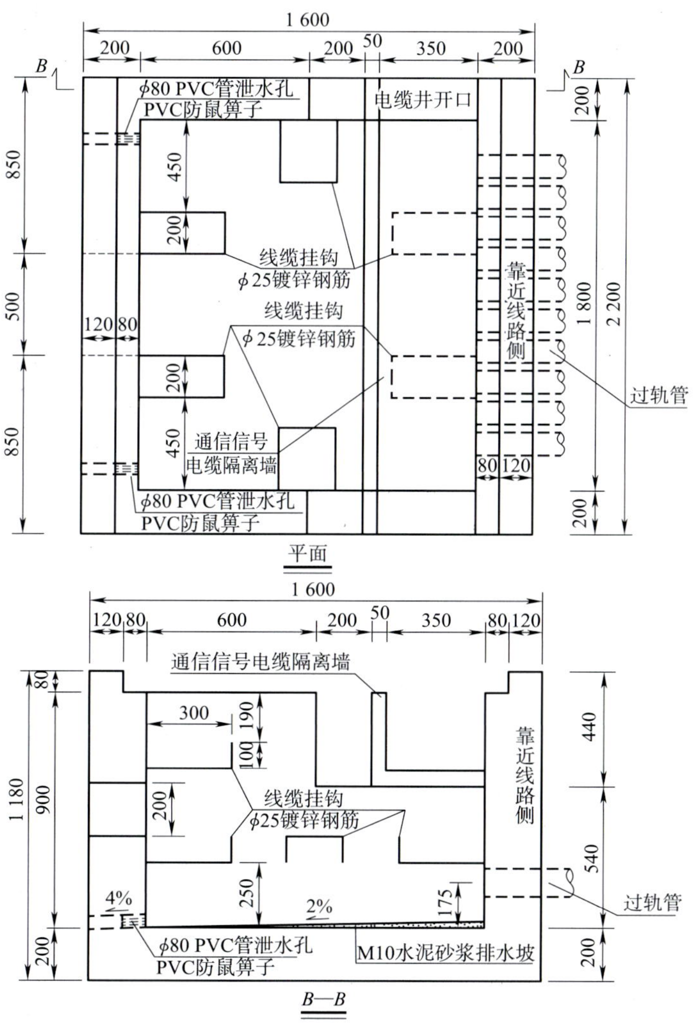

图 1-6-6 通信信号电缆井平面和截面示意(单位:mm)

(二)施工方面

(1)施工单位充分听取设计单位技术交底,对接相关单位确定施工工序和施工工艺。

(2)施工单位根据过轨类型施作相应的电缆井物理隔离。通信信号电缆井内采用与电力电缆槽同截面的U形槽,槽两端与电缆井两侧的电力电缆槽平顺连接;电力电缆井内采用L形槽,槽两端与电缆井两侧的通信信号电缆槽平顺连接;按照设计图纸要求预埋挂钩。

(三)介入方面

(1)介入单位做好设计方案审查,必要时组织现场核实,确保图纸和实物的一致性。

(2)介入单位在过程中做好介入检查,发现问题及时向建设单位和施工单位通报并督促研究整改方案。

四、实施效果

电缆井如图1-6-7和图1-6-8所示。

图1-6-7　过轨电缆井铺设

图1-6-8　不设余长时桥路过渡电缆井

第七节　路基电缆井、电缆槽与路堑水沟接口工程

一、现场情况

路堑地段电缆槽在路堑坡脚敷设,过轨电缆井设置于水沟内侧,存在电缆井低于水沟标高产生积水的问题;电缆从水沟下部穿过,则会影响水沟排水能力;电缆跨越水沟后经电缆井过轨,电缆线路杂乱会导致各结构物接点封闭不良,存在鼠患损坏电缆风险。电缆井、电缆槽与路堑水沟问题如图1-7-1所示。电缆从侧沟下部穿过如图1-7-2所示。

二、原因分析

(一)设计方面

设计阶段按照《铁路路基电缆槽》[通路(2017)8401]开展设计,其适用条件为电缆槽在路肩设置,不适用于普速铁路电缆槽在路堑侧沟平台和路堤坡脚设置情况。

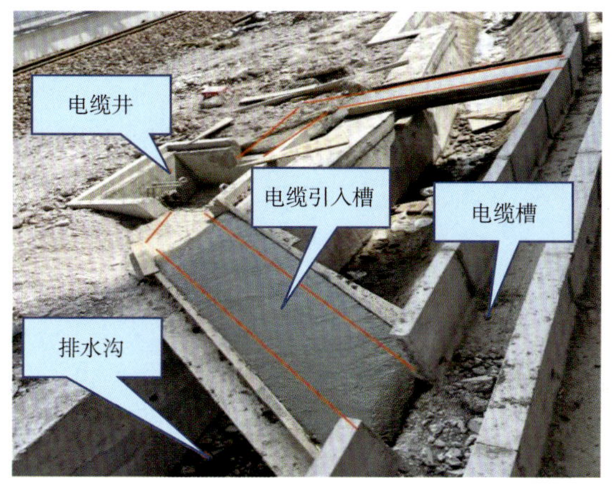

图 1-7-1　电缆井、电缆槽与路堑水沟问题

图 1-7-2　电缆从侧沟下部穿过

(二)施工方面

施工单位未详细核对设计方案，未发现接口工程设计方案问题；施工单位未详细对接施工工序或施工工艺不满足设计要求。

(三)介入方面

介入单位对施工图审查不仔细，未发现电缆井、电缆槽与路堑水沟接口工程设计方案问题；介入检查中未及时发现施工过程问题。

三、解决方案

(一)设计方面

(1)在可行性研究、初步设计阶段确定路基标准横断面。设计方案中尽量将电缆槽设置于路肩，遇单线线路两侧分设电缆槽和接触网立柱时，可不增加路基面宽度，遇双线地段两侧设置电缆槽和接触网立柱时，则需额外加宽路基面。

(2)施工图设计时，应确定过轨位置，做好细部设计。

①过轨尽量设置在路堤地段，如图 1-7-3 所示。

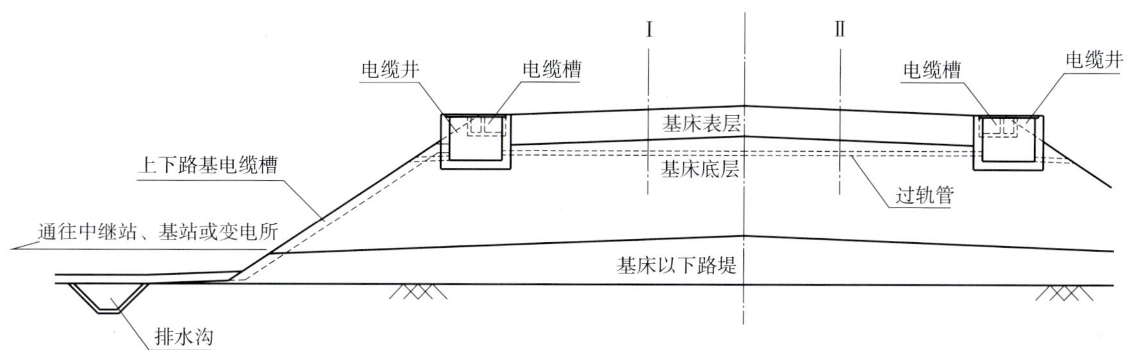

图 1-7-3　路堤地段电缆井横断面设置示意

②必须设置于路堑地段时，尽可能采用路堤式路堑，如图 1-7-4 所示。

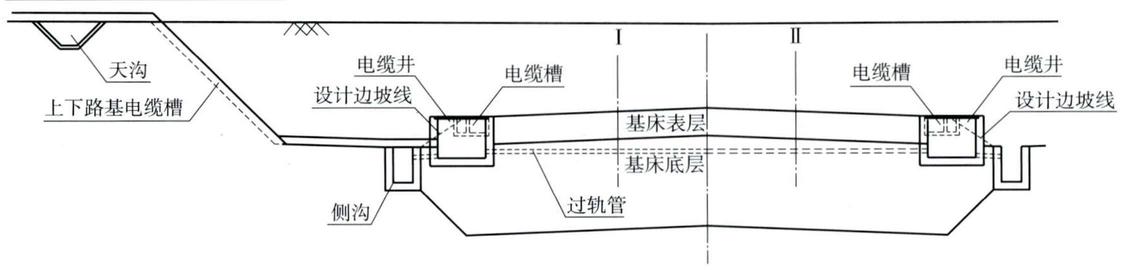

图 1-7-4　路堤式路堑地段电缆井横断面设置示意

③在一般路堑处过轨，电缆井与侧沟平面位置干扰时，侧沟向侧沟平台处外移并在平面上顺接过渡，电缆井顶面高于路肩 0.31 m 以上以便电缆井排水及上下路基电缆槽跨越侧沟，两侧电缆槽在高度上与电缆井顺接，并采取防止雨水倒灌进入电缆井的措施，保证电缆井底面排水顺畅，如图 1-7-5 所示。

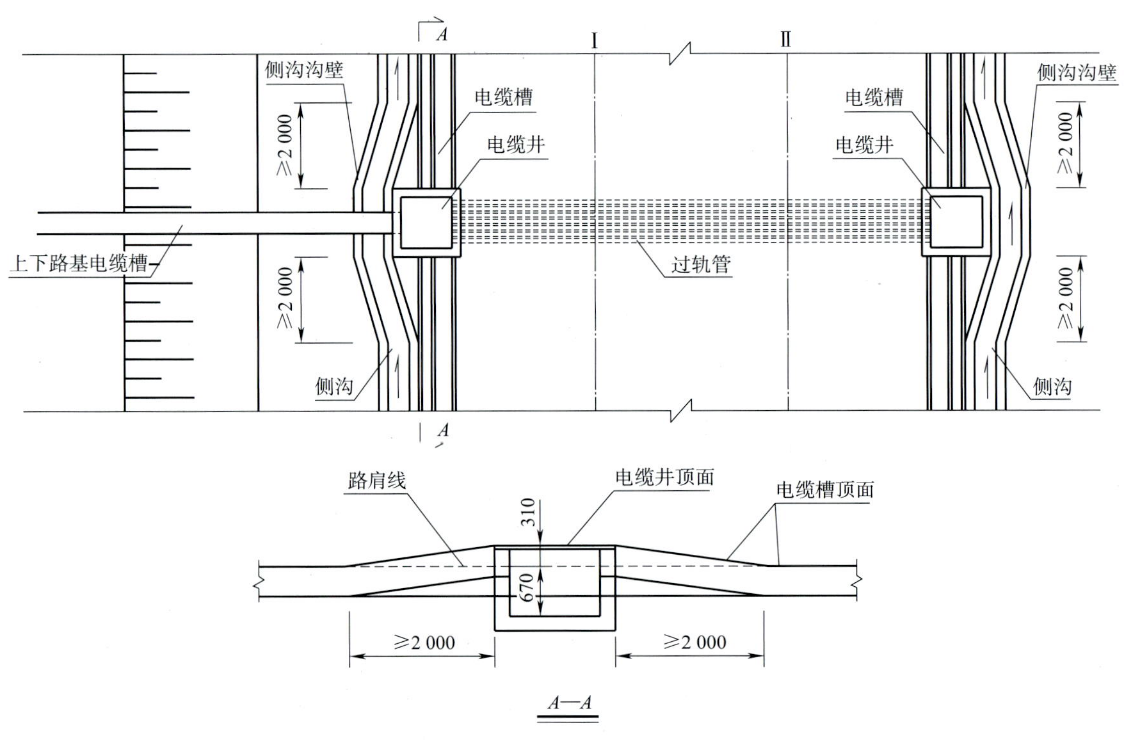

图 1-7-5　一般路堑地段电缆井平面布置示意(单位:mm)

(二)施工方面

(1)施工单位根据设计方案，组织联合现场踏勘，充分听取设计单位技术交底，对接相关单位确定施工工序和施工工艺。

(2)施工单位严格按照设计方案、工序及工艺组织施工，发现问题立即向建设、设计和介入单位报告，在未确定变更方案前，不得盲目施工。

(三)介入方面

(1)介入单位做好设计方案审查,初步设计阶段及时向相关审批部门明确相关要求。

(2)介入单位在过程中做好介入检查,发现问题及时向建设单位和施工单位通报并督促研究整改方案。

四、实施效果

电缆跨越水沟再通过电缆井过轨,如图 1-7-6 所示。

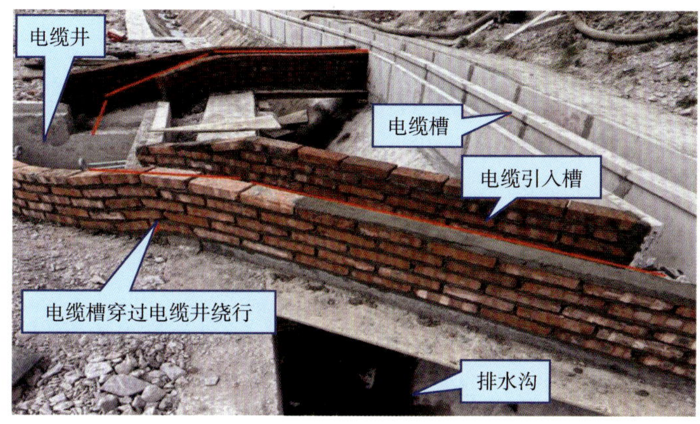

图 1-7-6　电缆跨越水沟再通过电缆井过轨

第八节　电缆槽路堤路堑过渡与路基排水接口工程

一、现场情况

电缆槽设置于坡脚时,路堤地段电缆槽位于排水沟靠路堤边坡一侧(图 1-8-1),路堑地段电缆槽位于侧沟靠路堑边坡一侧(图 1-8-2),由于设计方案中未明确路堑与路堤过渡段电缆沟衔接和跨越方式,施工无参照标准。

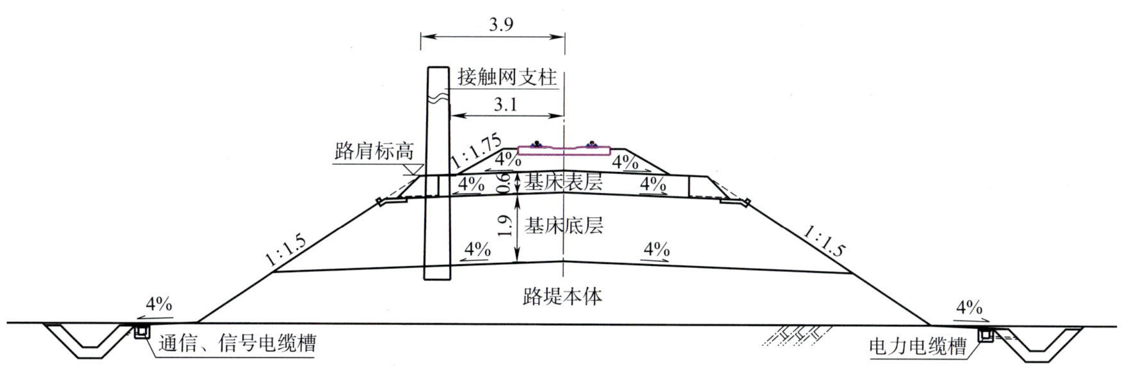

图 1-8-1　路堤地段电缆槽布置示意(单位:m)

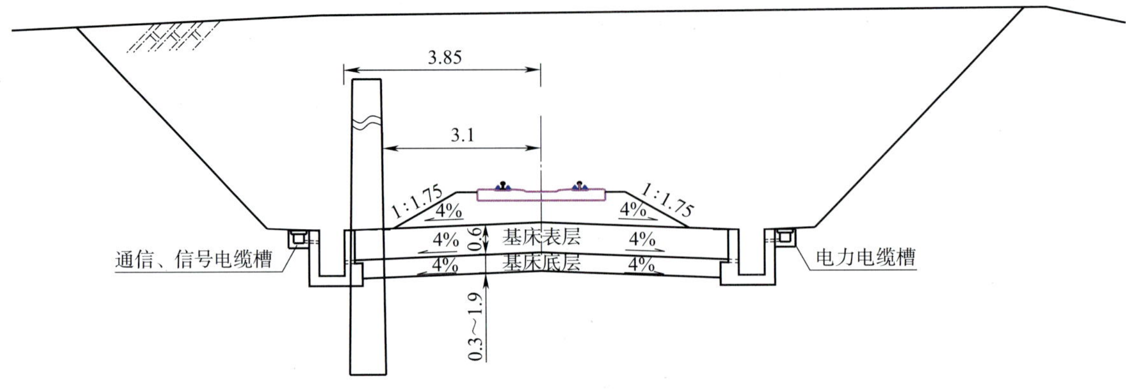

图 1-8-2　路堑地段电缆槽布置示意(单位:m)

二、原因分析

(一)设计方面

设计阶段按照《铁路路基电缆槽》[通路(2017)8401]开展设计,其适用条件为电缆槽在路肩设置,不适用于电缆槽路堤路堑过渡地段。

(二)施工方面

施工单位未详细核对设计方案,未发现接口工程设计方案问题。

(三)介入方面

介入单位对施工图审查不仔细,未发现接口工程设计方案问题;介入检查中未及时发现施工过程问题。

三、解决方案

(一)设计方面

(1)设计方案中尽量将电缆槽置于路肩。

(2)当电缆槽设置于路堤坡脚和侧沟平台时,施工图不能完全参考《铁路路基电缆槽》[通路(2017)8401],应开展细部设计,明确电缆槽细部和特殊位置的技术要求及结构尺寸,如图 1-8-3 所示。

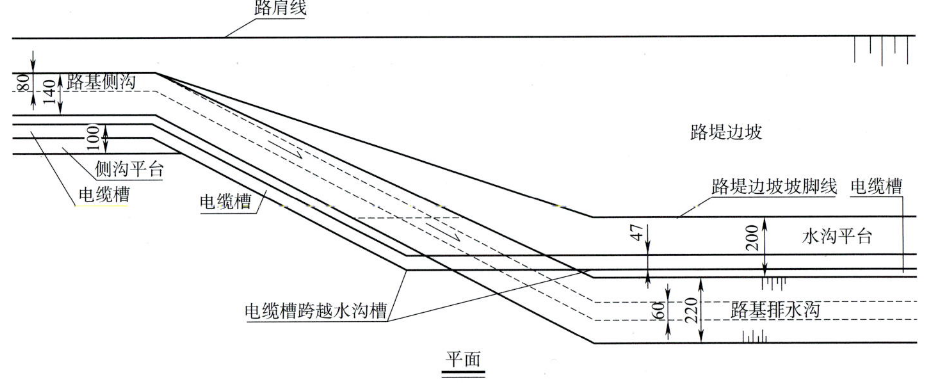

图 1-8-3　路堤、路堑电缆槽顺接示意(单位:cm)

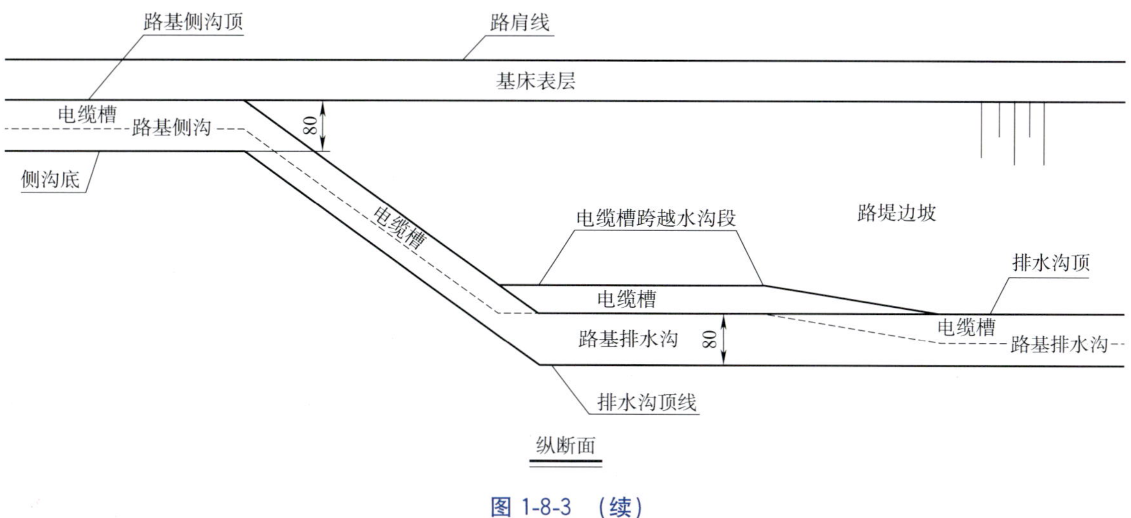

图 1-8-3 （续）

（二）施工方面

（1）施工单位充分听取设计单位技术交底，对接相关单位确定施工工序和施工工艺。

（2）施工单位严格按照设计方案、工序及工艺组织施工。施工中发现问题时，立即向建设、设计和介入单位报告，在未确定变更方案前，不得盲目施工。

（三）介入方面

（1）介入单位做好设计方案审查。

（2）介入单位在过程中做好介入检查，发现问题及时向建设单位和施工单位通报并督促研究整改方案。

四、实施效果

路堤、路堑电缆槽过渡如图 1-8-4 所示。

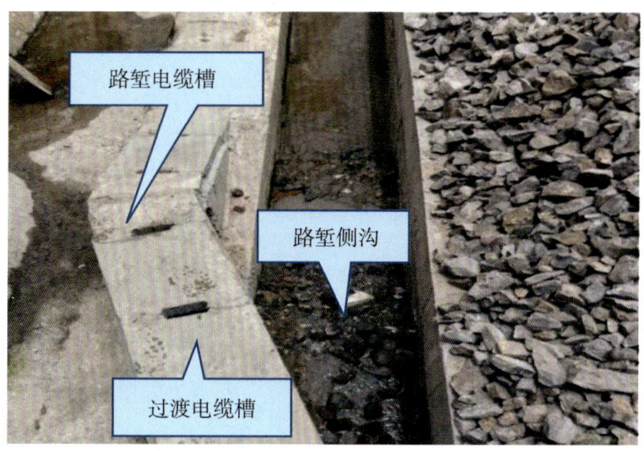

图 1-8-4 路堤、路堑电缆槽过渡

第九节　区间电缆井与场坪接口工程

一、现场情况

区间电力电缆井、信号电缆井、通信电缆井在顺序设置时，未与场坪内电力箱式变电站、信号电缆引入间、通信电缆引入位置相匹配，造成电力电缆、信号电缆、通信电缆在场坪内交叉敷设的情况，如图 1-9-1 所示。

图 1-9-1　通信、信号、电力电缆在场坪交叉敷设

二、原因分析

(一)设计方面

设计阶段专业间未详细对接专业接口工程，电力、通信和信号专业未统筹研究电缆接入场坪的设置顺序。

(二)施工方面

施工单位未详细核对设计方案，未发现接口工程设计方案问题；未严格按照施工图组织施工，造成不同专业间电缆交叉敷设。

(三)介入方面

施工图审查不仔细，未发现接口工程设计方案问题；介入检查中未及时发现施工过程问题。

三、解决方案

(一)设计方面

(1)设计单位各专业要互提电缆引入位置资料，电力、通信、信号专业明确电缆井具体里程，并与房建专业共同确定设备房屋电缆引入间或箱式变电站位置。路基专业根据电力、通信、信号专业提出的电缆井、分支电缆槽设置需求，统筹电缆井及分支电缆槽设计。

具体要求为：区间路基上电力电缆井、信号电缆井、通信电缆井的设置顺序应与场坪内电力箱式变电站、信号电缆引入间、通信电缆引入间(井)的位置相对应，避免电力电缆、信号电缆、通信电缆在场坪内的交叉敷设,如图 1-9-2 所示。

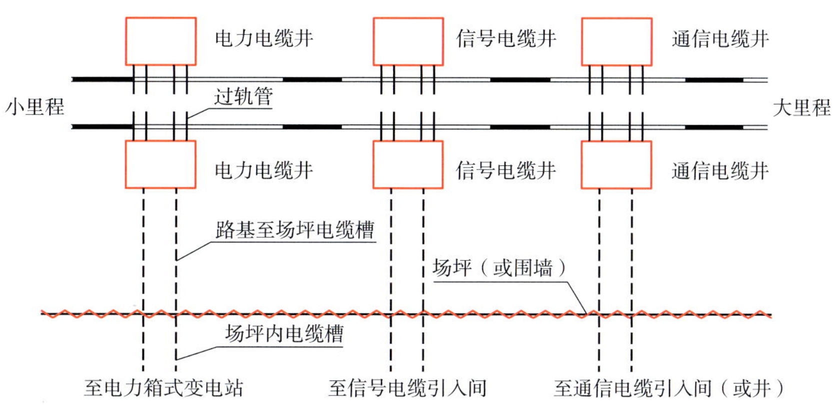

图 1-9-2 电力、信号、通信电缆井与各专业场坪引入间设置位置示意

(2)施工前对施工单位做好现场技术交底。

(3)施工中加强现场巡查和沟通,发现问题及时组织研究和变更设计。

(二)施工方面

(1)施工单位根据设计方案组织现场踏勘,核实场坪内电力箱式变电站、信号电缆引入间、通信电缆引入间(井)的位置是否与路基预留各专业电缆井位置一致。

(2)施工单位严格按照设计方案、工序及工艺组织施工。施工中发现问题时,立即向建设、设计和介入单位报告,在未确定变更方案前,不得盲目施工。

(三)介入方面

(1)介入单位做好设计方案审查,必要时组织现场核实,确保图纸和实物的一致性。

(2)介入单位在过程中做好介入检查,发现问题及时向建设单位和施工单位通报并督促研究整改方案。

四、实施效果

整改后的电力强电电缆与弱电电缆槽如图 1-9-3 所示。

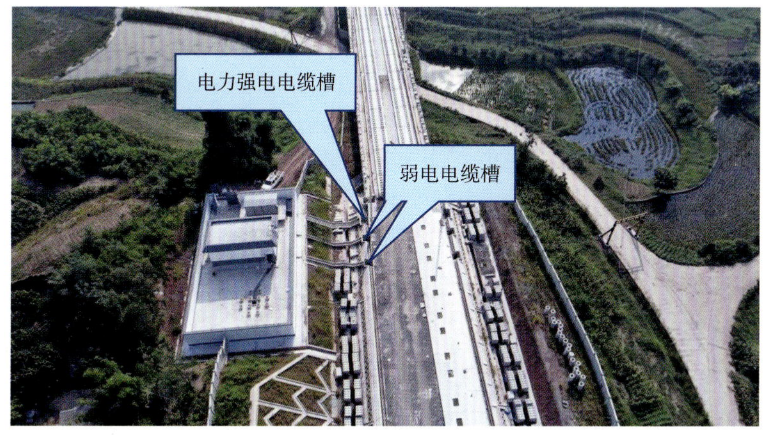

图 1-9-3 整改后的电力强电电缆与弱电电缆槽

第十节　区间路基电缆槽与接触网基础接口工程

一、现场情况

路基地段电缆槽与接触网基础冲突，导致电缆槽宽度不足，无法正常敷设电缆，如图 1-10-1 所示。

图 1-10-1　接触网基础与电缆槽冲突

二、原因分析

(一)设计方面

站前工程与站后工程不同步，设计阶段施工图未同步一体化研究。遇接触网基础宽度调整后，站前工程已施工完成。

(二)施工方面

施工单位未详细核对设计方案，未发现接口工程设计方案问题；站前、站后施工单位未详细对接施工工序，造成站前、站后工程接口冲突。

(三)介入方面

介入单位对施工图审查不仔细，未发现接口工程设计方案问题；介入检查中未及时发现施工过程问题。

三、解决方案

(一)设计方面

(1)设计单位各专业要互提设计资料，确保路基面满足电缆槽和接触网基础宽度的要求。

(2)因站后工程与站前工程不同步或现场施工误差造成电缆槽宽度不足时，根据接触网基础侵占电缆槽宽度大小，可采用以下方案处理：

①路堑区段

方案一：设计单位与通信、信号和电力专业共同商定电缆槽最小净宽，若接触网基础侵占电缆沟槽不多，可保证通信信号电缆槽及电力电缆槽最小净宽要求时，电缆沟槽无需改动。

方案二：不满足电缆槽最小净宽要求，但侵占不多时，可采用破除水沟侧电缆沟槽壁，将接触网支柱处的电缆沟槽整体向水沟侧移动，使电缆沟槽与水沟共壁方式处理，处理后需保证电缆槽净宽满足专业要求，具体方式如图 1-10-2 所示。

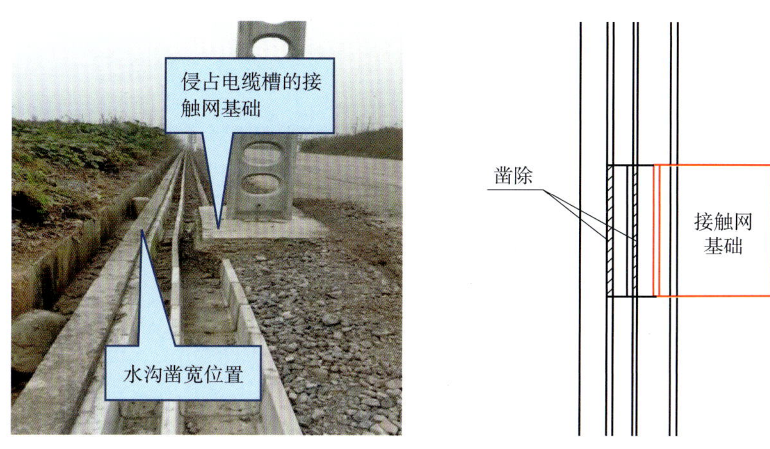

图 1-10-2　路基区段路堑范围电缆槽移位示意

方案三：接触网基础侵占电缆槽，当采用方案二无法满足电缆敷设要求时，可采用水沟上搭盖板、做电缆槽的绕行方式（如现场条件允许，水沟也可同电缆槽绕行），电缆槽绕行须保证其绕行半径≥1.5 m，绕行角度≥135°，具体方式如图 1-10-3 所示。

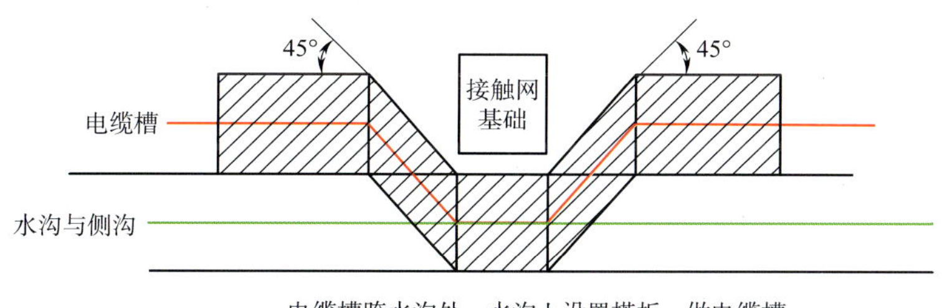

图 1-10-3　路基路堑区段电缆槽沿水沟绕行示意

②路堤区段

方案一：设计单位与通信、信号和电力专业共同商定电缆槽最小净宽，若接触网基础侵占电缆沟槽不多，可保证通信信号电缆槽及电力电缆槽最小净宽要求时，电缆沟槽无需改动。

方案二：不满足电缆槽最小净宽要求，但侵占不多时，可采用破除水沟侧电缆沟槽壁，将接触网支柱处的电缆沟槽整体向水沟侧移动，使电缆沟槽与水沟共壁方式处理，处理后需保证电缆槽净宽满足专业要求。

方案三：接触网基础侵占电缆槽，当采用方案二无法满足电缆敷设要求时，电缆槽可采用向线路外侧绕行方式处理，电缆槽绕行需保证其绕行半径≥1.5 m，绕行角度≥135°，具体方式如图 1-10-4 所示。

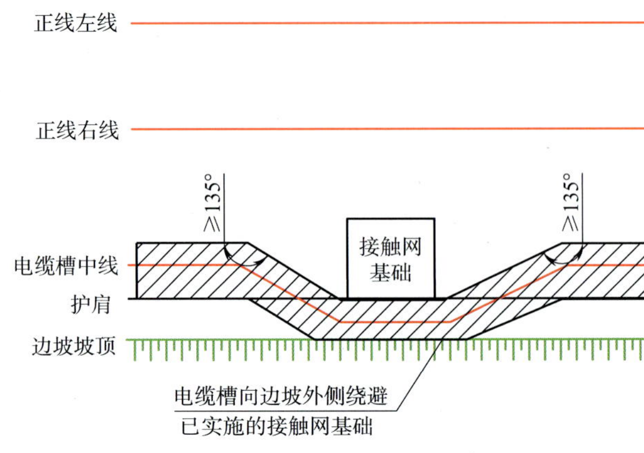

图 1-10-4　路基区段路堤范围电缆槽绕行示意

(二)施工方面

(1)施工单位根据设计方案,组织联合现场踏勘,充分听取设计单位技术交底,对接相关单位确定施工工序和施工工艺。

(2)施工单位严格按照设计图纸要求施工,确保施工精度,不得随意改变接触网基础尺寸,以避免接触网基础占压电缆槽位置。

(3)站后施工单位应配合对绕行处电缆槽所用尺寸进行确认。原则上在满足使用需要的情况下,应尽量使用小尺寸电缆槽,以利于绕行施工。

(三)介入方面

(1)介入单位做好设计方案审查。

(2)电力及通信信号专业逐点检查接触网基础与电缆槽位置冲突情况,发现问题及时向建设单位和施工单位通报并督促研究整改方案。

四、实施效果

整改后现场如图 1-10-5 所示。

图 1-10-5　整改后现场

第十一节 电缆槽与路基支挡接口工程

一、现场情况

设置衡重式路肩挡土墙时，支挡工程距离线路中心的距离过近，路肩处未预留电缆槽位置，导致挡土墙施工完成后，电缆槽无法正常布设，如图 1-11-1 所示。

图 1-11-1 衡重式挡土墙地段路肩处未预留电缆槽宽度

二、原因分析

(一)设计方面

设计阶段专业间未详细对接专业接口工程。由于衡重式挡土墙多用于客货共线铁路，在设计中客货共线电缆槽大多设于坡脚，通用图中挡土墙结构占用部分路肩位置。遇电缆槽设置于路肩时，未单独开展特殊设计，导致电缆槽位置不足。

(二)施工方面

施工单位未详细核对设计方案，未发现接口工程设计方案问题；施工单位未详细对接施工工序或施工工艺不满足设计要求。

(三)介入方面

介入单位对施工图审查不仔细，未发现接口工程设计方案问题；介入检查中未及时发现施工过程问题。

三、解决方案

(一)设计方面

(1)设计单位各专业要互提设计资料，明确电缆槽设置位置和专业需求。

(2)采用衡重式路肩挡土墙的地段，设计单位核实电缆槽预留位置。遇设置于路肩时，应开展特殊设计，加宽相应段落路基面宽度，确保电缆槽能正常布设，如图 1-11-2 所示。

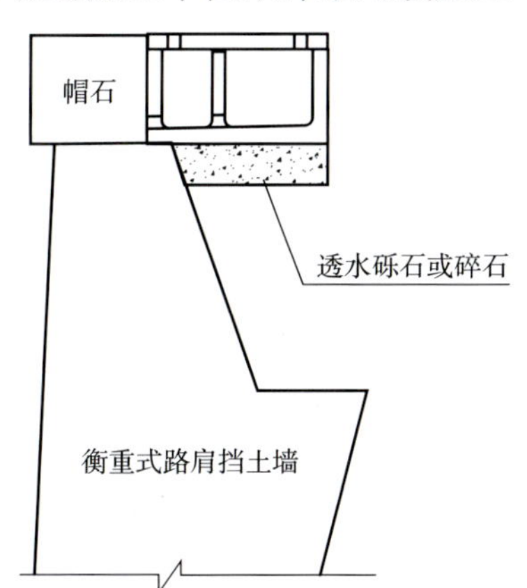

图 1-11-2 衡重式挡土墙地段加宽路基面宽度预留电缆槽示意

(二)施工方面

(1)施工单位做好现场踏勘,充分听取设计单位技术交底,了解特殊设计方案,确定施工工序和施工工艺。

(2)施工单位严格按照设计方案、工序及工艺组织施工。施工中发现问题时,立即向建设、设计和介入单位报告,在未确定变更方案前,不得盲目施工。

(三)介入方面

(1)介入单位做好设计方案审查,根据现场挡土墙情况,接触网基础可采用半基半锚方案。

(2)介入单位在过程中做好介入检查,发现问题及时向建设单位和施工单位通报并督促研究整改方案。

四、实施效果

支挡工程优化后如图 1-11-3 所示。

图 1-11-3　支挡工程优化后

第十二节　接触网基础与路基支挡工程接口工程

一、现场情况

路基挡墙区段错埋、漏埋接触网基础地脚螺栓,造成接触网支柱无法正常组立,如图 1-12-1 所示。

二、原因分析

(一)设计方面

设计阶段站前、站后专业设计不同步,站前专业未将接触网基础安装需求纳入施工图。

(二)施工方面

施工单位未详细核对设计方案,未发现接口工程设计方案问题;施工时未严格按照设计标准开展施工,过轨管的型号、材质、规格等不符合专业要求。

(三)介入方面

介入单位对施工图审查不仔细,未发现接口工程设计方案问题;介入检查中未及时发现施工过程问题。

图 1-12-1 路基挡墙区段漏埋接触网基础地脚螺栓

三、解决方案

（一）设计方面

（1）设计单位各专业要互提设计资料，路基与接触网专业联合完善路肩支挡工程预留接触网基础的相关设计，明确接触网基础设计里程、类型、基础预留措施及施工要求。

（2）施工前设计单位对施工单位做好现场技术交底。

（3）现场因变更增加路肩支挡工程时，路基专业设计应与接触网专业设计进行对接，变更范围是否设置有接触网基础，在变更设计图中纳入相关接口设计，如图 1-12-2 所示。

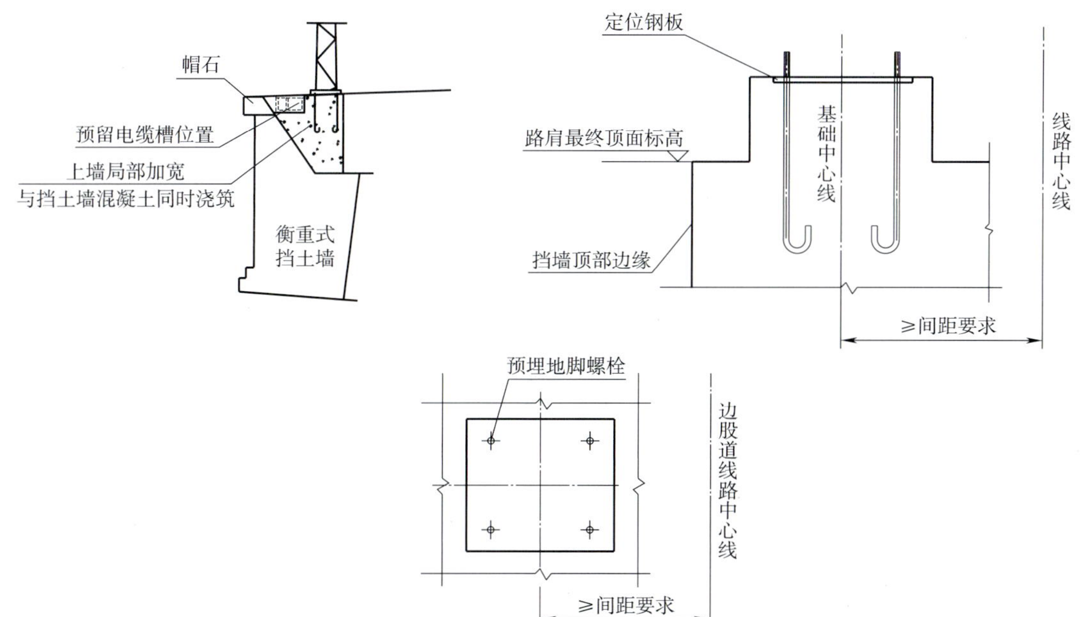

图 1-12-2 路肩支挡工程接触网预留方案示意

(二)施工方面

(1)施工单位在路基支挡工程施工前再次与设计单位逐处核对接触网基础设计里程、类型和基础预留措施等相关设计资料。

(2)施工单位向工务、供电部门提出首件定标申请,牵头组织建设、设计、监理和介入单位开展首件定标。

(3)施工单位严格按照设计方案、工序及工艺组织施工,将预留接触网基础进行编号标记,在基础定位(侧面限界)、钢筋笼预制安设、接地端子预留、混凝土浇筑、拉拔试验阶段做好影像资料记录并提交介入单位。

(三)介入方面

(1)介入单位做好设计方案审查。

(2)介入单位组织相关单位联合核对接触网基础设置位置、类型和数量,做好编号标记。

(3)介入单位参与施工单位首件定标,确定施工工艺标准。

(4)介入单位做好介入检查,发现问题及时向建设单位和施工单位通报并督促研究整改方案。

四、实施效果

路基支挡工程处接触网基础整改如图 1-12-3 所示。

图 1-12-3　路基支挡工程处接触网基础整改

第十三节　过轨管与路基填筑接口工程

一、现场情况

(1)现场预留各类过轨管的型号、材质、规格与需求不符(如图 1-13-1 所示,接触网过轨管未采用非磁性材料、管孔口径不满足线缆敷设需求),在路基基床表层施工完成后重新开挖更换过轨管,容易破坏路基结构。

图 1-13-1　路基填筑后重新开挖预埋过轨管

(2)预埋的过轨管两端管口未封堵,管内进入杂物,影响其正常使用,如图 1-13-2 所示;管内未预留牵引钢丝,影响后续线缆过轨施工。

图 1-13-2 过轨管未封堵

二、原因分析

(一)设计方面

站前、站后专业设计不同步且专业间对接不充分,施工图中对过轨管的型号、材质、规格要求和过轨管预埋的要求不够详细,标准不明确。

(二)施工方面

施工单位未详细核对设计方案,未发现接口工程设计方案问题;施工时未严格按照设计标准开展施工,过轨管的型号、材质、规格及要求不符合专业要求。

(三)介入方面

介入单位对施工图审查不仔细,未发现接口工程设计方案问题;介入检查中未及时发现施工过程问题。

三、解决方案

(一)设计方面

(1)设计单位站前、站后专业同步编制施工图,明确施工工序和工艺标准。过轨管的埋设应在路堤填筑至基床底层顶面后进行,基坑采用素混凝土回填,待混凝土强度达到设计强度的70%以后再填筑基床表层。区间路基过轨管埋设示意如图 1-13-3 所示。

(2)过轨管埋设时两端应用泡沫填充剂或浸油麻布等封堵,并在每根管中预设两根 ϕ4 mm 牵引钢丝以便穿缆。

(二)施工方面

(1)施工单位根据设计方案,组织联合现场踏勘,充分听取设计单位技术交底,对接相关单位确定施工工序和施工工艺。

(2)施工单位严格按照设计方案、工序及工艺组织施工,明确接口施工的工艺流程、技术标准、质量控制要点及施工注意事项等;施工人员必须认真理解施工图及设计意图,不得盲目施工。

(3)施工单位施工后做好分支槽道跨越水沟、爬坡、下穿等部位的影像资料录制。

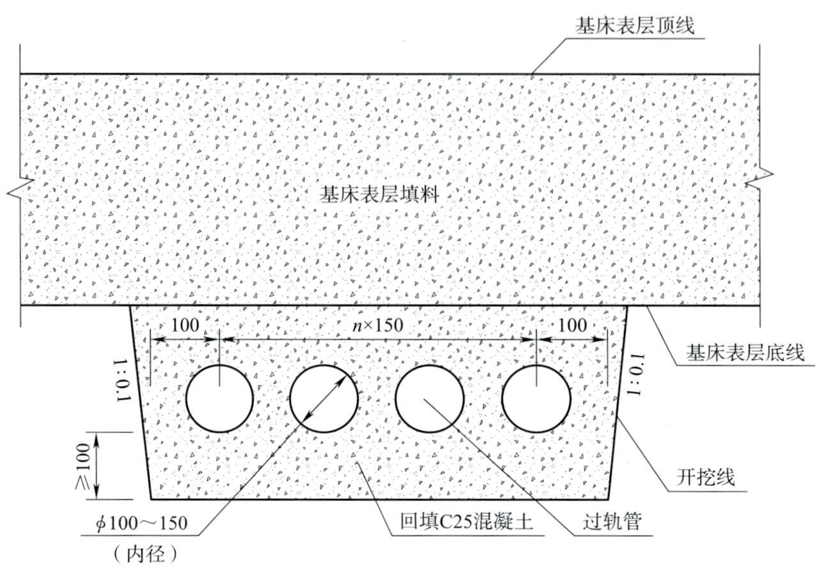

图 1-13-3　区间路基过轨管埋设示意(单位:mm)

(三)介入方面

(1)介入单位做好设计方案审查。

(2)介入单位在过程中做好介入检查,核查过轨管施工情况,发现问题及时向建设单位和施工单位通报并督促研究整改方案。

四、实施效果

过轨管预埋如图 1-13-4 所示。

图 1-13-4　过轨管预埋

第十四节　区间路基场坪与周边环境接口工程

一、现场情况

区间路基场坪未结合地形、地质等周边环境情况进行选址,造成拆迁工作量增加或与在建

(构)筑物冲突。

示例1:增加拆迁工作量。工点开工后发现附近有1条220 kV高压线路从场坪上方通过,无法保证牵引变电所与高压线路间的安全距离,如图1-14-1所示。

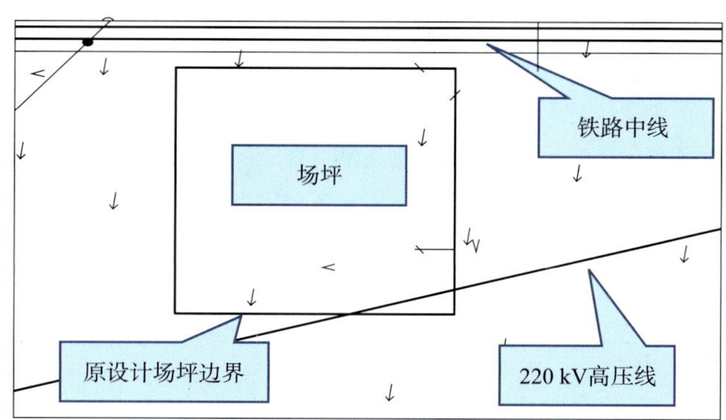

图1-14-1 场坪范围有高压线

示例2:与在建(构)筑物冲突。工点场坪选址在施工临建场地,位于冲沟下游出口,场坪填方减小了冲沟过水断面,如图1-14-2所示。

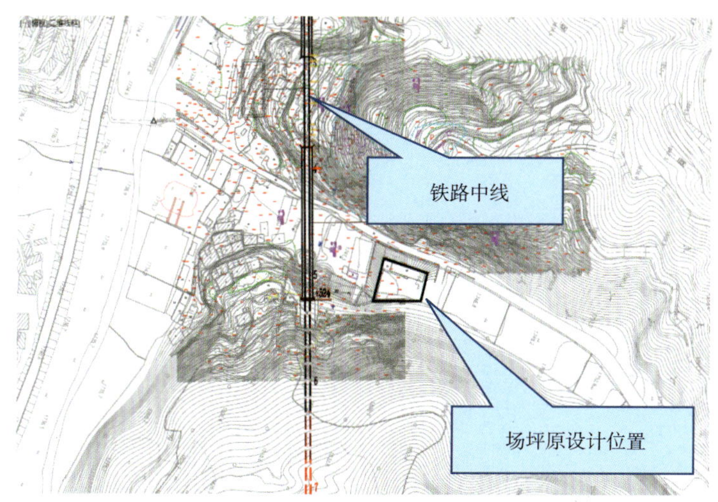

图1-14-2 场坪位于冲沟中

二、原因分析

(一)设计方面

设计阶段考虑不充分或勘测精度不够,导致场坪选址方案未避开冲沟、泥石流沟、滑坡、岩堆等不良地质区域以及建(构)筑物。

(二)施工方面

施工单位未详细核对设计方案,未能发现场坪选址问题。

(三)介入方面

介入单位对施工图审查不仔细,未开展现场巡查踏勘,未能发现场坪选址问题。

三、解决方案

(一)设计方面

(1)场坪选址需综合考虑地形、地质、水文条件和建(构)筑物迁改等周边环境因素,避开冲沟、泥石流沟、滑坡、岩堆等不良地质地区和重大建(构)筑物。

(2)开展现场踏勘,核查场坪选址位置的周边环境情况,必要时开展补充勘测。

示例1:如图1-14-3所示,专业优化了房屋布置,对场坪进行了局部调整。

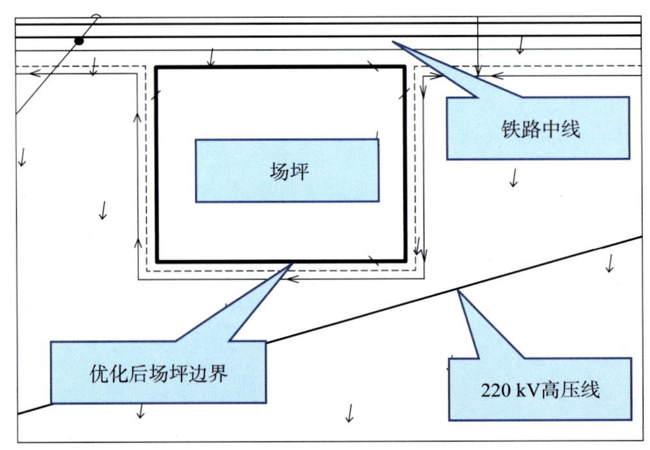

图 1-14-3　优化场坪示意

示例2:如图1-14-4所示,将场坪改至线路左侧路基旁,避开冲沟范围。

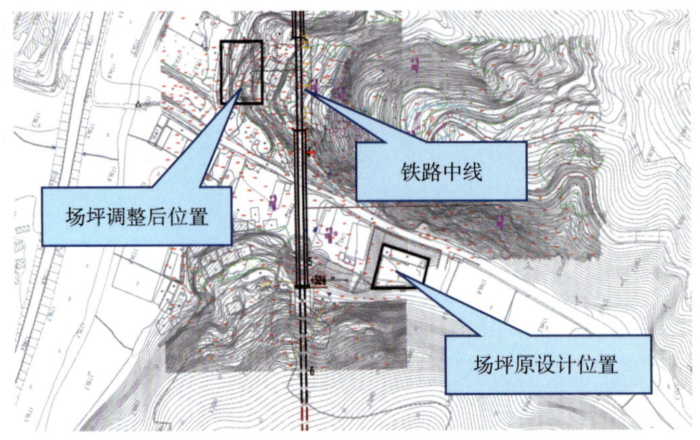

图 1-14-4　优化场坪位置示意

(二)施工方面

(1)施工单位根据设计方案做好现场核对,发现周边环境存在冲突时,立即向建设、设计和介入单位报告，在未明确变更方案前，不得盲目施工。

(2)施工单位严格按照设计方案、工序及工艺组织施工。

(三)介入方面

(1)介入单位做好设计方案审查，必要时组织现场核实，确认周边环境情况。

(2)介入单位做好介入检查，发现问题及时向建设单位和施工单位通报并督促研究整改方案。

四、实施效果

优化场坪现场如图 1-14-5 所示。

图 1-14-5 优化场坪现场

第十五节 CPⅢ控制桩与接触网下锚及开关接口工程

一、现场情况

路基段 CPⅢ控制桩位置与接触网下锚补偿装置和开关操作箱安装位置冲突，影响使用功能，如图 1-15-1 所示。

图 1-15-1 CPⅢ控制桩位置冲突

二、原因分析

(一)设计方面

设计阶段专业间未详细对接专业接口工程,导致设计方案不匹配。

(二)施工方面

(1)施工单位在CPⅢ控制桩施工时,未严格按照路基段CPⅢ控制桩基础施工参考图设计说明中"埋设应特别注意不能与接触网下锚补偿坠砣及开关操作箱冲突;CPⅢ控制桩基础在施工过程中,需与设计院提供的接触网基础平面布置图同时使用,当施工中遇到接触网锚柱时,其CPⅢ控制桩应设置在接触网拉线基础一侧"的规定组织施工。

(2)施工单位未详细对接施工工序或施工工艺不满足设计要求,未相互确定接触网下锚补偿装置、开关操作箱与CPⅢ控制桩位置关系,造成相互位置冲突。

(三)介入方面

介入单位对施工图审查不仔细,未发现接口工程设计方案问题;介入检查中未及时发现施工过程问题。

三、解决方案

(一)设计方面

(1)设计单位各专业要互提设计资料,优化路基段CPⅢ控制桩基础施工参考图,细化CPⅢ控制桩、接触网下锚装置和开关操作箱安装位置。

(2)施工前设计单位对施工单位做好现场技术交底,明确CPⅢ控制桩施工位置。

(3)施工中设计单位加强现场巡查和沟通,发现问题及时组织研究和变更设计,如图1-15-2和图1-15-3所示。

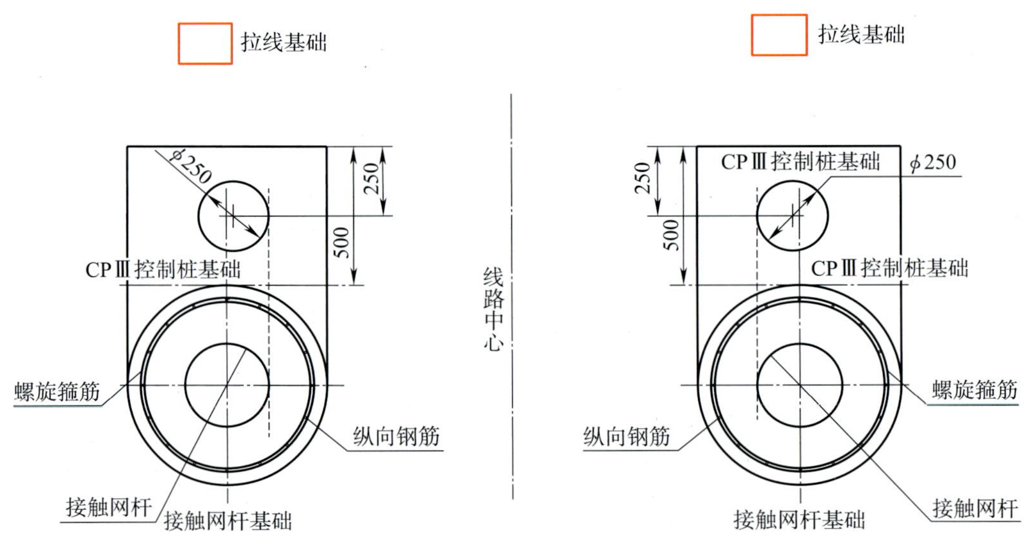

图1-15-2 CPⅢ控制桩正确位置示意(单位:mm)

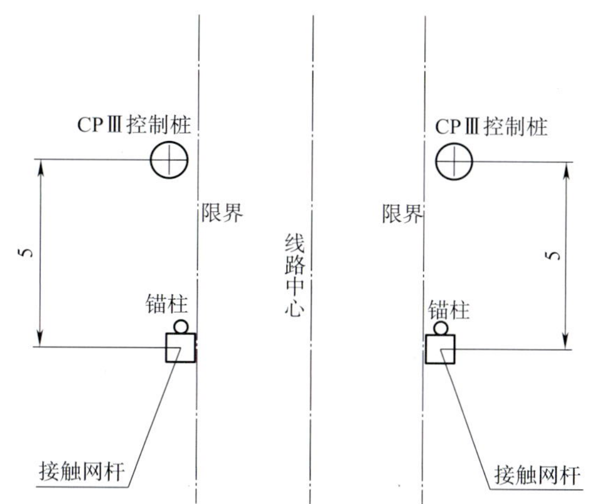

图 1-15-3 遇锚柱 CPⅢ控制桩优化后正确位置示意(单位:m)

(二)施工方面

(1)施工单位根据设计方案,组织联合现场踏勘,充分听取设计单位技术交底,对接相关单位确定施工工序和施工工艺,明确 CPⅢ控制桩和接触网下锚补偿装置位置关系。

(2)施工单位严格按照设计方案、工序及工艺组织施工。施工中发现问题时,立即向建设、设计和介入单位报告,在未确定变更方案前,不得盲目施工。

(三)介入方面

(1)介入单位做好设计方案审查。

(2)介入单位在过程中做好介入检查,专人负责审核 CPⅢ控制桩基础安装位置,发现问题及时向建设单位和施工单位通报并督促研究整改方案。

四、实施效果

CPⅢ控制桩正确位置如图 1-15-4 所示。

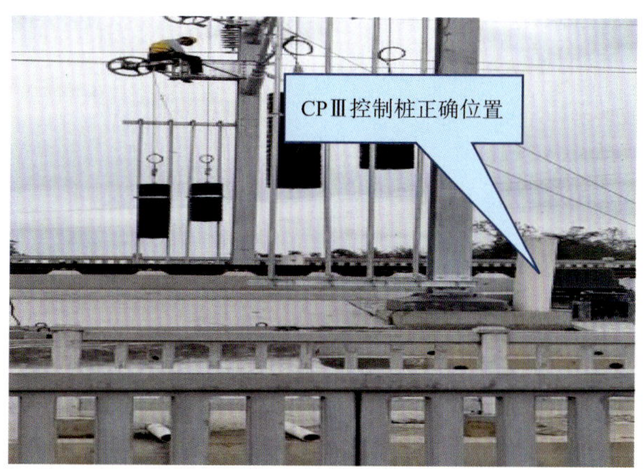

图 1-15-4 CPⅢ控制桩正确位置

第十六节　机房及电缆引入分支槽和封闭网接口工程

一、现场情况

（1）区间信号中继站、通信基站、直放站、分区所等“四电”机房院落大门位置设置不合理，被封闭在铁路防护栅栏内，现场应急和机房检查只能在天窗时段开展，影响设备故障应急处置及日常维护工作，如图 1-16-1 所示。

图 1-16-1　机房院落开门朝向网内

（2）区间电务机房电缆引入分支槽道设置在网外或未进行封闭，存在盗窃和破坏的风险，如图 1-16-2 所示。

图 1-16-2　分支电缆槽道在网外

二、原因分析

（一）设计方面

设计阶段专业间未详细对接专业接口工程。站后和线路专业未考虑“四电”院落大门需设置在防护栅栏外的运营维护需要；未充分考虑现场地形地貌影响方案实施的限制条件；通信、信号、电力专业未向站前专业提供通信、信号电缆引入分支槽道封闭要求，未在图纸中明确分支电缆槽与封闭网位置关系。

（二）施工方面

站前施工单位不掌握区间“四电”机房院落大门设置需求；未详细核对设计方案，未发现方案中未明确分支电缆槽与封闭网关系。

（三）介入方面

介入单位对施工图审查不仔细，未发现接口工程设计方案问题；介入检查中未及时发现施工过程问题。

三、解决方案

（一）设计方面

（1）设计单位信号、通信、房建、站前专业要互提设计资料，明确“四电”院落铁路侧围墙外防护栅栏安设位置。

（2）院落开门位置应设计在防护栅栏外，“四电”院落位置尽量向铁路外侧红线边缘靠拢，如图 1-16-3 所示。

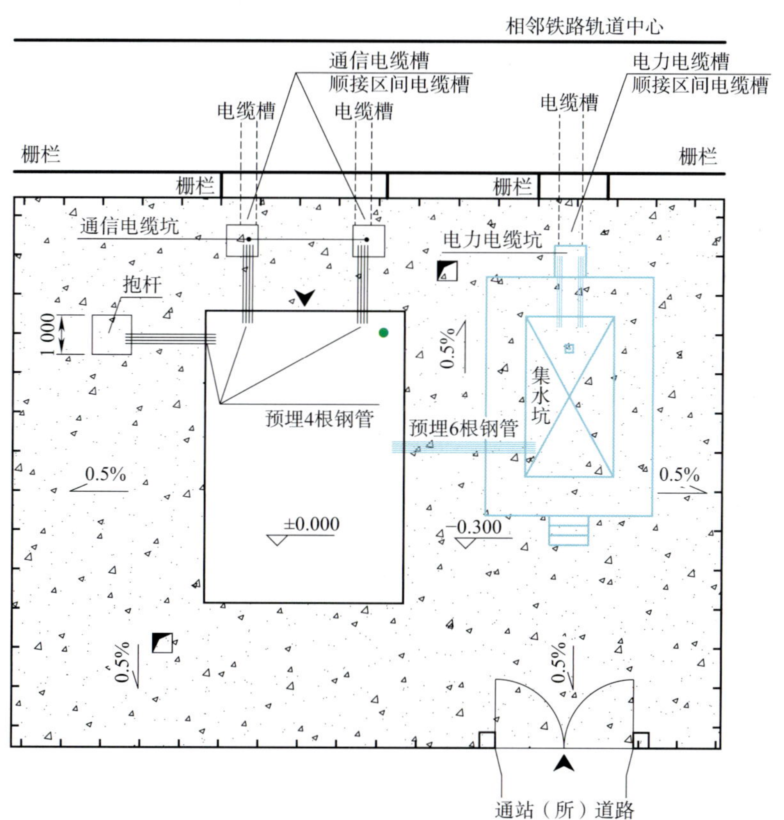

图 1-16-3 基站院落大门设置在网外（标高单位：m；其他单位：mm）

（3）电缆引入分支槽道安设在防护栅栏内，如引出位置无防护栅栏则应加设。

（二）施工方面

（1）施工单位充分听取设计单位技术交底，对接相关单位确定施工工序和施工工艺。

(2)施工单位严格按照设计方案、工序及工艺组织施工。施工中发现问题时,立即向建设、设计和介入单位报告,在未确定变更方案前,不得盲目施工。

(三)介入方面

(1)介入单位做好设计方案审查,确认封闭栅栏设置方案。

(2)介入单位在过程中做好介入检查,重点关注电缆分支槽道封闭情况,发现问题及时向建设单位和施工单位通报并督促研究整改方案。

四、实施效果

机房院落设置在网外、引入电缆槽安设在网内分别如图 1-16-4 和图 1-16-5 所示。

图 1-16-4　机房院落设置在网外

图 1-16-5　引入电缆槽安设在网内

第二章

桥　　梁

第一节 桥台台后路基挡墙与桥台台侧接口工程

一、现场情况

桥台后路堤桩板墙或桩基托梁挡墙终点与桥台尾部重叠，路基面宽度大于桥梁宽度，导致台后路基填筑土存在沿桩板墙或从桩基托梁挡墙与桥台之间溜坍的风险，如图 2-1-1 和图 2-1-2 所示。

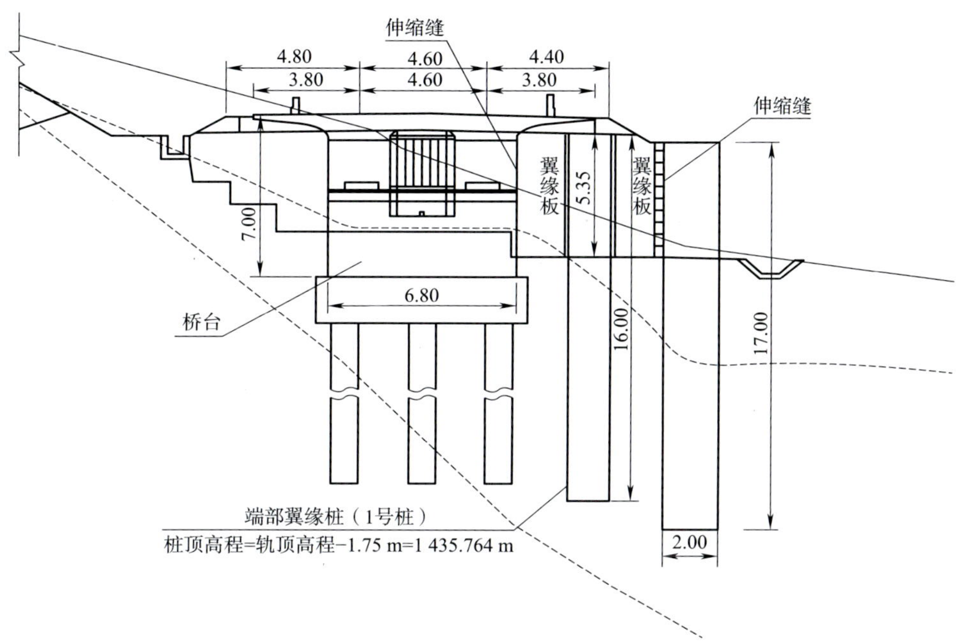

图 2-1-1 桥梁端部翼缘桩正面设计示意（单位：m）

图 2-1-2 桥台台后路基与桥台侧面连接

二、原因分析

(一)设计方面

路基专业在桥台尾部路堤支挡结构设计时,未考虑顺桥向路基填筑土的挡护工程;部分车站存在多线桥桥台尾部里程不一致的情况,路基或站场专业设计时未对台尾分界处形成的结构差单独设计挡护措施。

(二)施工方面

施工单位未详细核对设计方案,未发现接口工程设计方案问题;施工中遇无法施作锥坡且无挡护措施时,未及时向设计单位提出设计变更需求。

(三)介入方面

介入单位对施工图审查不仔细,未发现路基面宽度、路基挡土结构等接口工程设计方案问题;介入检查中未及时发现施工过程问题。

三、解决方案

(一)设计方面

(1)设计单位各专业要互提设计资料,路基专业牵头组织路堤支挡结构与桥台挡护措施施工图会审。

(2)遇路堤支挡结构端头与桥台背墙间存在坡面溜坍风险时应增设挡护措施。挡护措施两端通过植筋与支挡结构和桥台背墙相接,保障台背路基填土稳定,如图 2-1-3 所示。

(3)施工前设计单位对设计图纸中的台尾路基挡护措施与桥台接口进行核查,确认是否符合现场实际。对施工单位做好现场技术交底,重点说明接口施工注意事项。

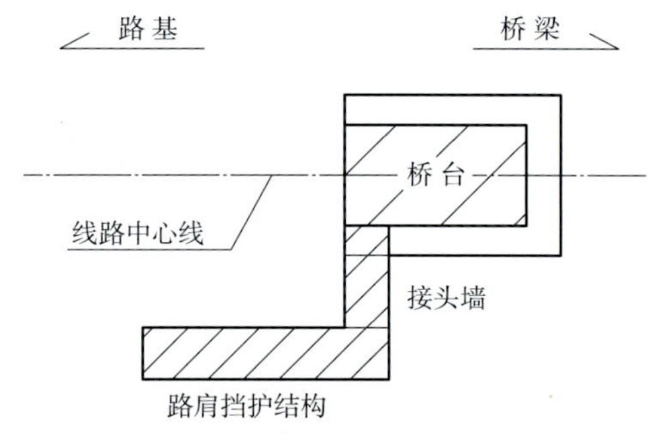

图 2-1-3 接头墙平面示意

(二)施工方面

(1)施工单位根据设计方案,组织联合现场踏勘,充分听取设计单位技术交底,确定施工工序和施工工艺。

(2)施工单位严格按照设计方案、工序及工艺组织施工。现场无法施作锥坡且无挡护措施时,应及时向设计单位反馈。

(3)如设计方案采用接头墙防护,应在路堤填筑前完成施工。

(4)遇桥台接口工程增设接头墙时,应先清除接头墙范围内的路基填土,之后再开展接头墙施工,接头墙后部间隙应采用混凝土或级配碎石进行回填。

(三)介入方面

(1)介入单位做好设计方案审查,必要时携带施工图与施工单位现场核对桥台台后路基挡墙与桥台台侧接口情况。

(2)对已完成的桥台挡护工程,如台后路基设有支挡结构或台后边坡较陡峭时,应注意检查支挡结构与台身间是否设置挡护工程。

四、实施效果

接头墙、路肩挡土墙分别如图 2-1-4 和图 2-1-5 所示。

图 2-1-4 接头墙

图 2-1-5 路肩挡土墙

第二节 桥台范围路基侧沟与桥台坡面防护接口工程

一、现场情况

桥路相接部分台前局部路堑段落设置了防护挡墙，台后路基侧沟接入桥梁范围后，通过集水井接入桥下。由于台前坡面未做排水沟和铺砌(图 2-2-1、图 2-2-2)，集水井的落水直接冲刷台前坡面，影响坡面稳定性。

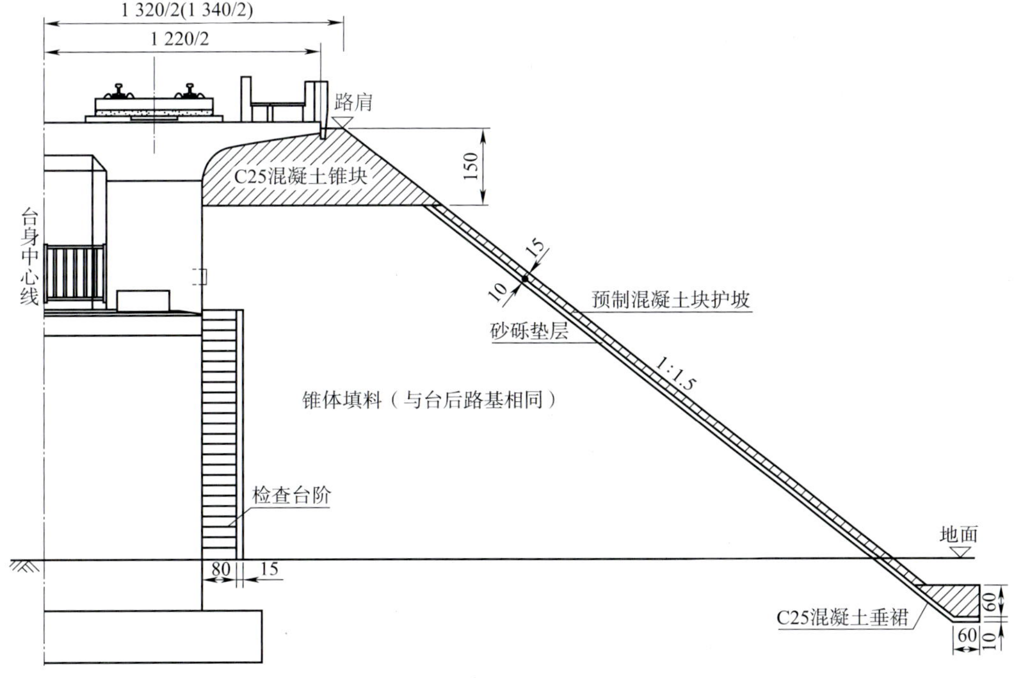

图 2-2-1 桥台范围桥梁专业坡面防护(单位:cm)

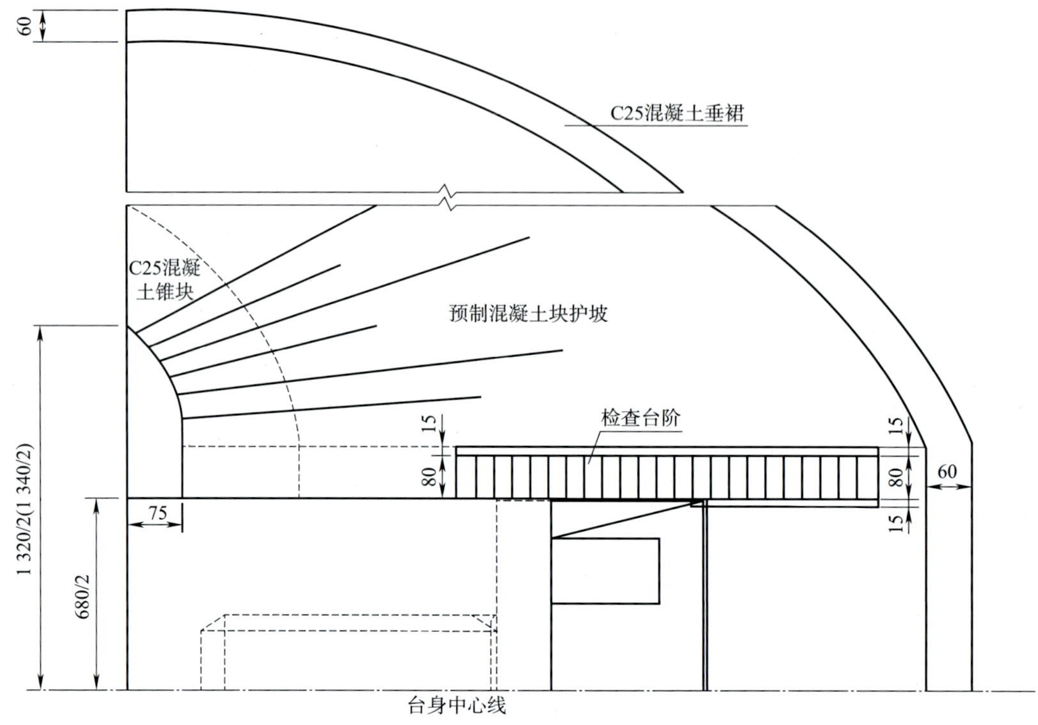

图 2-2-2 桥台范围路基侧沟与桥台坡面防护(单位:cm)

二、原因分析

(一)设计方面

设计单位未充分考虑到台后侧沟在接入桥下时,地形变化导致结构物之间排水系统未有效连接,造成排水不畅、水流冲刷坡面的问题。

(二)施工方面

施工单位未有效核实水流方向和路径,未确认排水是否通畅;施工中未发现接口工程问题。

(三)介入方面

介入单位对施工图审查不仔细,未发现接口工程设计方案问题;介入检查中未及时发现桥台排水系统及坡面冲刷问题。

三、解决方案

(一)设计方面

(1)设计单位各专业要互提设计资料,路基专业牵头根据桥路接口位置的地形情况,合理确定水沟路径和消水方式。对可能造成桥台坡面冲刷的问题,应针对性开展归槽和坡面防冲刷铺砌设计,如图 2-2-3 所示。

(2)设计方案注意以下细节:

①排水沟顺接时,如果水沟坡度过大,应考虑沟内设置消能台阶。

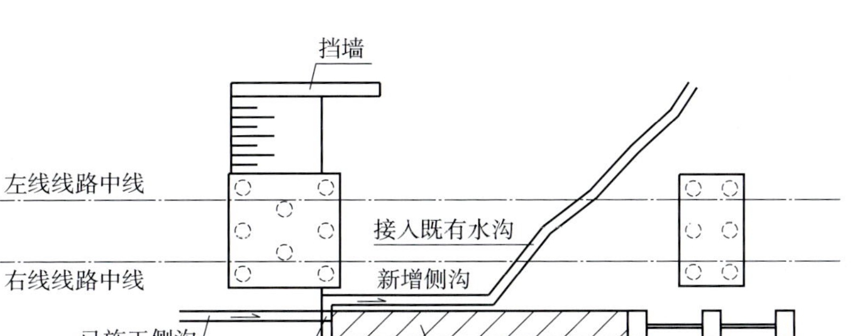

图 2-2-3 桥台范围路基侧沟与桥台坡面防护接口

②水流进入集水井墙，应设置拦污栅等设施。

③集水井内应设置沉淀池。

④集水井出口应顺接至自然沟渠。

⑤为方便检修作业，集水井尺寸应满足检修人员作业需求，设置检修人员上下的检修梯步或爬梯。

(二)施工方面

(1)施工单位根据设计方案开展现场踏勘，充分听取设计单位方案技术交底。

(2)施工单位应核实排水系统上下游高程，确保排水系统水流通畅，特别注意台后排水沟是否能够接入桥下既有排水系统。

(3)施工单位严格按照设计方案和施工工艺组织施工，对施工图中未明确的内容及时同建设、设计和介入单位对接，不得盲目施工。

(三)介入方面

(1)介入单位做好施工图审查，必要时组织现场核实。

(2)介入单位重点检查水流是否通畅，水流冲刷是否影响到坡面稳定性，排水系统是否完善、是否具备引排功能等方面，发现问题及时向建设单位和施工单位通报并督促研究整改方案。

四、实施效果

路基侧沟在桥台范围顺接既有沟渠如图 2-2-4 所示。

图 2-2-4 路基侧沟在桥台范围顺接既有沟渠

第三节　填方路基与涵洞接口工程

一、现场情况

由于路基横向加宽，但涵洞长度未同步加长设计，骨架护坡施工后超出涵洞帽石，如图 2-3-1 所示。

图 2-3-1　填方路基下的涵洞洞口

二、原因分析

(一)设计方面

设计阶段专业间未详细对接接口方案，涵洞设计提供的路基横断面与现场施工时不一致。

(二)施工方面

施工单位未详细核对设计方案，未发现接口工程设计方案问题；施工单位不按图施工，为解决电缆槽从路肩穿过问题，擅自加宽路基宽度。

(三)介入方面

介入单位对施工图审查不仔细，未发现接口工程设计方案问题；介入检查中未复核涵洞洞口与路基接合部相对位置关系。

三、解决方案

(一)设计方面

(1)设计单位各专业要互提设计资料，联合开展施工图会审。如路基因路肩铺设电缆槽进行了加宽设计，涵洞长度应根据路基最终宽度同步设计。

(2)设计单位应根据现场涵洞洞口与路基坡面的实际尺寸关系开展设计，如图 2-3-2 所示。已实施的可考虑采取以下方案：

①拆除涵洞出入口靠近涵身 1 m 范围的“八”字墙边墙混凝土至盖板底。

②涵洞出入口采用原孔径增加 1 m 的钢筋混凝土盖板进行涵洞出入口接长 1 m。

③出入口边墙采用 C30 混凝土进行加高，加高后边墙顶部仍按照原设计尺寸设置帽石。

(二)施工方面

(1)施工单位根据设计方案组织现场踏勘，核实路肩宽度是否满足电缆槽通过要求。

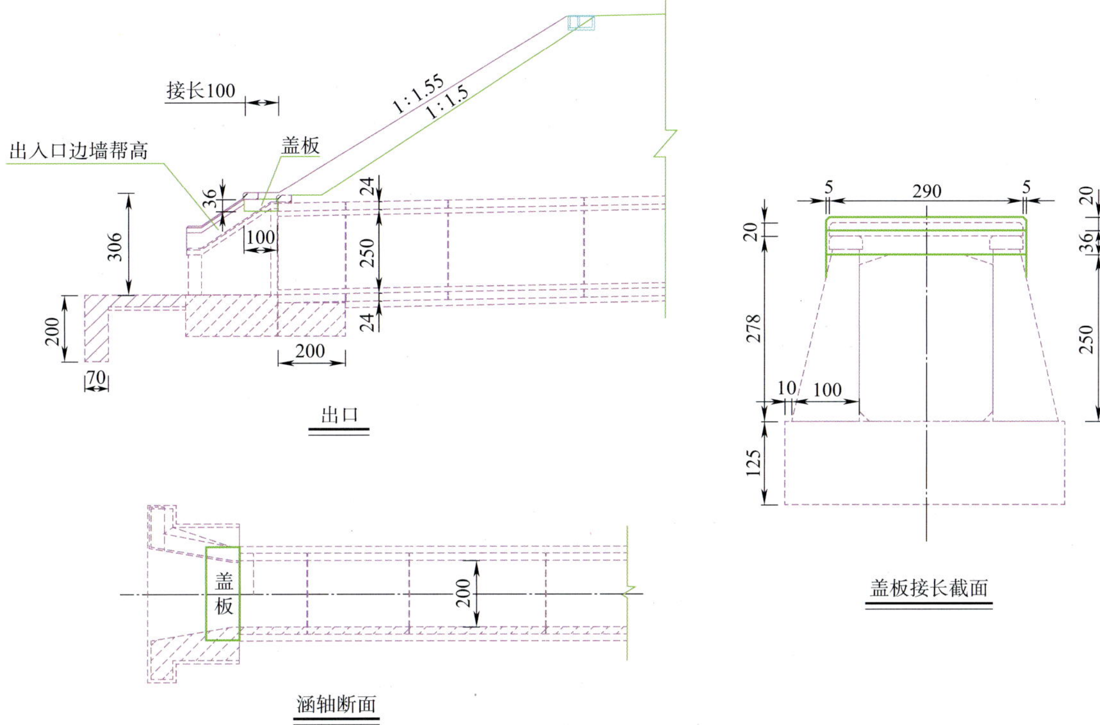

图 2-3-2 涵洞帽石调整尺寸(单位:cm)

(2)施工单位严格按照设计方案和施工工艺组织施工。施工中发现问题时,立即向建设、设计和介入单位报告,不得盲目施工。

(三)介入方面

(1)介入单位做好设计方案审查,必要时组织现场核实。

(2)介入单位重点检查涵洞洞口与路基接合部是否存在边坡面超过涵洞洞口导致影响边坡稳定,发现问题及时向建设单位和施工单位通报并督促研究整改方案。

四、实施效果

涵洞帽石接长施工如图 2-3-3 所示。

图 2-3-3 涵洞帽石接长施工

第四节　普速铁路 T 梁声屏障与桥梁栏杆接口工程

一、现场情况

普速铁路 2101 T 梁与 2109 声屏障安装时，声屏障端部与桥梁栏杆端部约 70 cm 长区域未有效连接，存在坠落安全隐患，如图 2-4-1 所示。2201 T 梁与 2209 声屏障安装时也存在同类问题。

图 2-4-1　桥路边坡防护不匹配

二、原因分析

（一）设计方面

设计单位未针对 T 梁声屏障与桥梁栏杆接口开展细部设计。

（二）施工方面

施工单位套用部颁梁图，未结合现场实际情况施工；施工单位未按照设计单位补充设计方案开展栏杆施工。

（三）介入方面

介入单位对施工图审查不仔细，未发现 T 梁声屏障与桥梁栏杆接口问题。

三、解决方案

（一）设计方面

（1）设计单位各专业要互提设计资料，桥梁专业牵头组织施工图会审。

（2）设计单位应检查声屏障与桥梁栏杆设置范围，核实是否存在缺口并开展封闭设计，如图 2-4-2 所示。

（3）设计方案需考虑封闭栏杆的伸缩措施，在声屏障和桥梁专业设计文件中予以说明，设计单位做好和施工单位的专项技术交底。

（二）施工方面

（1）施工单位根据设计方案核查是否做好封闭设计，发现问题及时报告设计单位。

（2）施工单位严格按照设计方案和施工工艺组织施工，注意对接设计单位是否针对接口工程进行了补充或变更设计。

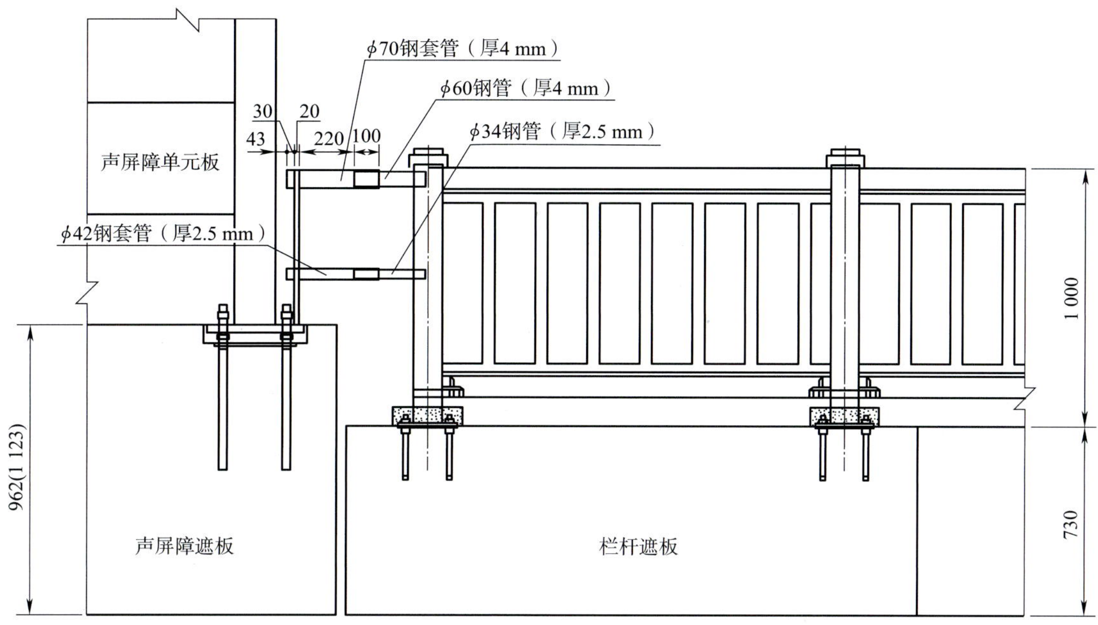

图 2-4-2 声屏障与栏杆连接(单位:mm)

(三)介入方面

(1)介入单位在施工图审查时,重点针对 T 梁声屏障与桥梁栏杆接口工程设计方案开展审查。

(2)介入单位加强声屏障和梁端栏杆缺口封闭情况检查,发现问题及时向建设单位和施工单位通报并督促研究整改方案。

四、实施效果

声屏障与栏杆连接处理如图 2-4-3 所示。

图 2-4-3 声屏障与栏杆连接处理

第五节 铁路桥梁声屏障与接触网设备接口工程

一、现场情况

桥梁声屏障与接触网支柱(含支柱上电气设备)、坠砣、下锚拉线位置冲突,相互影响或无法安装,如图 2-5-1～图 2-5-4 所示。

图 2-5-1 声屏障与支柱冲突

图 2-5-2 声屏障与隔离开关冲突

图 2-5-3 声屏障与坠砣冲突

图 2-5-4 声屏障与下锚拉线基础冲突

二、原因分析

(一)设计方面

设计阶段专业间未详细对接专业接口工程,未统筹设计桥梁、接触网、声屏障位置关系和施工误差控制,未协调专业间开展技术交底。

(二)施工方面

施工单位未详细核对设计方案,未发现接口工程设计方案问题;施工单位质量控制不严,将接触网基础地脚螺栓预埋至声屏障基础位置。

（三）介入方面

介入单位对施工图审查不仔细，未发现接口工程设计方案问题；介入检查中未及时发现施工过程问题。

三、解决方案

（一）设计方面

（1）接触网专业及环评专业向桥梁专业提供图纸，并由桥梁专业组织各专业图纸会审。

（2）设计单位统筹协调声屏障区段接触网支柱预留要求，桥梁专业根据接触网专业需求统筹考虑接触网支柱（含支柱上电气设备）、坠砣、下锚拉线与声屏障的位置关系。

（3）桥梁专业将接触网基础螺栓位置、基础大样、基础里程、基础类型等纳入施工图，接触网专业会签施工图。在施工交底时，接触网专业、桥梁专业进行重点交底。

（二）施工方面

（1）施工单位在施工前应进一步核实接触网基础与声屏障的位置关系。

（2）站前施工单位应严格按照预留预埋图纸进行精准定位；站后施工单位应严格按照图纸要求采购及安装设备，避免随意调整预埋位置及安装尺寸，严格控制施工质量。

（3）施工单位施工过程中发现存在冲突的及时上报至建设单位及设计单位，未出具变更图纸前，不得盲目施工。

（三）介入方面

（1）介入单位做好设计方案审查。

（2）介入单位在过程中做好介入检查，发现问题及时向建设单位和施工单位通报并督促研究整改方案。

四、实施效果

声屏障与坠砣冲突处理如图 2-5-5 所示。

图 2-5-5　声屏障与坠砣冲突处理

第六节　接触网支柱与声屏障梁翼缘板接口工程

一、现场情况

简支 T 梁预留尺寸与接触网安装不匹配，造成声屏障无法安装。桥梁通用参考图预留接触网孔洞如图 2-6-1 所示。接触网非锚柱尺寸如图 2-6-2 所示。调整为长槽孔后，接触网支柱与声屏障冲突，如图 2-6-3 所示。

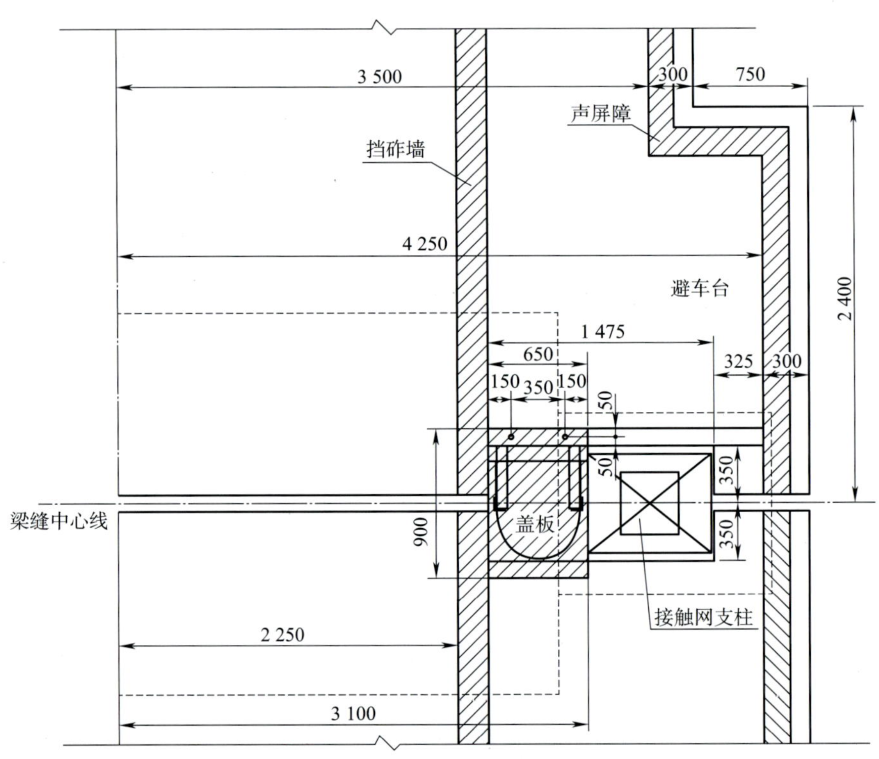

图 2-6-1　桥梁通用参考图预留接触网孔洞(单位:mm)

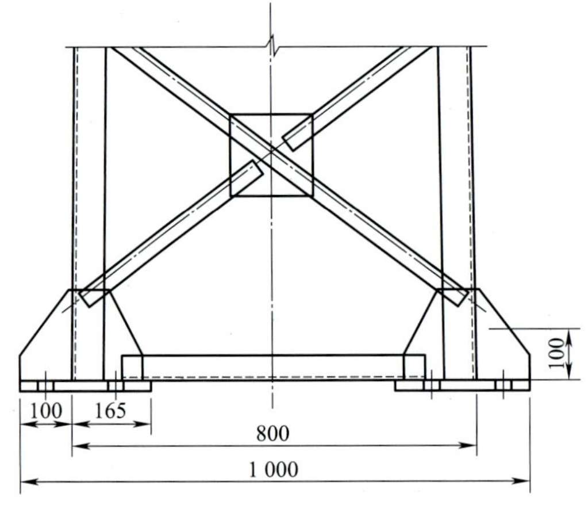

图 2-6-2　接触网非锚柱尺寸(单位:mm)

图 2-6-3 调整为长槽孔后接触网支柱与声屏障冲突

二、原因分析

(一)设计方面

简支 T 梁现行部颁通用参考图为《时速 160 公里客货共线铁路预制后张法简支 T 梁(设声屏障)》[通桥(2012)2109-Ⅳ],通用参考图中接触网支柱预留尺寸为 825 mm×700 mm。接触网现行部颁通用参考图为《桥上接触网钢柱及支架构造图》[通化(2010)1002-Ⅱ],通用参考图中接触网非锚柱法兰尺寸为 1 000 mm×800 mm,锚柱法兰尺寸为 1 460 mm×1 060 mm。设计阶段专业间未考虑通用参考图尺寸匹配问题,导致设计接口问题。

(二)施工方面

施工单位未详细核对设计方案,未对接触网支柱及预留孔的位置、尺寸进行校对,未发现接口工程设计方案问题。

(三)介入方面

介入单位对施工图审查不仔细,未发现接口工程设计方案问题;介入检查中未及时发现施工过程问题。

三、解决方案

(一)设计方面

(1)接触网专业与桥梁专业互提资料,桥梁专业组织施工图会审。

(2)桥梁专业根据需求及实测接触网支柱位置,调整桥面预留孔洞尺寸,如图 2-6-4 所示。

(二)施工方面

(1)施工单位在施工前应进一步核实接触网基础与声屏障的位置关系。

(2)站前施工单位应严格按照预留预埋图纸进行精准定位;站后施工单位应严格按照图纸要求采购及安装设备,避免随意调整预埋位置及安装尺寸,严格控制施工质量。

(3)施工单位在施工图核实过程中发现存在问题时应及时停止施工,并将问题上报至建设单位及设计单位,未拿到变更设计前不得盲目施工。

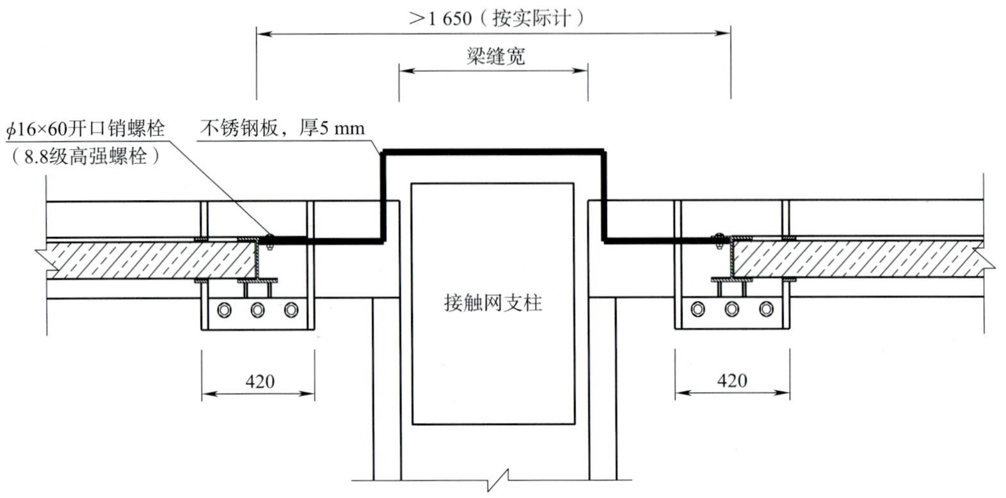

图 2-6-4　接触网支柱与声屏障冲突处的处理措施（单位：mm）

（三）介入方面

（1）介入单位做好设计方案审查。

（2）介入单位在过程中做好介入检查，发现问题及时向建设单位和施工单位通报并督促研究整改方案。

四、实施效果

接触网支柱与声屏障冲突处的处理如图 2-6-5 所示。

图 2-6-5　接触网支柱与声屏障冲突处的处理

第七节 桥梁栏杆与疏散通道栏杆接口工程

一、现场情况

桥梁栏杆与疏散通道栏杆未有效连接，存在坠落安全隐患，如图 2-7-1 所示。

图 2-7-1 桥梁栏杆与疏散通道栏杆间隙过大

二、原因分析

(一)设计方面

桥梁栏杆按照部颁通用参考图设计，对桥梁栏杆与疏散通道栏杆间隙未做细化设计。

(二)施工方面

施工单位未现场核实设计图纸，未发现接口工程问题；未按设计位置预埋疏散通道栏杆预埋件，导致桥梁栏杆与疏散通道栏杆未有效连接。

(三)介入方面

介入单位对施工图审查不仔细，未发现接口工程设计方案问题；介入检查中未及时发现施工过程问题。

三、解决方案

(一)设计方面

(1)对于设置疏散通道的桥梁(通常大于 3 km)，在标准图基础上明确疏散通道与桥梁衔接处的栏杆预埋件位置，补充栏杆的衔接细节及要求，确保栏杆有效顺接。

(2)当桥梁栏杆与疏散通道栏杆间隙较大时，应延伸疏散通道栏杆至通道端部，减少其与梁体栏杆的间距，但不得约束梁体的自由变形，如图 2-7-2 所示。

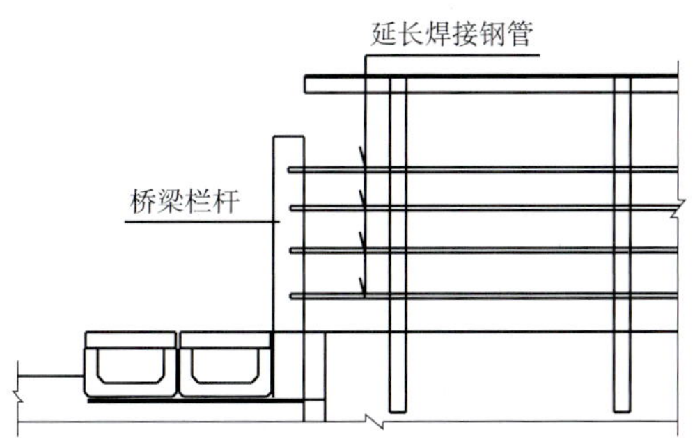

图 2-7-2 桥梁栏杆与疏散通道栏杆间隙过大整改

(3)施工前设计单位对设计图纸中的桥梁栏杆与疏散通道栏杆的接口情况进行核查;做好与施工单位的现场技术交底,重点说明接口施工方案,如图 2-7-3 所示。

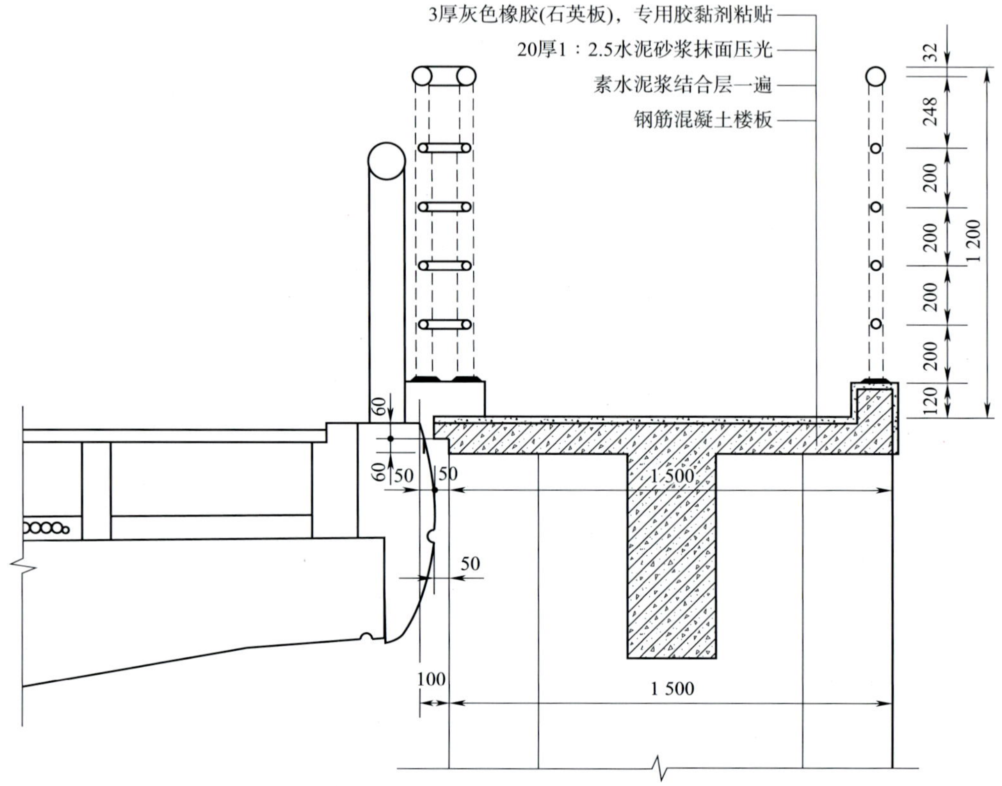

图 2-7-3　桥梁栏杆与疏散通道栏杆(单位:mm)

(二)施工方面

(1)施工单位施工前详细核对桥梁栏杆与疏散通道栏杆接口设计方案,充分听取设计单位技术交底,对接相关单位确定施工工序和施工工艺。

(2)施工单位检查桥梁栏杆与疏散通道栏杆接口情况,按设计方案做好疏散通道栏杆预埋件的预埋。

(3)施工单位施工中发现桥梁栏杆与疏散通道栏杆间隙较大时,立即向建设、设计和介入单位报告,在未确定变更方案前,不得盲目施工。

(4)变更设计增设的连接栏杆,应保证梁体的自由变形,现场施作的栏杆应进行防腐处理。

(三)介入方面

(1)介入单位在施工图审查时,重点做好桥梁栏杆与疏散通道栏杆接口方案审查。

(2)介入单位在过程中加强桥梁栏杆与疏散通道栏杆的间隙检查,发现问题及时向建设单位和施工单位通报并督促研究整改方案。

四、实施效果

桥梁栏杆与疏散通道栏杆增设栏杆连接如图 2-7-4 所示。

图 2-7-4 桥梁栏杆与疏散通道栏杆增设栏杆连接

第八节 铁路接触网支柱与避车台、检修平台接口工程

一、现场情况

桥梁区段接触网支柱与避车台、检修平台(检查梯)等桥梁附属设施冲突,造成接触网支柱无法正常组立,如图 2-8-1 所示。

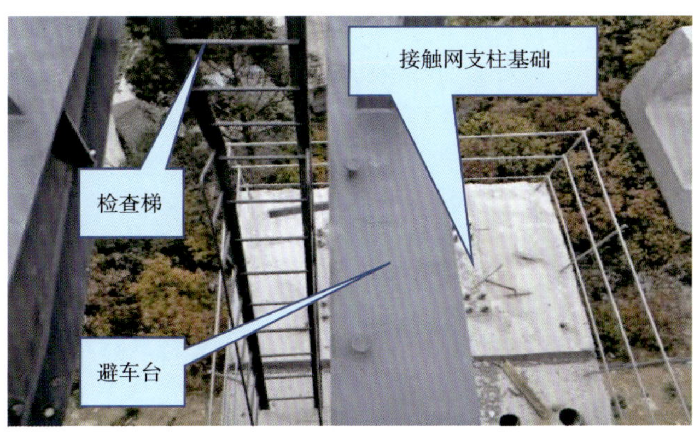

图 2-8-1 接触网支柱与避车台冲突

二、原因分析

(一)设计方面

站前、站后专业设计不同步且专业间对接不充分,桥梁专业未统筹考虑接触网支柱、地脚螺栓与避车台、检修平台(检查梯)等桥梁附属设施的位置关系。

(二)施工方面

施工单位未详细核对设计方案,未发现接口工程设计方案问题;施工单位未严格按照设计要求预埋接触网基础地脚螺栓。

(三)介入方面

介入单位对施工图审查不仔细,未发现接口工程设计方案问题;介入检查中未对桥梁接触网基础与避车台、检查平台空间关系共同进行核查。

三、解决方案

(一)设计方面

(1)接触网专业与桥梁专业互提资料,桥梁专业组织图纸会审。

(2)设计时桥梁专业根据接触网专业需求统筹考虑接触网支柱(基础)与桥梁避车台、检修平台及检查梯等桥梁附属设施的位置关系,如图 2-8-2 所示。

(3)接触网支柱、基础里程、地脚螺栓等预埋件纳入桥梁顶帽施工图,在施工交底时重点交底。

(二)施工方面

(1)施工单位根据设计方案,充分听取设计单位技术交底,核实接触网预埋地脚螺栓的位置关系。

(2)施工单位严格按照设计方案、工序及工艺组织施工。对已存在的问题,建议方案如下:

①可将墩顶托盘加大,接触网基础外移。

②将接触网支柱改为牛腿形斜支柱。

③对接触网支柱优化设计,减小横截面积。

④将检查梯或避车台朝梁跨中心位置移动一格安装,延长检查梯顺接至墩顶。

通过上述①~③方式,可达到预留足够安装空间的目的。

(3)施工单位施工过程中发现存在冲突时,立即向建设、设计和介入单位报告,在未确定变更方案前,不得盲目施工。

(三)介入方面

(1)介入单位做好设计方案审查。

(2)介入单位在过程中做好介入检查,发现问题及时向建设单位和施工单位通报并督促研究整改方案。

四、实施效果

接触网支柱与检查梯冲突整改如图 2-8-3 所示。

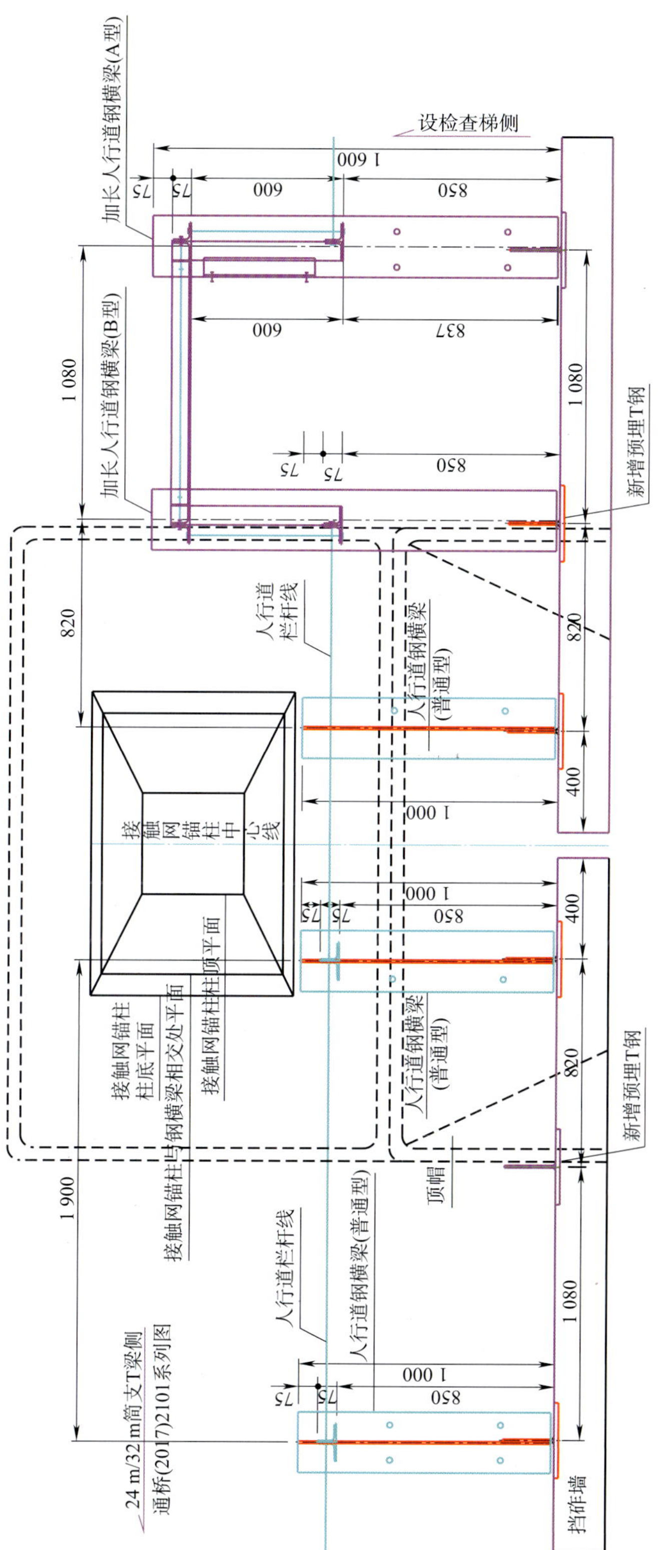

图 2-8-2 接触网支柱与避车台冲突调整（单位：mm）

图 2-8-3 接触网支柱与检查梯冲突整改

第九节 铁路 T 梁接触网隔离开关与检修平台接口工程

一、现场情况

接触网隔离开关日常检查需利用检查梯平台作为检修平台，由于施工阶段隔离开关安装完成后，安装位置在检查梯平台外侧，人员操作存在安全隐患，如图 2-9-1 所示。

图 2-9-1 检修平台设置位置不合理

二、原因分析

（一）设计方面

设计阶段检查梯按标准图设置，由于隔离开关位置确定较晚，线下单位在预留接触网立柱基础预埋件时过于靠外，导致隔离开关位于检查梯平台外侧。

（二）施工方面

施工单位未详细核对设计方案；施工单位在施工接触网基础预埋件未严格执行施工标准，

导致预埋件远离人行道栏杆。

（三）介入方面

施工图审查不仔细，未发现接口问题；介入检查中未及时发现施工过程问题。

三、解决方案

（一）设计方面

（1）接触网专业与桥梁专业互提资料时应明确隔离开关位置及检修平台要求，桥梁专业组织图纸会审。

（2）施工前设计单位对施工单位做好现场技术交底，确定预埋件位置，特殊设计检查梯平台。

（3）拆除不满足检修要求的检查梯平台，并另选位置重新设计检修平台，如图 2-9-2 所示。

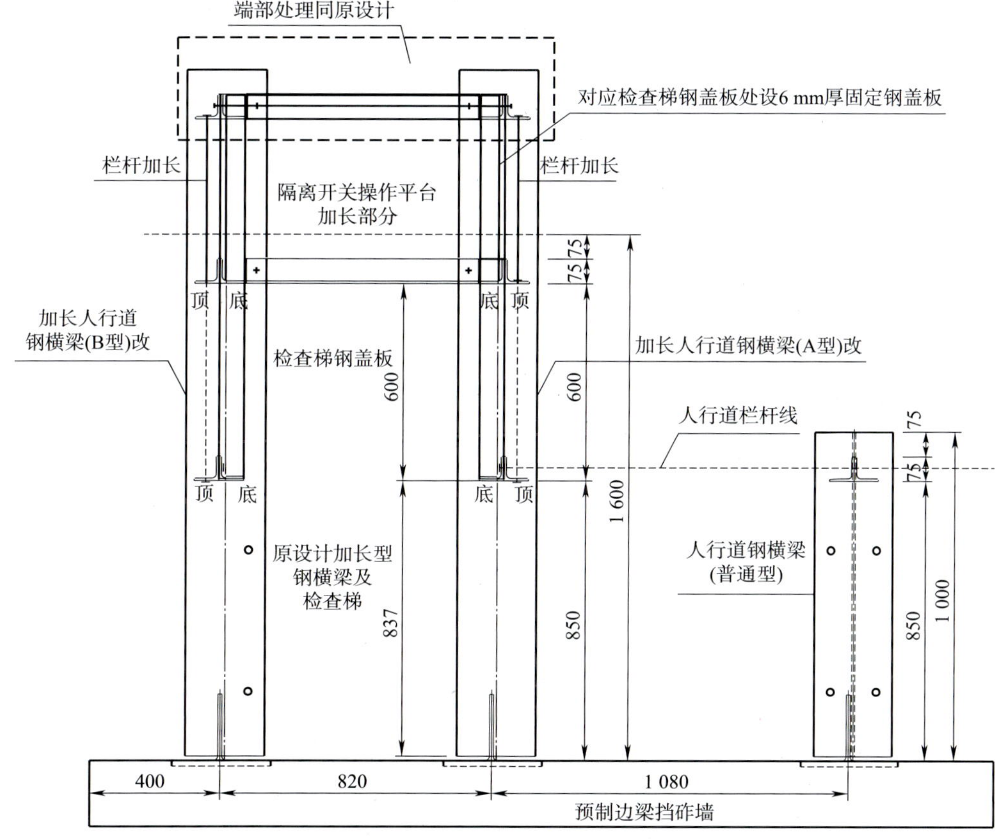

图 2-9-2　隔离开关检修平台整治处理措施（单位：mm）

（二）施工方面

（1）施工单位施工前充分听取设计单位技术交底，核实接触网基础的位置关系。

（2）施工单位施工过程中发现存在问题时，立即向建设、设计和介入单位报告，在未确定变更方案前，不得盲目施工。

(三)介入方面

(1)介入单位做好设计方案审查。

(2)介入单位在过程中做好介入检查,发现问题及时向建设单位和施工单位通报并督促研究整改方案。

四、实施效果

隔离开关检修平台整治效果如图 2-9-3 所示。

图 2-9-3　隔离开关检修平台整治效果

第十节　接触网支柱与基础预埋地脚螺栓的接口工程

一、现场情况

桥梁区段接触网基础地脚螺栓漏埋或预埋的接触网基础类型与接触网支柱不匹配,造成接触网支柱无法正常组立,如图 2-10-1 所示。

图 2-10-1　接触网基础类型与接触网支柱不匹配

二、原因分析

(一)设计方面

站前站后专业设计不同步且专业间对接不充分，桥梁专业对梁型、孔跨调整时未及时向接触网专业反馈；接触网方案调整时未及时将变化情况向桥梁专业反馈。

(二)施工方面

施工单位未详细核对设计方案，未发现接口工程设计方案问题；施工单位未详细对接施工工序或施工工艺不满足设计要求。

(三)介入方面

介入单位对施工图审查不仔细，未发现接口工程设计方案问题；介入检查中未及时发现施工过程问题。

三、解决方案

(一)设计方面

(1)接触网专业与桥梁专业互提资料，桥梁专业组织图纸会审。

(2)桥梁专业方案变化时应及时与接触网专业对接。

(3)桥梁专业将接触网地脚螺栓位置、基础大样、基础里程、基础类型等纳入施工图。桥梁区段新增接触网基础整改如图 2-10-2 所示。

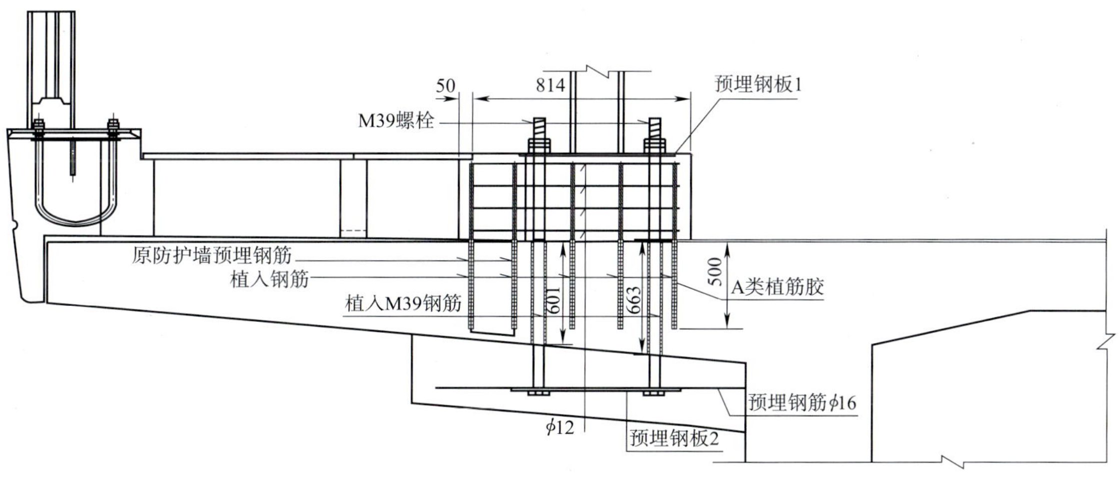

图 2-10-2　桥梁区段新增接触网基础整改(单位：mm)

(二)施工方面

(1)施工单位根据接触网专业(桥梁专业)提供的设计图重新预埋。

(2)施工单位施工过程中发现问题时，立即向建设、设计和介入单位报告，在未确定变更方案前，不得盲目施工。

(三)介入方面

(1)介入单位做好设计方案审查。

(2)介入单位在过程中做好介入检查，发现问题及时向建设单位和施工单位通报并督促研究整改方案。

四、实施效果

桥梁区段新增接触网基础整改如图 2-10-3 所示。

图 2-10-3　桥梁区段新增接触网基础整改

第十一节　桥墩预埋槽道与电缆爬架接口工程

一、现场情况

(1)需要预埋电缆爬架槽道的桥墩由于槽道漏埋或被混凝土覆盖(图 2-11-1),导致无法利用部分预埋槽道安装上下电缆爬架。

(2)桥墩上预埋的槽道错位,不在一条垂直线上,导致施工电缆时无法利用部分预埋槽道安装上下电缆爬架,如图 2-11-2 所示。

图 2-11-1　槽道漏埋或被混凝土覆盖

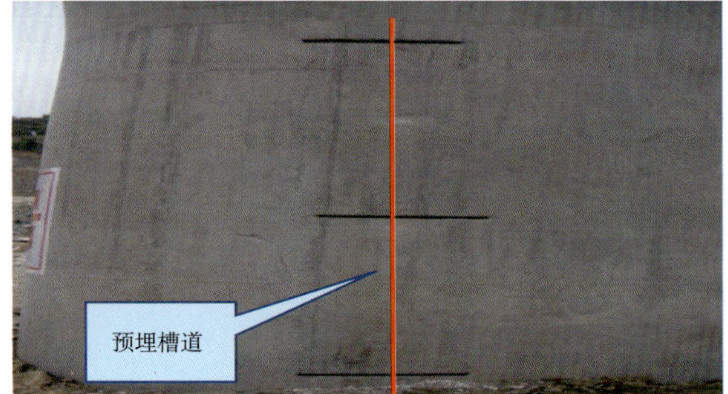

图 2-11-2　桥墩预埋槽道错位

二、原因分析

(一)设计方面

设计阶段专业间未详细对接专业接口工程,导致设计方案不匹配;各专业上/下桥墩预埋槽道标准不一致,未明确成品保护要求。

（二）施工方面

现场施工过程中对预埋槽道固定措施不到位，导致在混凝土浇筑过程中出现错位；现场因钢筋或模板拉杆影响，槽道安装位置做了局部调整，造成预埋件不在一条直线上。

（三）介入方面

介入单位对施工图审查不仔细，未发现接口工程设计方案问题；介入检查中未及时发现施工过程问题。

三、解决方案

（一）设计方面

（1）"四电"专业向桥梁专业提供上/下桥电缆爬架里程、桥墩编号等相关资料，桥梁专业完善设计图并明确爬架剖面图、预埋件构造图、材质规格等要求，如图 2-11-3 和图 2-11-4 所示。

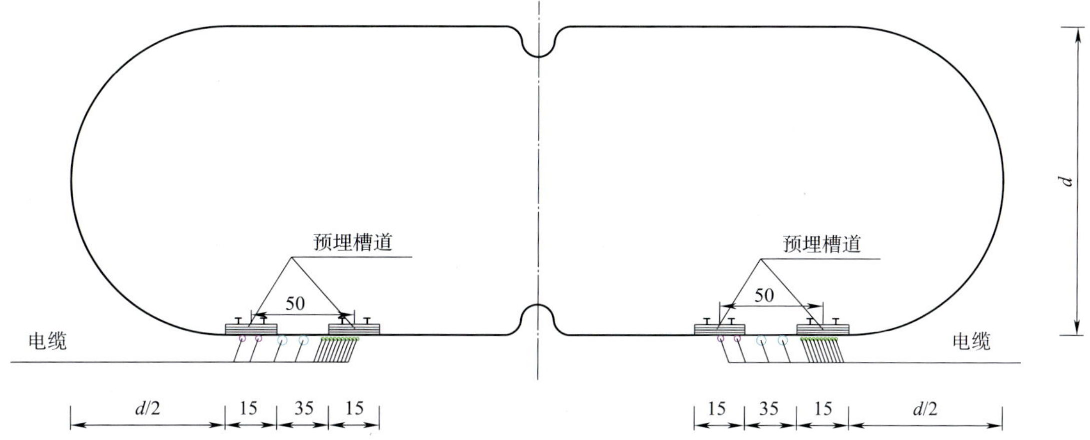

图 2-11-3　电缆上下桥剖面示意（单位：cm）

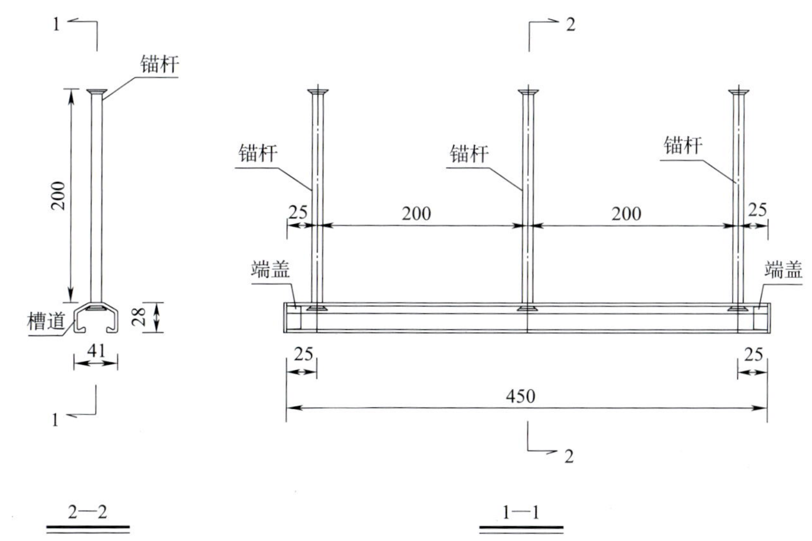

图 2-11-4　电缆上下桥预埋件构造示意（单位：cm）

（2）施工前设计单位对施工单位做好现场技术交底。

(二)施工方面

(1)桥墩浇筑前,梳理统计设计要求有电缆上下桥的位置,避免漏埋。

(2)槽道安装前滑槽内填充泡沫,安装采用钢筋定位法固定在定位钢筋上。

(3)槽道安装时若位置与钢筋冲突,可适当调整部分钢筋位置。

(4)加强模板固定措施,避免跑模现象发生。

(5)若浇筑前模型重新调整,需要再次复核槽道是否与模板粘贴。

(6)拆模后剔除槽道内填泡沫,并对槽道进行表面涂油或防腐处理。

(三)介入方面

(1)介入单位做好设计方案审查。

(2)介入单位在过程中做好介入检查,发现问题及时向建设单位和施工单位通报并督促研究整改方案。

四、实施效果

电缆上下桥如图 2-11-5 所示。

图 2-11-5 电缆上下桥

第十二节 简支梁与连续梁端电缆槽及栏杆接口工程

一、现场情况

简支梁与连续梁梁端相接时,由于道岔梁桥面相较简支梁桥面宽 1～3 m,桥面在梁缝处会呈现突变,加上栏杆、电缆槽未作顺接处理,简支梁与连续梁栏杆间存在约 0.5 m 的间隙,而电缆槽采用外挂栏杆的方式,悬空连接,既影响美观,也存在安全隐患,如图 2-12-1 所示。

二、原因分析

(一)设计方面

简支梁采用设计通用参考图,连续梁特殊设计。由于桥面布置、轨道结构高等方面差别,电缆槽及栏杆的位置横向不匹配、竖向存在高差，特殊连续梁设计过程中未作顺接处理。

图 2-12-1 电缆槽悬空

(二)施工方面

(1)施工单位图纸审核时未对相邻结构作贯通分析。

(2)施工单位未按既定方案进行施工，现场管控不到位。

(三)介入方面

介入单位未对简支梁与连续梁端电缆槽及栏杆的接口工程进行有效核查。

三、解决方案

(一)设计方面

在设计过程中，站前专业提前梳理不同桥面宽的工点，站后专业向桥梁专业提供设计资料，并由桥梁专业组织图纸会审。在梁端 1 m 范围内，以楔形块的方式顺接简支梁及连续梁桥面系，电缆槽设置于栏杆内侧，如图 2-12-2 所示。

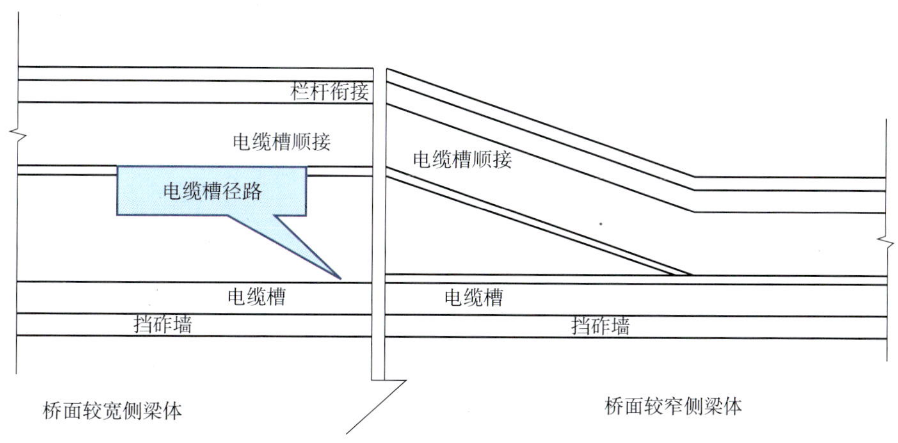

图 2-12-2 不同桥面宽梁体栏杆、电缆槽顺接

(二)施工方面

施工前，施工单位听取设计专业技术交底，加强图纸审核，尤其是针对接口工程，若存在设计缺陷或施工可操作性差等情况，应及时与设计进行沟通，优化设计方案。在施工过程中，施

工单位应加强巡查，着重注意存在类似接口的工点，对于有疑问的地方，应及时联系设计单位确认。

（三）介入方面

设备管理单位介入组检查人员进场前先进行图纸审核，按照图纸进行现场核对，针对性地对施工质量进行检查，对现场存在影响美观、存在安全隐患等情况，及时提出问题并督促施工单位开展变更设计。

四、实施效果

不同桥面宽梁体栏杆、电缆槽如图 2-12-3 所示。

图 2-12-3　不同桥面宽梁体栏杆、电缆槽

第十三节　连续梁电缆槽与接触网基础及人行道接口工程

一、现场情况

连续梁与简支 T 梁接合部连续梁电缆槽内挂于防护网内侧，遇接触网支柱位置采用向内侧绕避方式，侵占人行道位置，如图 2-13-1 所示。

图 2-13-1　电缆槽与接触网基础及人行道

二、原因分析

(一)设计方面

设计阶段专业间未详细对接专业接口工程,旧版通用参考图简支T梁[通桥(2016)2101及以前方案]采用角钢支架方案外挂电缆槽于栏杆外侧(图2-13-2),与其相接的连续梁也采用电缆槽外挂的方式设计。由于后续实施的电缆槽等站后设施要求改为内挂方式,前期完成的T梁外挂电缆槽无法变更设计。

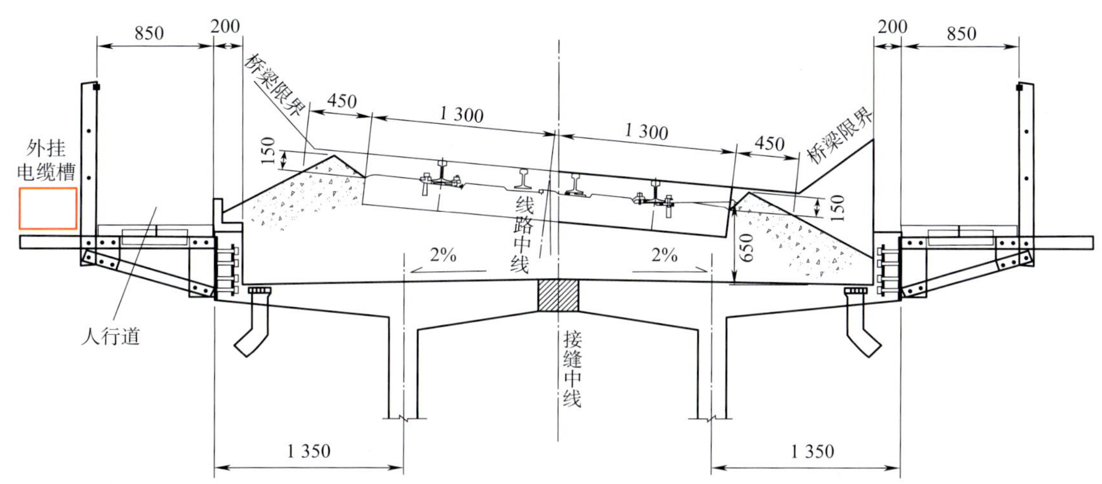

图2-13-2 通桥(2016)2101桥面布置示意(单位:mm)

(二)施工方面

施工单位未详细核对设计方案,未对照其他图纸(如人行道、检查孔等)核对水沟电缆槽、人行道和检查孔的布置情况,未发现接口工程设计方案问题。

(三)介入方面

介入单位对施工图审查不仔细,未发现接口工程设计方案问题;介入检查中未及时发现施工过程问题。

三、解决方案

(一)设计方面

方案一:减小电缆槽宽度至300 mm,增大电缆槽转弯角度,电缆槽从接触网支柱与声屏障(防抛网)间穿过。

方案二:减小电缆槽宽度至300 mm,增大电缆槽转弯角度,电缆槽侵占人行步道,但满足人行步道正常过人需求。

方案三:上述方案无法满足现场要求时,桥梁专业设计针对电缆槽置于防抛网内侧,应将接触网支柱外移至电缆槽外侧,让出电缆槽所需空间,人行道宽度也满足要求。另接触网基础已实施,须重新核算接触网支柱及腕臂容量。在施工过程中,应加强巡查,着重注意存在类似接口的工点。连续梁内挂电缆槽与接触网基础及人行道接口如图2-13-3所示。

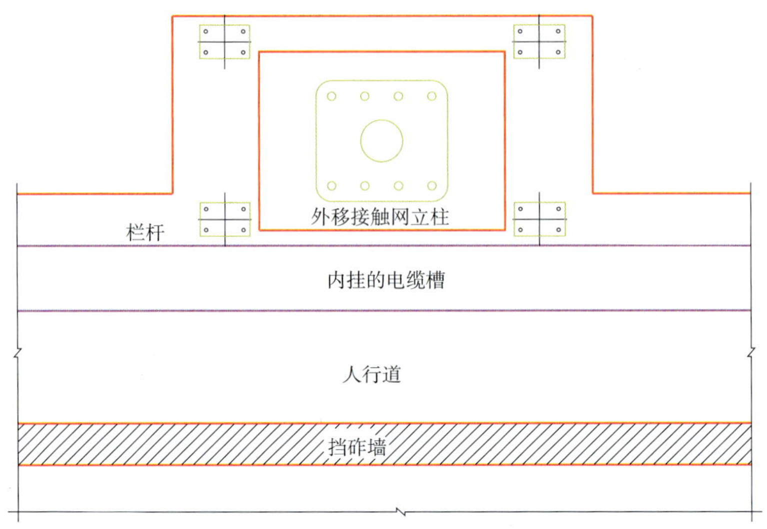

图 2-13-3　连续梁内挂电缆槽与接触网基础及人行道接口

(二)施工方面

(1)施工单位根据设计方案,核对水沟电缆槽、人行道或检查孔的布置方案,充分听取设计单位技术交底。

(2)施工单位严格按照设计方案、工序及工艺组织施工。施工中发现问题时,立即向建设、设计和介入单位报告,在未确定变更方案前,不得盲目施工。

(三)介入方面

(1)介入单位做好设计方案审查。

(2)介入单位在过程中做好介入检查,发现问题及时向建设单位和施工单位通报并督促研究整改方案。

四、实施效果

连续梁内挂电缆槽与接触网基础及人行道处理如图 2-13-4 所示。

图 2-13-4　连续梁内挂电缆槽与接触网基础及人行道处理

第十四节 信号设备电缆与桥梁步行板接口工程

一、现场情况

设计单位未明确信号电缆敷设方案，施工单位直接将电缆放置在桥梁步行板上（图 2-14-1），侵占桥梁步行板影响行走。

图 2-14-1 信号设备电缆侵占桥梁步行板

二、原因分析

（一）设计方面

站后专业与桥梁专业设计不同步，专业间缺少协调沟通，接口要求不明确；施工图设计过程中信号专业未提要求，导致站前专业未预留条件；站后施工滞后于站前施工，导致站前施工时未能及时发现问题并修改设计。

（二）施工方面

施工单位未详细核对设计方案，未发现接口工程设计方案问题；施工时未结合现场实际情况考虑信号设备的设置。

（三）介入方面

介入单位对施工图审查不仔细，未发现接口工程设计方案问题；介入检查中未及时发现施工过程问题。

三、解决方案

（一）设计方面

（1）设计单位各专业要互提设计资料，明确步行板下预留电缆布放条件和固定措施，如图 2-14-2 所示。

（2）施工前设计单位对施工单位做好现场技术交底。

（二）施工方面

（1）施工单位充分听取设计单位技术交底，对接相关单位确定施工工序和施工工艺。

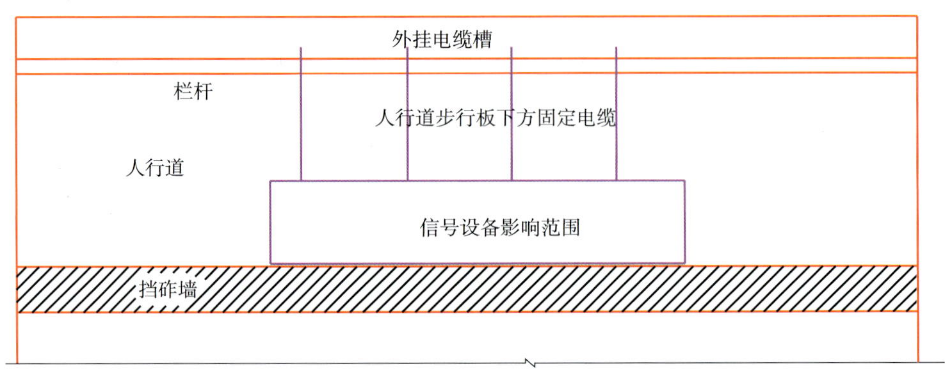

图 2-14-2　简支梁信号设备电缆与桥梁步行板的接口

(2)施工单位严格按照设计方案、工序及工艺组织施工。施工中发现问题时,立即向建设、设计和介入单位报告,在未确定变更方案前,不得盲目施工。

(三)介入方面

(1)介入单位做好设计方案审查。

(2)介入单位在过程中做好介入检查,发现问题及时向建设单位和施工单位通报并督促研究整改方案。

四、实施效果

信号电缆下穿步行板如图 2-14-3 所示。

图 2-14-3　信号电缆下穿步行板

第十五节　简支梁信号设备与桥梁检修通道接口工程

一、现场情况

信号专业在简支 T 梁挡砟墙上安设的信号设备堵塞检修通道,影响作业走行,如图 2-15-1 所示。

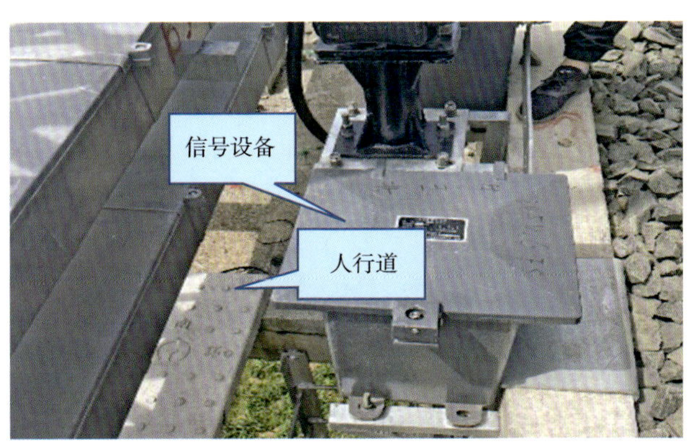

图 2-15-1　信号设备与人行道

二、原因分析

(一)设计方面

施工图设计过程中信号专业未向桥梁专业提出设备安装需求，导致站前专业未预留条件，如图 2-15-2 所示。

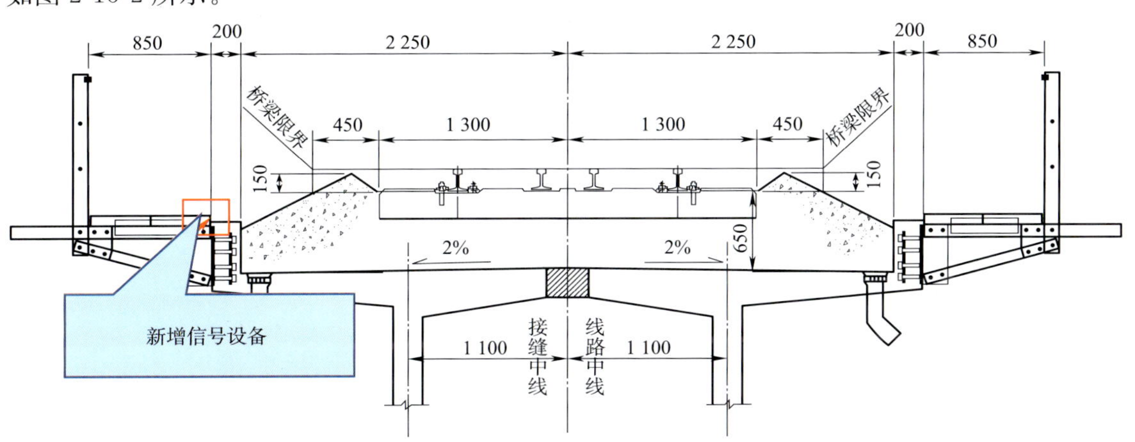

图 2-15-2　通桥(2016)2101 桥面布置示意(单位：mm)

(二)施工方面

站前、站后施工单位未有效对接，站后施工单位未向站前施工单位提供设备安装需求，站前施工单位未考虑信号设备设置的合理性，影响了检修通道的使用功能，未及时与设计单位沟通调整。

(三)介入方面

介入单位对施工图审查不仔细，未发现接口工程设计方案问题；介入检查中未及时发现施工过程问题。

三、解决方案

(一)设计方面

(1)设计单位各专业要互提设计资料，信号专业向桥梁专业明确桥梁上的信号设备安装需求，明确预留设备安装条件，如图 2-15-3 所示。

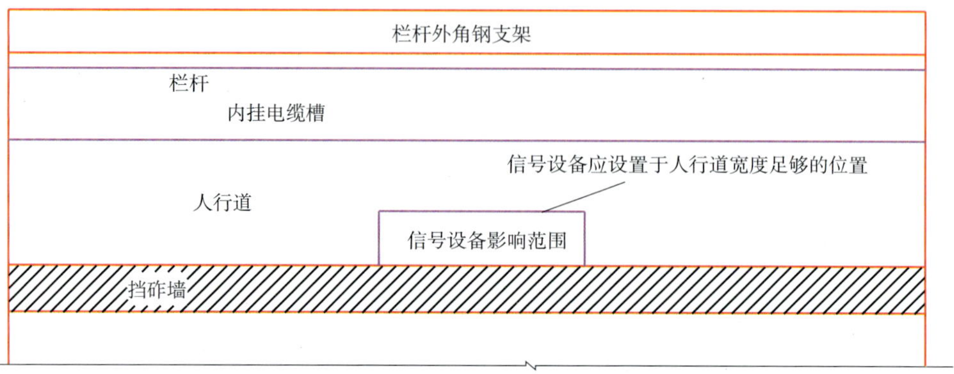

图 2-15-3　简支梁信号设备与人行道的接口工程

(2)施工前对施工单位做好现场技术交底。

(二)施工方面

(1)施工单位充分听取设计单位技术交底,对接相关单位确定施工工序和施工工艺。

(2)施工单位严格按照设计方案、工序及工艺组织施工。施工中发现问题时,立即向建设、设计和介入单位报告,在未确定变更方案前,不得盲目施工。

(三)介入方面

(1)介入单位做好设计方案审查。

(2)介入单位在过程中做好介入检查,发现问题及时向建设单位和施工单位通报并督促研究整改方案。

四、实施效果

简支梁信号设备与人行道的接口工程如图 2-15-4 所示。

图 2-15-4　简支梁信号设备与人行道的接口工程

第十六节 设钢横梁T梁与设声屏障T梁电缆槽接口工程

一、现场情况

设人行道钢横梁T梁处通信信号及电力电缆设置于人行道钢横梁上方、人行道走行面下方的U形槽内，设声屏障T梁处通信信号及电力电缆设置于悬挂在人行道栏杆或声屏障上的SMC复合材料电缆槽内，上述两者设计位置存在错差，造成接口不匹配。

二、原因分析

(一)设计方面

设计阶段未充分考虑设钢横梁T梁与设声屏障T梁电缆槽接口的错差问题，导致设计方案不匹配。

(二)施工方面

介入单位对施工单位未详细核对设计方案，未发现接口工程设计方案问题；施工时未结合现场实际情况与设计单位沟通调整。

(三)介入方面

介入单位对施工图审查不仔细，未发现接口工程设计方案问题；介入检查中未及时发现施工过程问题。

三、解决方案

(一)设计方面

(1)设计单位在设计阶段充分考虑设钢横梁T梁与设声屏障T梁电缆槽接口问题，开展专项设计解决衔接问题。

(2)施工前设计单位对施工单位做好现场技术交底。

(二)施工方面

(1)施工单位认真核对站前、站后设计方案，确认无误后方可实施。

(2)施工单位开展设钢横梁T梁与设声屏障T梁电缆槽接口工程首件试点，由工务、电务部门确认衔接方案后比照实施剩余工程。

(三)介入方面

(1)介入单位做好设计方案审查，参加接口工程首件试点并确认施工方案。

(2)介入单位在过程中加强设钢横梁T梁与设声屏障T梁电缆槽接口匹配情况的检查，发现问题及时向建设单位和施工单位通报并督促研究整改方案。

四、实施效果

设钢横梁T梁与设声屏障T梁电缆槽衔接如图2-16-1所示。通桥(2017)2101与通桥(2012)2109系列图衔接如图2-16-2所示。

图 2-16-1　钢桁梁与 T 梁电缆槽衔接

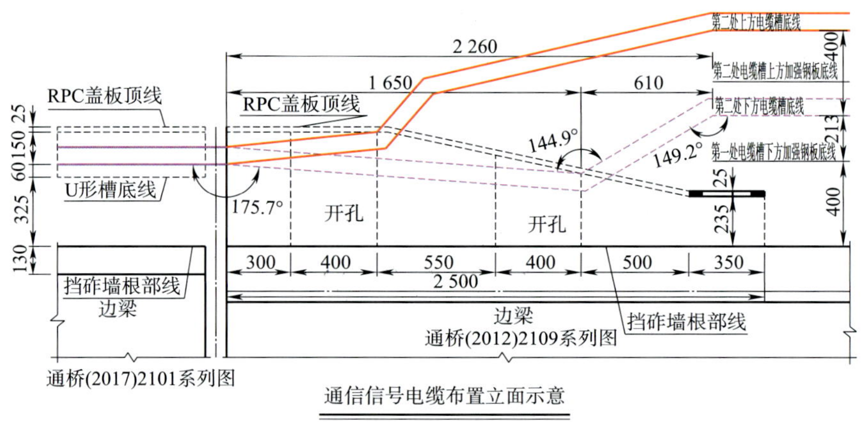

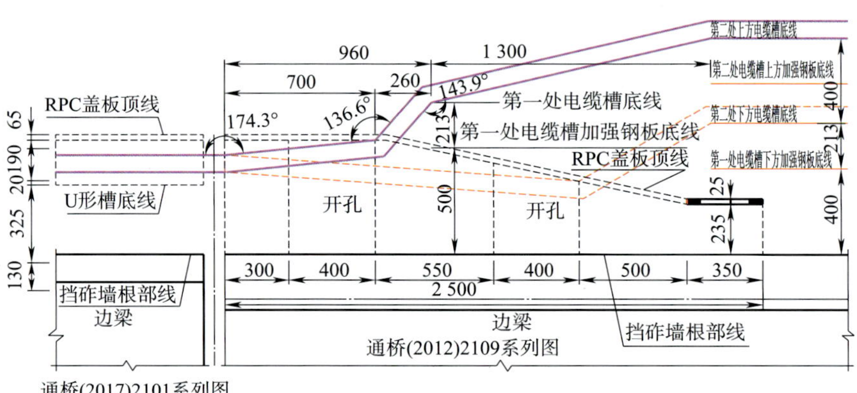

图 2-16-2　通桥(2017)2101 与通桥(2012)2109 系列图衔接(单位：mm)

第十七节 异物侵限监测装置预埋件与检测电网接口工程

一、现场情况

公跨铁立交桥异物侵限监测装置的预埋件间距不满足该设备的电网安装要求，无法安装电网，如图 2-17-1 所示。

图 2-17-1 异物侵限监测装置

二、原因分析

(一)设计方面

公跨铁立交桥异物侵限监测装置的预埋件未结合现场情况开展优化设计。

(二)施工方面

施工单位在开展异物侵限监测装置预埋件施工时，没有按照设计方案施工，导致预埋件间距不符合设计要求。

(三)介入方面

介入单位介入检查中未及时发现施工过程问题。

三、解决方案

(一)设计方面

(1)设计单位在设计阶段，明确公跨铁桥异物侵限监测装置预埋件安装基础中心线之间的间距，如图 2-17-2 所示。

(2)施工前设计单位对施工单位做好现场技术交底。

(3)施工中设计单位加强现场巡查和沟通，发现问题及时组织研究和变更设计。

(二)施工方面

(1)施工单位根据设计方案进行核查，充分听取设计单位方案技术交底。

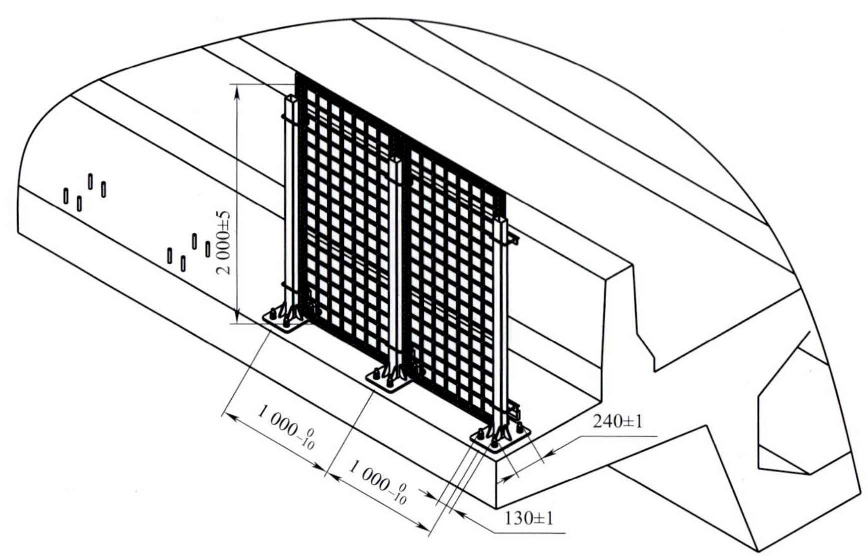

图 2-17-2　监测装置预埋件间距安装要求(单位:mm)

(2)施工单位严格按照设计方案和施工工艺组织施工,发现问题立即向建设、设计和介入单位报告。

(三)介入方面

(1)介入单位做好施工图审查。

(2)介入单位在过程中做好介入检查,发现问题及时向建设单位和施工单位通报并督促研究整改方案。

四、实施效果

监测装置预埋件如图 2-17-3 所示。

图 2-17-3　监测装置预埋件

第十八节 站区涵洞上方实体围墙与涵洞接口工程

一、现场情况

封闭围墙设置在站区过水涵洞或主排水沟前山坡上方，排水经围墙过水洞接入山脚涵洞或主排水沟中，遇暴雨天气山洪夹带泥沙和树叶等洪积物，易发生堆积造成过水洞堵塞，导致山洪冲刷围墙问题，如图 2-18-1 所示。

图 2-18-1 竖向排洪沟下方围墙被洪积物冲垮

二、原因分析

（一）设计方面

设计阶段专业间未详细对接接口方案，未充分考虑过水流量；设计方案未明确围墙具体位置。

（二）施工方面

施工单位未详细核对设计方案，未发现围墙过水洞易堵塞的问题；未详细对接施工工序或施工工艺不满足设计要求。

（三）介入方面

介入单位对施工图审查不仔细，未发现接口工程设计方案问题；介入检查中未及时发现施工过程问题。

三、解决方案

（一）设计方面

（1）设计单位各专业要互提设计资料，明确围墙修建位置，检算过水流量，防止汇水直冲围墙。

(2)在冲坡上方修拦土墙或金属拦石栅栏,如图 2-18-2 所示。

图 2-18-2　站区涵洞前方位置采用挡土墙

(二)施工方面

(1)施工单位根据设计方案,组织联合现场踏勘,充分听取设计单位技术交底,对接相关单位确定施工工序和施工工艺。

(2)施工单位严格按照设计方案、工序及工艺组织施工。发现问题立即向建设、设计和介入单位报告,在未确定变更方案前,不得盲目施工。

(三)介入方面

(1)介入单位做好设计方案审查。

(2)介入单位逐点检查站区围墙,发现问题及时向建设单位和施工单位通报并督促研究整改方案。

四、实施效果

站区涵洞出入口位置采用轻型栅栏、站区涵洞出入口上方设挡土墙分别如图 2-18-3 和图 2-18-4 所示。

图 2-18-3　站区涵洞出入口位置采用轻型栅栏

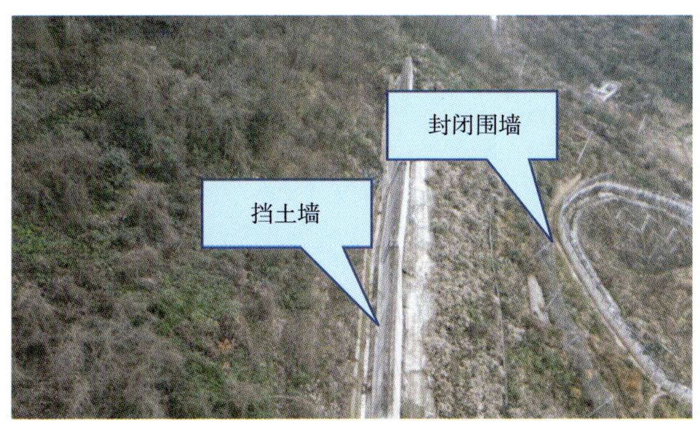

图 2-18-4 站区涵洞出入口上方设挡土墙

第十九节 框架桥涵安防设施接口工程

一、现场情况

兼具立交功能的框架桥涵，为满足多功能需要，框架桥涵上需安设人行道栏杆、防抛网、围墙、声屏障等多种安防设施（图 2-19-1），造成安防设计重复或安防不到位的情况。

图 2-19-1 栏杆与声屏障“多网齐上”

二、原因分析

（一）设计方面

设计单位在勘测设计过程中，未充分调查框架桥涵的功能和环保需求，造成专业接口设计不到位。

（二）施工方面

施工单位未核实通道协议和设计方案是否一致；对桥涵建设中地方政府提出的新增需求，未及时向建设、设计、运营单位报告组织变更设计。

（三）介入方面

介入单位未核实通道协议和设计方案是否一致。介入检查中未及时发现接口问题。

三、解决方案

（一）设计方面

（1）设计单位遇框架桥涵安防设施接口工程时，要充分调查框架桥涵通道的功能需求，完善接口设计；桥梁专业牵头组织线路专业、环评专业开展施工图会审。

（2）框架桥涵施工过程中，设计单位要结合地方政府新增需求，及时配合参建各方开展变更设计。

（3）设计单位在充分调查框架桥涵功能需求的基础上，宜遵循框架桥涵防护栅栏设置原则开展设计，如图 2-19-2～图 2-19-4 所示。

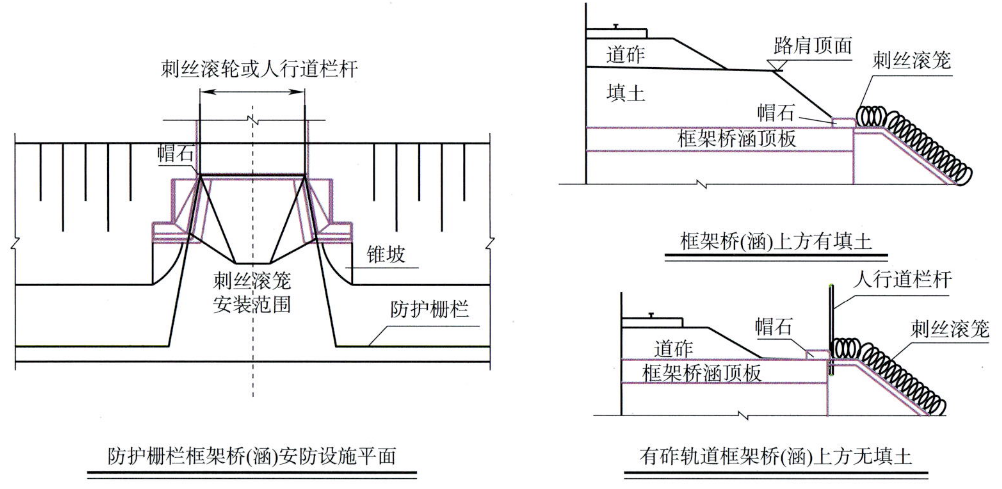

图 2-19-2　框架桥（涵）防护栅栏示意（适用于非立交功能）

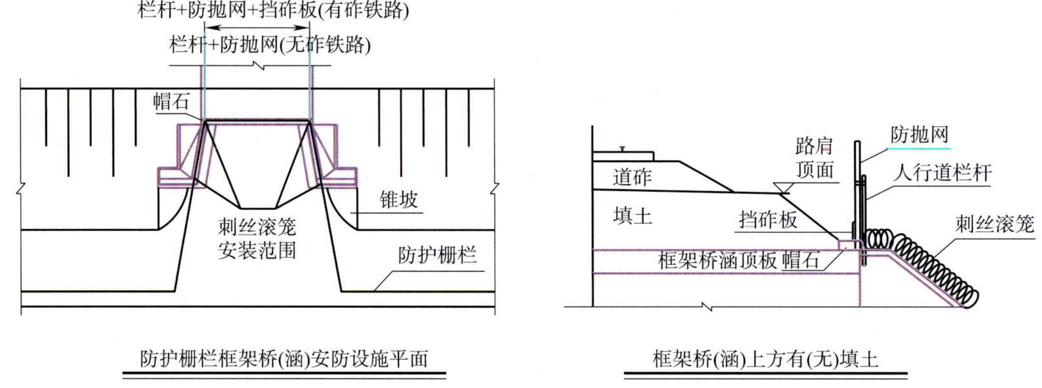

图 2-19-3　框架桥（涵）防护栅栏示意（适用于立交功能）

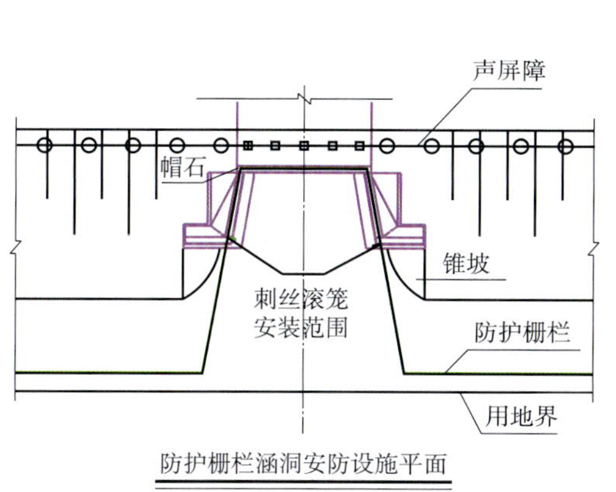

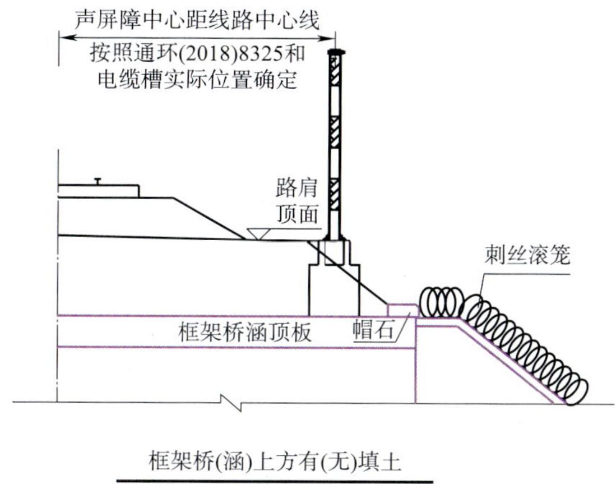

图 2-19-4　框架桥(涵)防护栅栏示意(适用于声屏障地段)

(二)施工方面

(1)施工单位施工前认真核对通道协议,确保协议与设计方案一致。如通道功能发生变化,应及时通知参建各方开展变更处理。

(2)施工单位施工前与设计单位核实防护网、防抛网和声屏障与框架桥涵的相对位置关系,在确定不产生冲突的情况下,按照从内到外的顺序依次施工。

(3)施工单位严格按照设计方案、工序及工艺组织施工,发现问题立即向建设、设计和介入单位报告,在未确定变更方案前,不得盲目施工。

(三)介入方面

(1)介入单位做好施工图审查,对照施工图开展现场核对,核实通道协议和设计方案的一致性。

(2)介入单位做好介入检查,发现问题及时向建设单位和施工单位通报并督促研究整改方案。

四、实施效果

上跨铁路桥梁上方的防护网、异物侵限装置如图 2-19-5 所示。

图 2-19-5　上跨铁路桥梁上方的防护网、异物侵限装置

第二十节　高墩大跨桥梁与无砟轨道线形接口工程

一、现场情况

高墩大跨桥梁未考虑二期恒载和温度变化对无砟轨道线形的影响，在完成施工以后，实测线路高程与设计高程出现较大偏差，不满足工程质量验收标准，如图 2-20-1 所示。

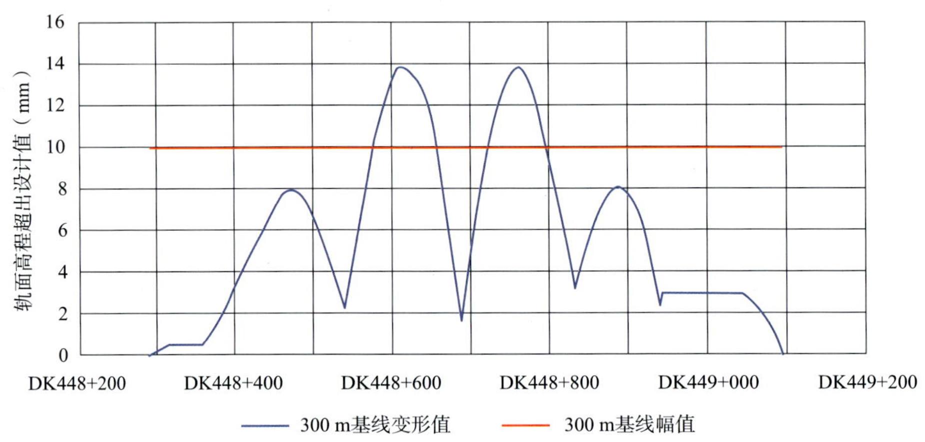

图 2-20-1　现场实测轨面高程线形静态高低不平顺值(300 m 基线长)

二、原因分析

(一)设计方面

设计单位未明确高墩大跨桥梁无砟轨道施工实际温度与设计基准温度不同时的轨道线形调整方案，温度变化产生的偏差导致主桥整体上拱或下挠。

(二)施工方面

施工单位在无砟轨道浇筑前未充分考虑施工阶段的活载、二期恒载及浇筑时实际温度与设计基准温度不同产生的偏差，导致无砟轨道浇筑完成后轨道实测标高与设计标高产生偏差。

(三)介入方面

介入单位对施工图审查不仔细，对于高墩大跨桥梁等特殊结构设备线形变化关注不够。

三、解决方案

(一)设计方面

(1)高墩大跨桥梁分为主跨跨度≥200 m 和主跨跨度≥64 m(且相邻墩高差≥50 m)两种。

(2)设计单位各专业要互提设计资料，桥梁专业牵头组织施工图会审，设计时注意以下几点：

①设计说明应列出桥址地区最高、最低月平均气温，最高、最低极端气温，年平均气温等内容。

②设计说明应包含桥梁设计基准温度，梁体理论合龙温度应取设计基准温度，确保在设计基准温度下的桥面线形满足设计要求。

③桥梁设计应以设计基准温度为温差荷载温度计算零点，混凝土结构以桥址区最高和最

低月平均气温来计算升降温温差，钢结构以最高和最低极端气温来计算升降温温差，为保证在施工误差等因素引起的偏差下仍然安全，升降温计算温差在理论温差的基础上加减 5 ℃。按上述温差分别计算梁体变形曲线（应含下部结构的温度变形），提交轨道验算静态长波不平顺，若轨道不平顺验算不能通过，需研究采取抑制温度变形的措施，直至满足要求为止。

④施工步骤设计图中需补充轨道铺设时的等量换重要求，具体为：无砟轨道道床板浇筑时，需先按剩余二期恒载分布采用水箱或砂袋等压重措施满铺桥面，在浇筑轨道道床板时采用边拆边铺的方式逐渐替换压重，如图 2-20-2 所示。

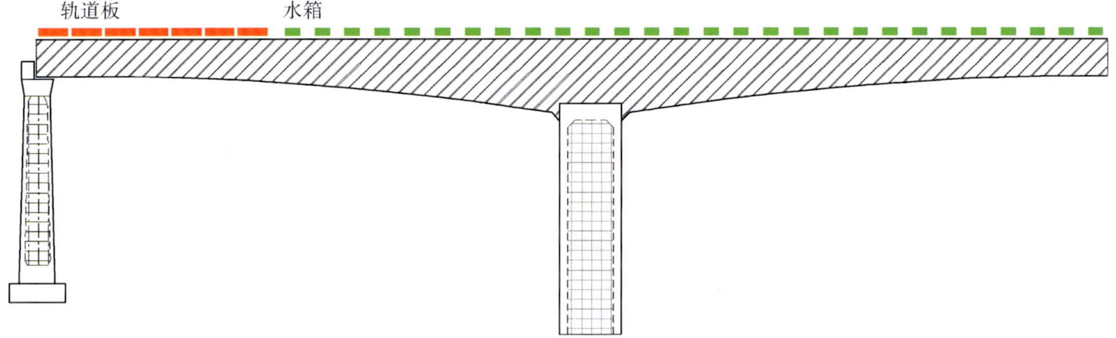

图 2-20-2　等量重压施工示意

⑤施工步骤设计图中补充轨道铺设的温度修正要求。相对于设计基准温度，在更高的计算温度下铺设轨道时轨面高程应向上修正，在较低的计算温度下铺设轨道则轨面高程应向下修正。列表给出关键控制截面处轨面高程的温度修正值，交代控制截面间的修正值变化曲线要求，如图 2-20-3 所示。

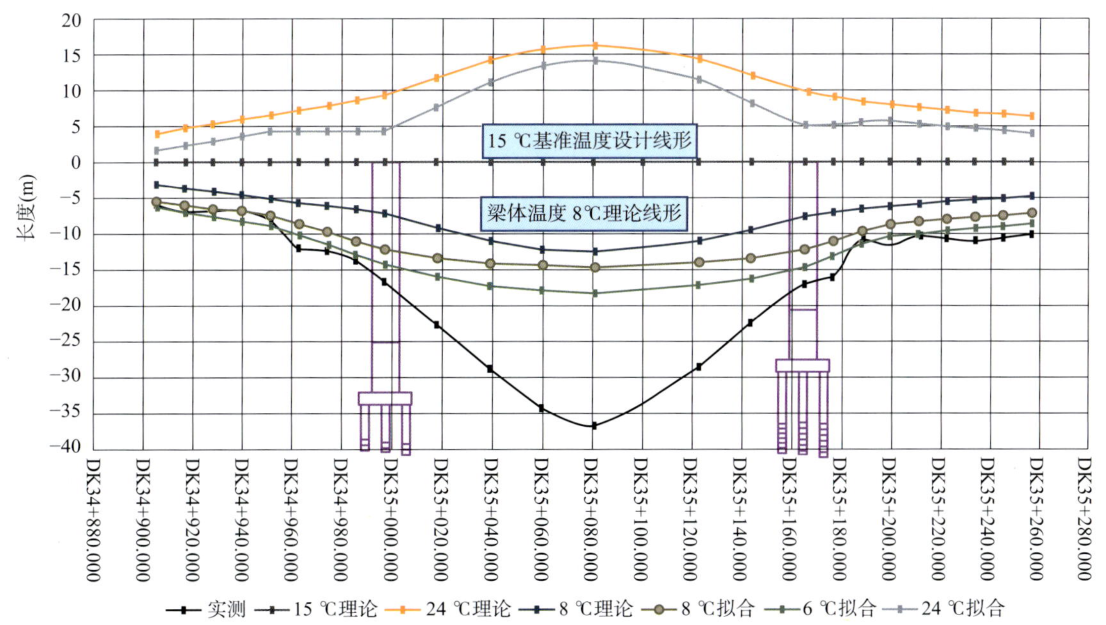

图 2-20-3　各种梁体温度下轨面线形

注：图中线形拟合为现场测量的关键点示意，以便于阐述拟合原理，实际拟合线形更为圆顺。

(二)施工方面

(1)施工单位在高墩大跨桥梁施工前,应充分开展技术交底,详细掌握施工图中桥梁高程和规范允许精度。

(2)无砟轨道施工前,施工单位应编制专项施工组织方案,经审查后方能施工。

(三)介入方面

(1)介入单位加强高墩大跨桥梁设计方案审查,联合设计单位审核施工单位轨道高程控制方案。

(2)介入单位加强介入检查,发现问题及时向建设单位和施工单位通报并督促研究整改方案。

四、实施效果

无砟轨道重构效果如图 2-20-4 所示。

图 2-20-4　无砟轨道重构效果

第二十一节　车站桥下排水设施与桥下建筑物接口工程

一、现场情况

站场连廊设计由车站桥下穿过,桥面汇水从梁体泄水孔直排,排水直接冲刷连廊,如图 2-21-1 所示。

图 2-21-1　车站桥下积水

二、原因分析

(一)设计方面

设计阶段专业间未详细对接接口方案,导致设计方案不匹配。

(二)施工方面

施工单位施工前未有效核实铁路桥梁排水方向和桥下结构物情况,未及时发现梁体排水系统问题。

(三)介入方面

介入单位对施工图审查不仔细,未发现接口工程设计方案问题;介入检查时未对铁路桥梁排水系统和连廊位置进行核查。

三、解决方案

(一)设计方面

(1)设计单位各专业设计要互提资料,房建专业牵头组织桥梁专业开展施工图审查。

(2)设计单位详细了解现场实际情况,当桥下有连廊、接触网、道路、场坪等构筑物时应做专项设计,避免排水直接冲刷构筑物。

(3)桥下有连廊穿过时,连廊范围泄水孔设计集中排水管,将汇水接至连廊外地面排水沟;连廊屋顶设置排水坡,通过雨水管接入地面排水系统,如图 2-21-2 所示。

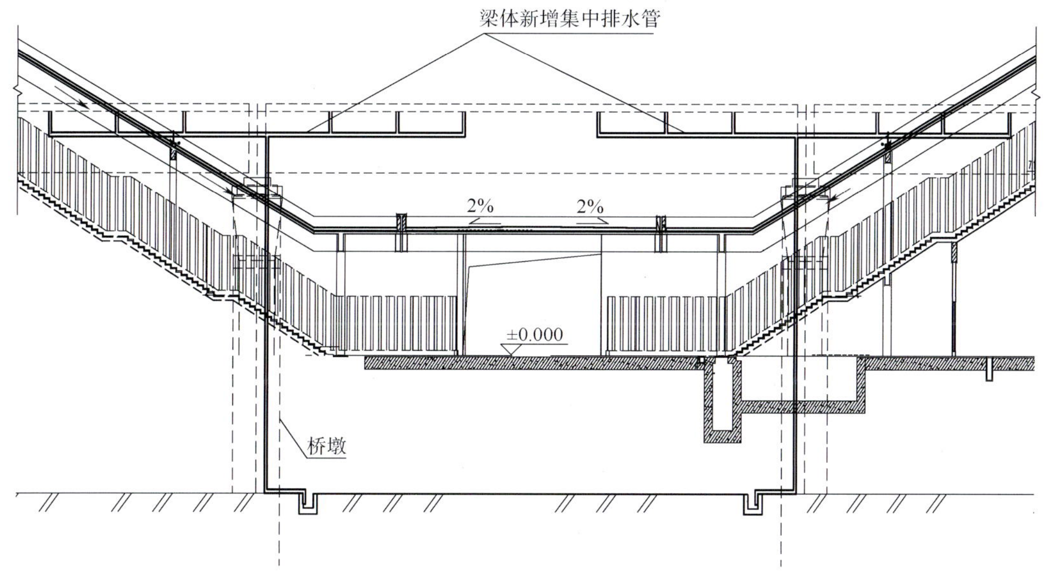

图 2-21-2 车站桥下积水处理设计示意(单位:m)

(二)施工方面

(1)施工单位做好施工图核对,确认是否存在设计与现场不符的情况。

(2)施工单位严格按照设计方案和施工工艺组织施工。施工中发现设计与现场不符情况时,立即向建设、设计和介入单位报告,在未确定变更方案前,不得盲目施工。

(三)介入方面

(1)介入单位做好车站桥下排水设施与桥下建筑物接口工程设计方案审查。

(2)介入单位做好介入检查,发现问题及时向建设单位和施工单位通报并督促研究整改方案。

四、实施效果

车站桥下积水处理如图 2-21-3 所示。

图 2-21-3 车站桥下积水处理

第二十二节 桥墩顶帽接触网基础与预埋螺栓接口工程

一、现场情况

铁路桥梁设置接触网非锚柱的桥墩，桥墩顶帽加宽段厚度为 650 mm，如图 2-22-1 所示。桥墩施工按照《新建单线桥桥墩（台）顶帽上预留接触网钢柱基础设置图》（通化〔2010〕1002-Ⅰ-03）预埋接触网基础的螺栓及钢板，预埋螺栓深度为 600 mm，基础厚度≥700 mm。上述两种厚度冲突导致接口不匹配，如图 2-22-2 所示。

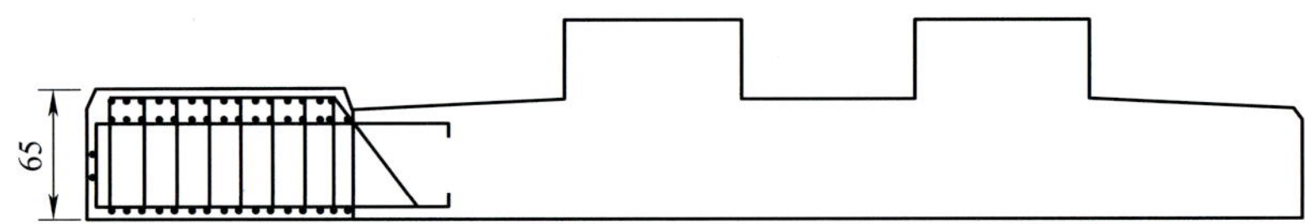

图 2-22-1 桥墩顶帽加宽段厚度（单位：cm）

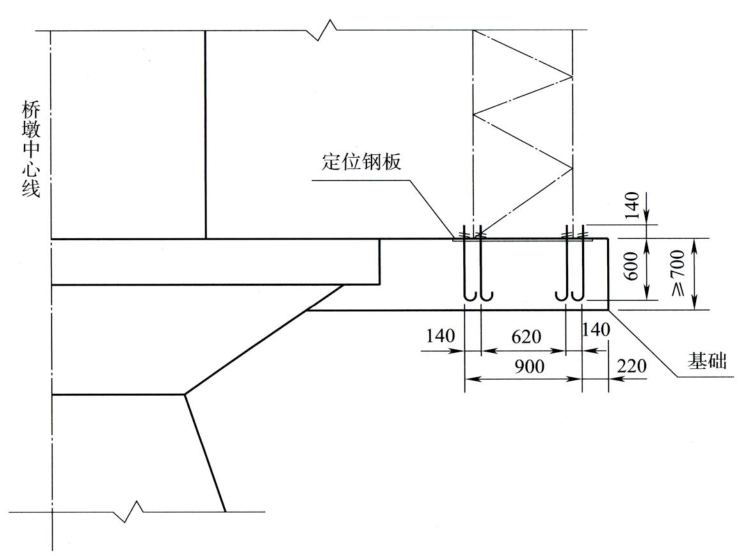

图 2-22-2 接触网桥支柱在预留基础上安装示意（单位：mm）

二、原因分析

(一)设计方面

设计阶段未详细对接专业接口工程,桥梁专业对接口部分未开展细部设计,导致设计方案不匹配。

(二)施工方面

施工单位未详细核对设计方案,未发现接口工程设计方案问题;施工单位未详细对接施工工序或施工工艺不满足设计要求。

(三)介入方面

介入单位对施工图审查不仔细,未发现接口工程设计方案问题;介入检查中未及时发现施工过程问题。

三、解决方案

(一)设计方面

(1)设计单位各专业要互提设计资料,桥梁专业统筹设计桥墩预留基础和预埋螺栓方案。

(2)施工前设计单位对施工单位做好现场技术交底。桥墩顶帽加宽构造如图 2-22-3～图 2-22-5 所示。

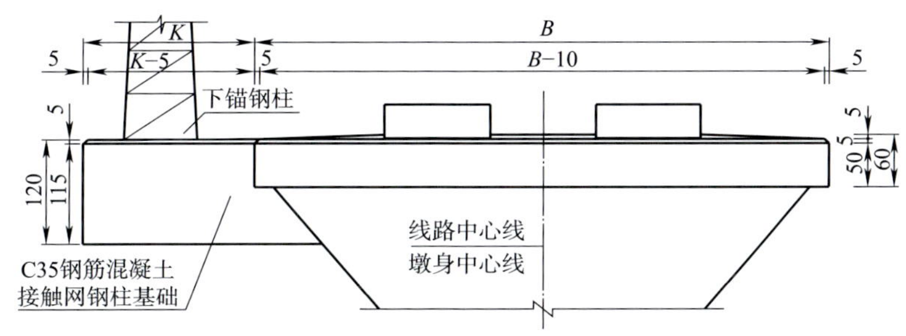

K—加宽长;B—墩台长。

图 2-22-3 桥墩顶帽加宽构造(直线,单位:cm)

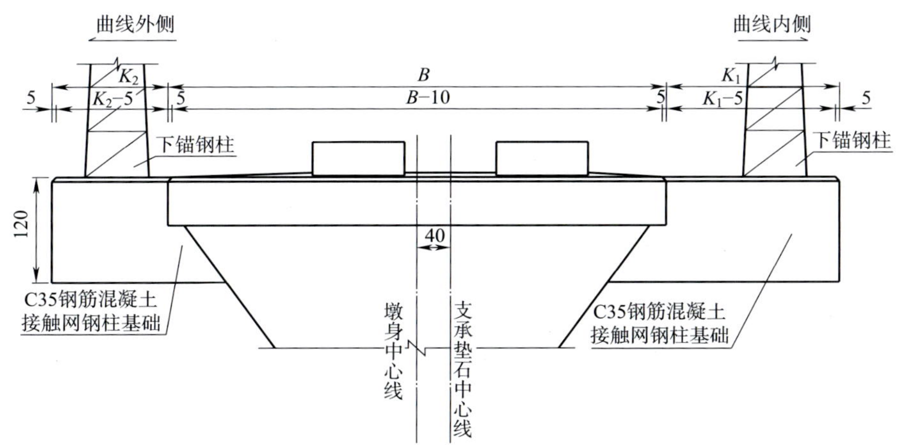

K_1、K_2—加宽长;B—墩台长。

图 2-22-4 桥墩顶帽加宽构造(曲线,单位:cm)

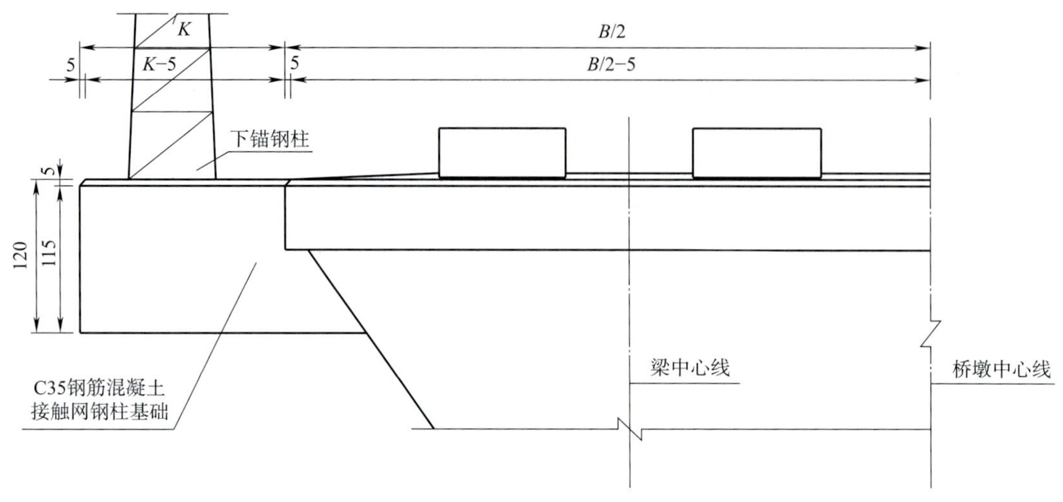

K—加宽长；*B*—墩台长。

图 2-22-5　桥墩顶帽加宽构造（双线直曲线，单位：cm）

（二）施工方面

（1）施工单位根据设计方案，组织联合现场踏勘，充分听取设计单位技术交底，对接相关单位确定施工工序和施工工艺。

（2）施工单位向工务、供电部门提出首件定标申请，牵头组织建设、设计、监理和介入单位开展首件定标。

（3）施工单位严格按照设计方案、工序及工艺组织施工。施工中发现问题时，立即向建设、设计和介入单位报告，在未确定变更方案前，不得盲目施工。

（三）介入方面

（1）介入单位做好设计方案审查。

（2）介入单位联合施工单位开展首件定标，工务、供电部门确认接触网预留基础几何尺寸。

（3）介入单位在过程中做好介入检查，发现问题及时向建设单位和施工单位通报并督促研究整改方案。

四、实施效果

桥墩顶帽加宽如图 2-22-6 所示。

图 2-22-6　桥墩顶帽加宽

第二十三节　桥墩顶帽与接触网基础预埋螺栓保护层接口工程

一、现场情况

接触网基础预埋螺栓由于混凝土保护层厚度不足(图 2-23-1),缺乏有效保护。

图 2-23-1　接触网基础预埋螺栓保护层厚度不足

二、原因分析

(一)设计方面

桥梁专业设计在施工图中,通常将接触网地脚螺栓定位按到线路中心的距离并考虑曲线偏距、墩身预偏心等因素给出计算公式。

(二)施工方面

施工单位在预埋接触网基础螺栓时,未考虑单线桥曲线偏距或横向预偏心及曲线内外侧接触网悬臂板长度不一致等因素,造成接触网基础螺栓保护层厚度不足;由于技术交底不清,现场作业人员不清楚曲线偏距、墩身横向预偏心标准,造成埋设位置不满足设计要求。

(三)介入方面

介入单位对施工图审查不仔细,未发现接口工程设计方案问题;介入检查中未及时发现施工过程问题。

三、解决方案

(一)设计方面

(1)设计单位各专业要互提设计资料,桥梁专业明确接触网基础预埋螺栓尺寸和混凝土保护层厚度,并将接触网地脚螺栓位置、基础大样、基础里程、基础类型等纳入施工图。

(2)设计单位对特殊条件的桥墩顶帽进行细部设计。

(3)施工前设计单位对施工单位做好现场技术交底。接触网基础预埋螺栓顶帽平面示意如图 2-23-2 和图 2-23-3 所示。

(二)施工方面

(1)施工单位根据设计方案,核对特殊条件下接触网预留基础设计资料,充分听取设计单位技术交底,对接相关单位确定施工工序和施工工艺。

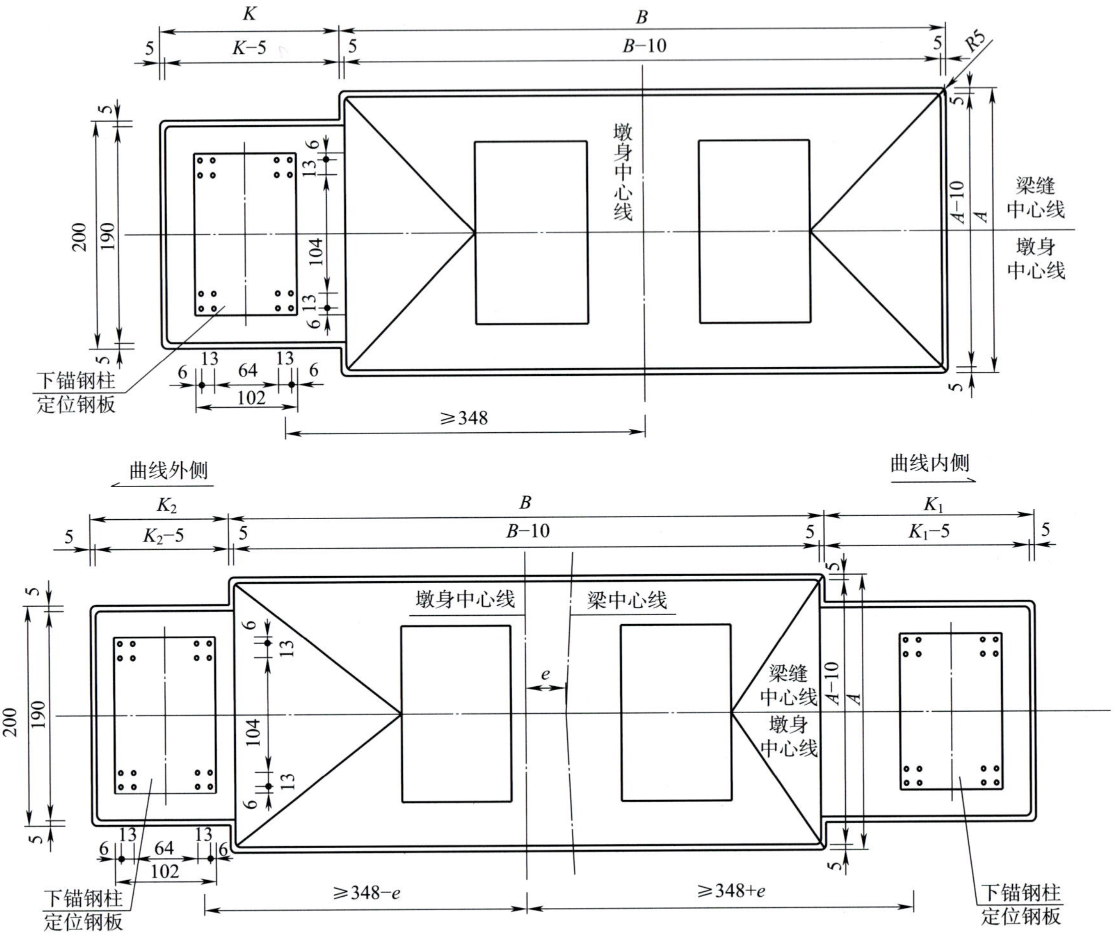

K_1、K_2、K—加宽长；B—墩台长；A—梁宽；e—曲线预偏心值。

图 2-23-2　接触网基础预埋螺栓顶帽平面示意(单线直线，单位：cm)

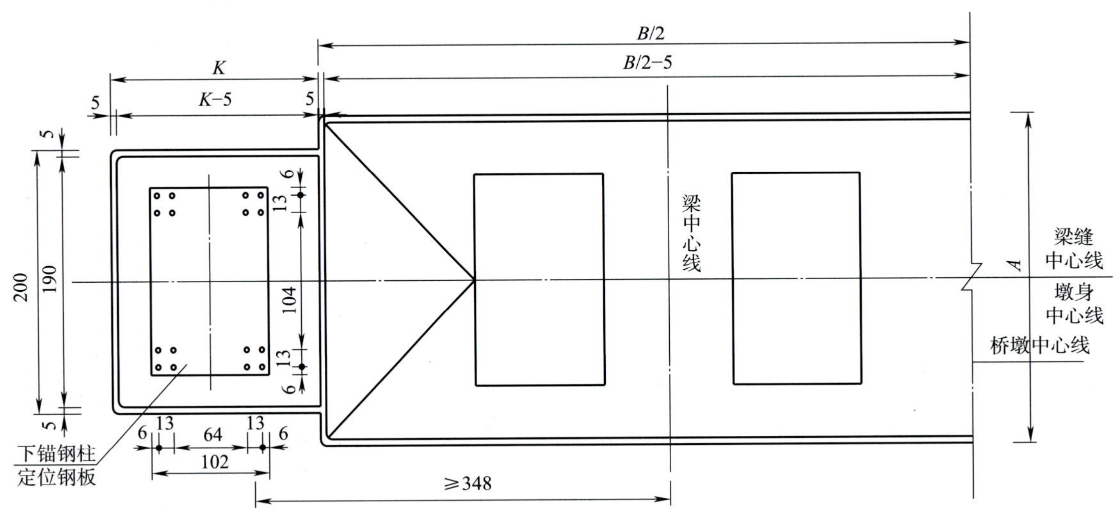

K—加宽长；B—墩台长；A—梁宽。

图 2-23-3　接触网基础预埋螺栓顶帽平面示意(双线直、曲线，单位：cm)

(2)施工单位向工务、供电部门提出首件定标申请，牵头组织建设、设计、监理和介入单位开展首件定标。

(3)施工单位严格按照设计方案、工序及工艺组织施工。施工中发现问题时，立即向建设、设计和介入单位报告，在未确定变更方案前，不得盲目施工。

(三)介入方面

(1)介入单位做好设计方案审查。

(2)介入单位联合施工单位开展首件定标，工务、供电部门确认接触网预留基础几何尺寸。

(3)介入单位在过程中做好介入检查，发现问题及时向建设单位和施工单位通报并督促研究整改方案。

四、实施效果

接触网基础预埋螺栓顶帽如图 2-23-4 所示。

图 2-23-4　接触网基础预埋螺栓顶帽

第二十四节　桥梁遮板预埋件与钢栏杆接口工程

一、现场情况

由于桥梁遮板预埋螺栓预埋精度不足，螺栓外露长度不足或外露长度过长，如图 2-24-1 所示。

二、原因分析

(一)设计方面

设计方案对预埋件结构尺寸、预埋深度和外露长度描述不清。

图 2-24-1　现场安装

(二)施工方面

施工单位未严格按照设计图纸施工;预埋螺栓定位工装变形影响埋深;预埋件加工厂生产质量控制不严导致结构尺寸不符合要求。

(三)介入方面

介入单位对施工图审查不仔细,未要求明确预埋件结构尺寸;介入检查中未及时发现施工过程问题。

三、解决方案

(一)设计方面

(1)设计单位在设计文件中明确预埋件结构尺寸、预埋深度和外露长度等关键参数,如图 2-24-2～图 2-24-4 所示。

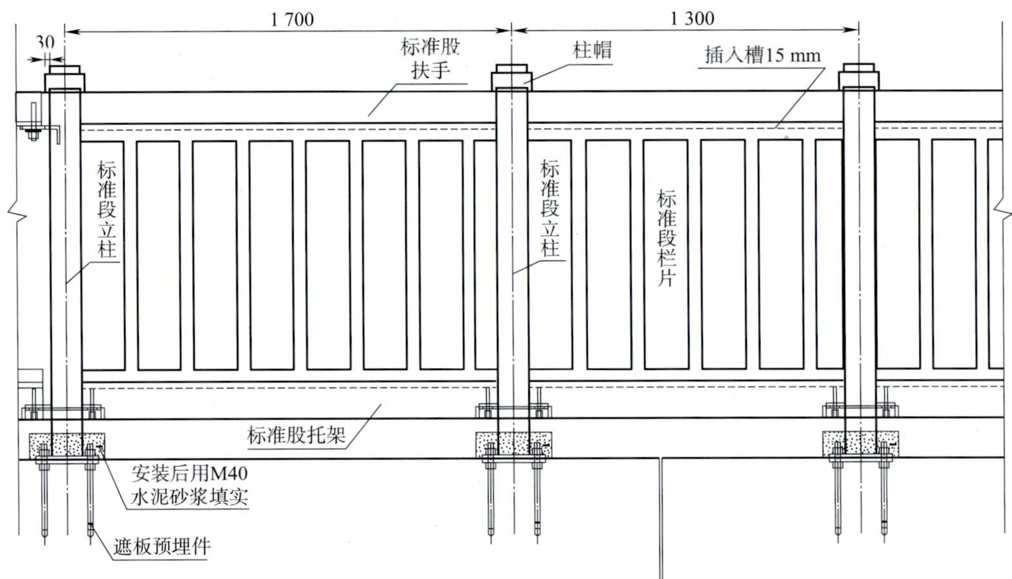

图 2-24-2　栏杆立面示意(单位:mm)

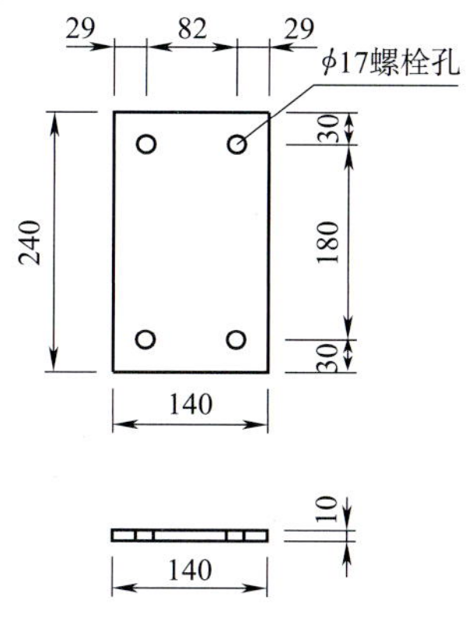

图 2-24-3 预埋钢板(单位:mm)

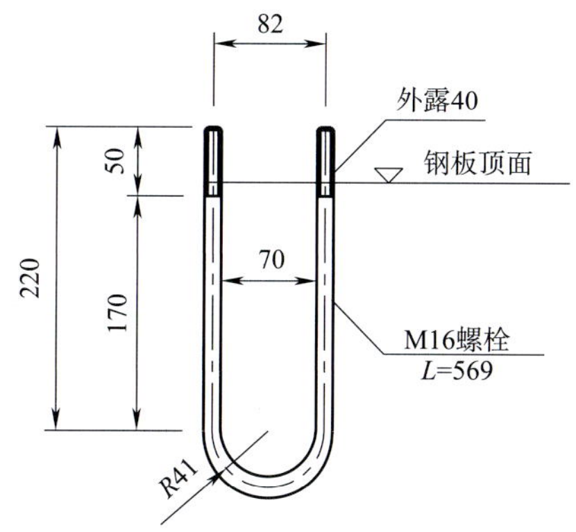

图 2-24-4 M16 U 形螺栓(单位:mm)

(2)施工前设计单位对施工单位做好现场技术交底。

(二)施工方面

(1)施工单位做好施工图核对,充分听取设计单位方案技术交底,确定施工工艺标准。

(2)施工单位严格按照设计方案和施工工艺组织施工。

(3)采用定位工装精准定位,确保施工质量;加强预埋件生产质量抽检,严控生产质量;对不能安装双螺母的螺栓,可增加防脱落垫圈。

(三)介入方面

(1)介入单位做好施工图审查,逐处核对预埋件埋深情况。

(2)介入单位做好介入检查,发现问题及时向建设单位和施工单位通报并督促研究整改方案。

四、实施效果

防脱落垫圈如图 2-24-5 所示。

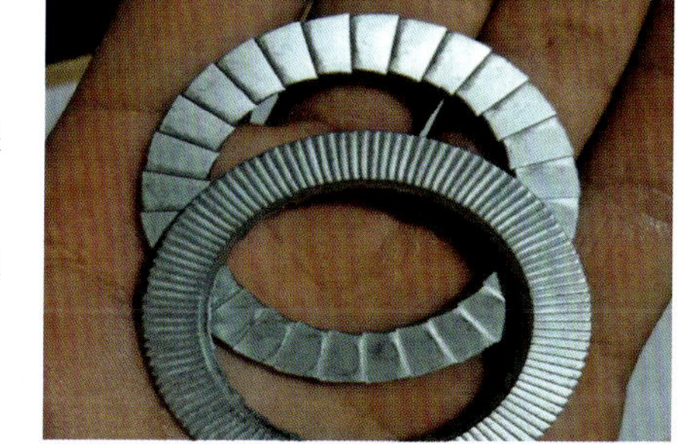

图 2-24-5 防脱落垫圈

第二十五节 T 梁预埋上支座板和支座接口工程

一、现场情况

采用《客货共线铁路常用跨度简支 T 梁支座安装图》[通桥(2007)8160]设计的普速有砟铁路简支 T 梁为桥梁圆柱面钢支座。该通用参考图只适用于 20‰以下纵坡线路,遇大于 20‰的线路纵坡时(枢纽铁路较多),必须提前完成支座选型和厂内预制,以便配套 T 梁调坡需要。如不提前给厂家明确应用场景,会造成预制的 T 梁到现场后无法安装的问题,导致支座类型只能依靠生产厂家确定。

二、原因分析

(一)设计方面

桥梁专业在设计阶段未对接口部分开展细化设计,未审查通用参考图的适用条件。

(二)施工方面

施工单位对施工图审核不到位,未及时提报存在的问题。

(三)介入方面

介入单位对施工图审查不仔细,未发现接口标准问题。

三、解决方案

(一)设计方面

(1)设计单位做好引用通用参考图的审查,补充大于 20‰的线路纵坡支座选型的特殊说明。

(2)桥梁专业充分论证,明确支座调坡方式和设计说明。

(3)大于 20‰的线路纵坡,可采用支座顶板开展调坡设置或在支座顶板上增设调坡楔形钢板,如图 2-25-1 所示。

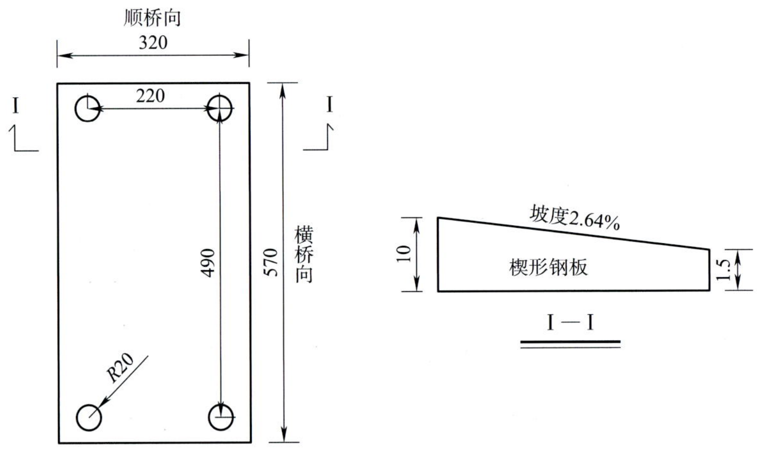

图 2-25-1　支座顶板上增设调坡楔形钢板示意(单位:mm)

(二)施工方面

(1)施工单位施工前严格开展图纸审核,认真梳理设计文件与实际存在的冲突问题,发现问题时及时提报相关单位。

(2)施工单位严格按照设计方案和施工工艺组织施工,发现问题立即向建设、设计和介入单位报告,在未确定变更方案前,不得盲目施工。

(三)介入方面

(1)介入单位做好施工图审查。

(2)介入单位在过程中加强支座的检查,重点关注支座垂直度、水平度和位移等参数,发现问题及时向建设单位和施工单位通报并督促研究整改方案。

第三章

隧　道

第一节 隧道接长明洞接触网槽道与接触网安装接口工程

一、现场情况

根据危岩落石等地灾踏勘情况，部分隧道设置了接长明洞(图 3-1-1)。由于接长明洞接触网安装方案未与隧道内预埋接触网槽道同步调整，虽然可以采用后置槽道补强，但是后置槽道和安装方式不如预埋槽道稳固，存在脱落安全风险。

图 3-1-1 明洞接长后接触网采用外置槽道

二、原因分析

(一)设计方面

设计阶段未充分考虑运营单位各专业需求，专业间未详细对接专业接口工程，导致设计方案不匹配。

(二)施工方面

施工单位未详细核对设计方案，隧道衬砌施工前未根据地形、地灾情况开展详细排查，未发现接口工程设计方案问题。

(三)介入方面

介入单位对施工图审查不仔细，未提前确定明洞接长方案，未统筹考虑接触网预埋槽道需求；介入检查中未及时发现施工过程问题。

三、解决方案

(一)设计方面

(1)设计单位各专业要互提设计资料，充分考虑运营站段专业需求，将接触网预埋槽道统筹纳入接长明洞一体化设计。

(2)施工前对施工单位做好现场技术交底。

(二)施工方面

(1)施工单位根据设计方案,组织联合现场踏勘,充分听取设计单位技术交底,对接相关单位确定施工工序和施工工艺。

(2)施工单位向工务、供电部门提出首件定标申请,牵头组织建设、设计、监理和介入单位开展首件定标。

(3)施工单位严格按照设计方案、工序及工艺组织施工。施工中发现问题时,立即向建设、设计和介入单位报告,在未确定变更方案前,不得盲目施工。

(三)介入方面

(1)介入单位做好设计方案审查。

(2)介入单位联合施工单位开展首件定标,工务、供电部门确认接触网预留基础几何尺寸。

(3)介入单位在过程中做好介入检查,专人审核分析施工过程影像资料,发现问题及时向建设单位和施工单位通报并督促研究整改方案。

第二节　路基与隧道电缆槽接口工程

一、现场情况

由于路基与隧道电缆槽、过轨管的遗漏或错位,电缆槽不能贯通或连接部分不满足电缆弯曲半径要求(图 3-2-1),影响电缆敷设。

图 3-2-1　路隧接合部电缆槽设置不满足电缆弯曲半径要求

二、原因分析

(一)设计方面

站前与站后初步设计批复与正式施工图设计招标时间不一致,导致设计不同步;设计阶段专业间未详细对接接口方案,导致设计方案不匹配。

(二)施工方面

施工单位未详细核对设计方案,未发现接口工程设计方案问题;路基与隧道结构接口界面不清,未充分做好施工技术交底,未按路隧过渡段施工图开展施工。

(三)介入方面

介入单位对施工图审查不仔细,未发现接口工程设计方案问题;介入检查中未及时发现施工过程问题。

三、解决方案

(一)设计方面

(1)设计单位各专业设计要互提资料,"四电"专业明确电缆槽技术要求,隧道专业牵头组织施工图核对,结合现场实际情况完善路隧过渡段电缆槽顺接方案,如图 3-2-2 所示。

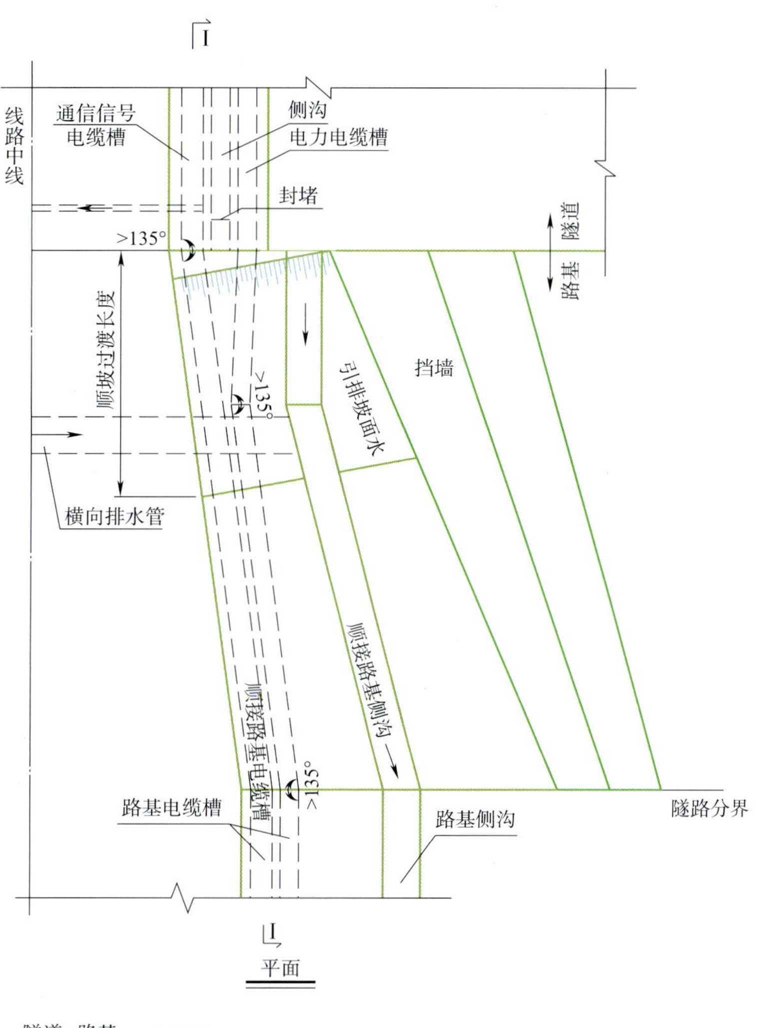

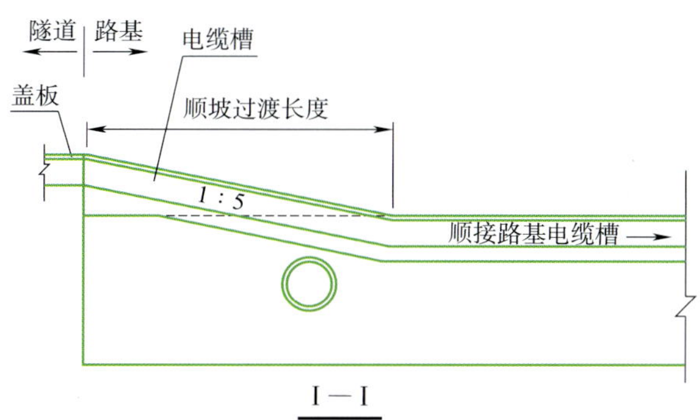

图 3-2-2　路隧接合部电缆槽转弯连接示意

(2)施工前设计单位对施工单位做好现场技术交底。

(3)施工中设计单位加强现场巡查和沟通,发现问题及时组织研究和变更设计。

(二)施工方面

(1)施工单位根据设计方案,组织联合现场踏勘,充分听取设计单位方案技术交底,对接相关单位确定施工工序和施工工艺,必要时制作 BIM 模型指导现场施工。

(2)施工单位严格按照设计方案、工序及工艺组织施工。发现问题立即向建设、设计和介入单位报告,在未确定变更方案前,不得盲目施工。

(三)介入方面

(1)介入单位做好设计方案审查。

(2)介入单位做好介入检查,发现问题及时向建设单位和施工单位通报并督促研究整改方案。

四、实施效果

路隧接合部电缆槽转弯连接如图 3-2-3 所示。

图 3-2-3　路隧接合部电缆槽转弯连接

第三节 护桥明洞与桥梁连接位置检修通道接口工程

一、现场情况

在护桥明洞与桥梁接口地段，设计单位采用明洞侧壁预埋爬梯代替桥梁检修通道或施工单位因疏忽而未修建桥梁检修通道(图 3-3-1)，无法满足桥梁检修通道要求。

图 3-3-1 现场漏做护桥明洞桥梁检修通道

二、原因分析

(一)设计方面

设计阶段未设计护桥明洞段落桥梁检修通道。

(二)施工方面

由于设计单位技术交底不到位，施工单位未详细了解护桥明洞位置检修通道设置方案；因开展护桥明洞专项施工遗漏桥梁检修通道。

(三)介入方面

介入单位对施工图审查不仔细，未发现接口工程设计方案问题；介入检查中未及时发现施工过程问题。

三、解决方案

(一)设计方面

(1)桥梁专业和隧道专业互提检修通道资料，隧道专业牵头组织施工图核对。

(2)施工前设计单位对施工单位做好现场技术交底。

(3)施工中设计单位加强现场巡查，发现遗漏检修通道的情况，可结合现有工程和地形进行专项设计。

①明洞耳墙外侧已设置缓冲减压孔并且减压孔与外侧地面高差不大时，可利用明洞耳墙上的缓冲减压孔设置检修通道，如图 3-3-2 所示。

②通过专项设计在明洞外桥梁侧单独设置检修楼梯。

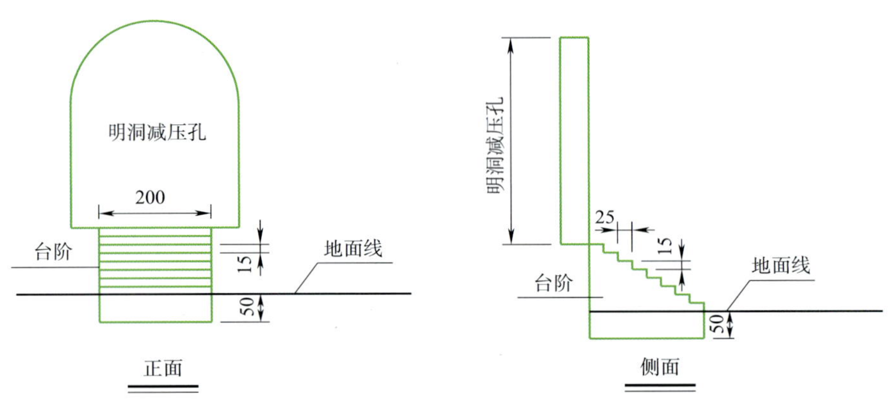

图 3-3-2　明洞耳墙外侧设置检修通道方案示意(单位：cm)

(二)施工方面

(1)施工单位根据设计方案,做好施工技术交底。若利用缓冲减压孔增设检修通道,严格按设计方案组织施工。

(2)施工单位施工中遇现场地形发生变化、工程地质条件与设计存在出入等情况时,立即向建设、设计和介入单位报告,在未确定变更方案前,不得盲目施工。

(三)介入方面

(1)介入单位针对地形较平缓、高差不大的无仰拱护桥明洞洞口,在施工图审查时提出桥梁检修通道的设置要求。

(2)介入单位做好介入检查,发现问题及时向建设单位和施工单位通报并督促研究整改方案。

四、实施效果

利用缓冲减压孔作为检修通道如图 3-3-3 所示。

图 3-3-3　利用缓冲减压孔作为检修通道

第四节 隧道、路基和桥梁排水接口工程

一、现场情况

隧道中心沟、洞口边仰坡环向截水天沟、泄水洞等排水设施的出水未按规定接入路基排水系统或自然沟渠，导致隧道出水散排冲刷周边，如图 3-4-1 所示；接入周边排水系统时由于水沟接口不匹配，出现跌坎或排水不畅等问题。

图 3-4-1 洞口环向截水天沟未接入路基排水系统

二、原因分析

(一)设计方面

设计阶段路基与隧道专业未充分考虑地形和周边水文条件，导致设计方案不匹配。

(二)施工方面

施工单位未详细核对设计方案，未发现接口工程设计方案问题；施工单位未详细对接施工工序或施工工艺不满足设计要求。

(三)介入方面

介入单位对洞口排水系统施工图审查不细，未发现接口工程设计方案问题；介入检查中未及时发现排水系统施工过程问题。

三、解决方案

(一)设计方面

(1)设计单位各专业互提设计资料，路基专业牵头组织隧道和桥梁专业开展施工图核对。

(2)设计单位指导施工单位做好施工期间场地内排水管理，避免场地内积水恶化工程地质条件。

(3)设计单位加强施工巡查，发现洞外地形改变、排水不畅等情况时，及时开展专项设计，如图 3-4-2 和图 3-4-3 所示。

(二)施工方面

(1)施工单位根据设计方案，做好施工技术交底。

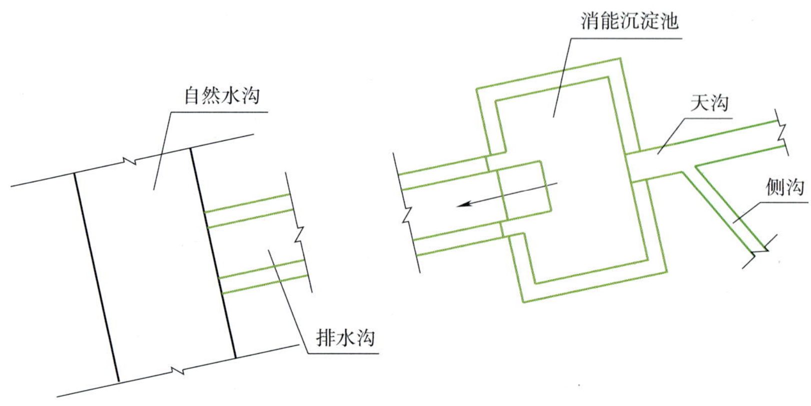

图 3-4-2　隧道洞口排水系统接自然水系设计示意

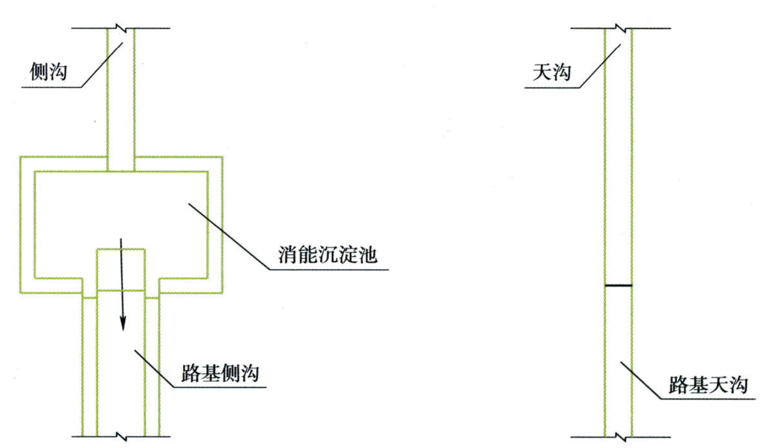

图 3-4-3　隧道洞口排水系统接路基排水系统设计示意

(2)施工单位加强施工过程管理,避免场地内积水。

(3)地形变化需调整原设计方案时,施工单位及时向建设、设计和介入单位报告,在未确定变更方案前,不得盲目施工。

(三)介入方面

(1)介入单位加强隧道、路基和桥梁排水系统接口工程施工图审查。

(2)介入单位做好介入检查,发现问题及时向建设单位和施工单位通报并督促研究整改方案。

四、实施效果

整改后的洞口汇集排水如图 3-4-4 所示。

图 3-4-4　整改后的洞口汇集排水

第五节　隧道内道床顶面与沟槽顶面连接踏步接口工程

一、现场情况

现行高速铁路隧道通用图中规定，隧道两侧每 25 m 设置一处人行踏步(踏步长 2 m、宽 0.5 m、高 0.4 m)。由于踏步与水沟电缆槽顶部存在 42 cm 的较大高差，不利于作业人员上下，如图 3-5-1 所示。

图 3-5-1　隧道内人行踏步

二、原因分析

(一)设计方面

设计单位按照隧道通用图开展设计，未充分考虑踏步使用的实用性。

(二)施工方面

施工单位按照设计方案进行踏步修建，未结合现场需求提出改进建议。

(三)介入方面

介入单位对施工图审查不仔细，未发现踏步与水沟电缆槽顶部高差问题。

三、解决方案

（一）设计方面

（1）设计单位结合现场需求，做好踏步的细部设计。

（2）在原有踏步基础上增加一级踏步，按照两级设置。增加的台阶长 1 m、宽 0.25 m、高 0.21 m，居中靠墙侧设置，如图 3-5-2 所示。

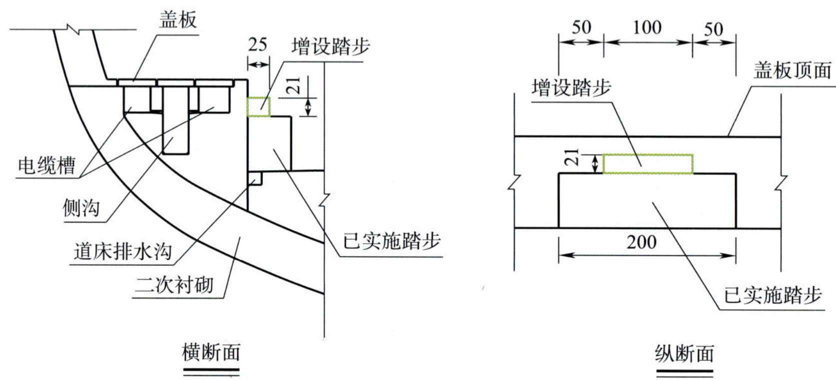

图 3-5-2　增设二级踏步设计示意（单位：cm）

（二）施工方面

（1）施工单位发现上述类似问题，及时向建设、设计、运营单位报告。

（2）如原一级踏步未施工、两级踏步同时现浇施工时，两级踏步均与沟槽植筋连接。

（3）如一级踏步已经施工、新增踏步采用现浇施工时，新增踏步与侧沟壁及既有踏步采用植筋连接。

（4）如一级踏步已经施工且已完成钢轨铺设、不具备二级踏步现浇条件时，可采用预制二级踏步洞内组装的施工工艺。在一级踏步上预制钢筋孔位，二级踏步预留接茬钢筋，通过接茬钢筋和植筋胶连接固定。

（三）介入方面

（1）介入单位加强施工图审查，关注细部设计的实用性。

（2）介入单位做好介入检查，发现问题及时向建设单位和施工单位通报并督促研究整改方案。

四、实施效果

现浇和预制二级踏步如图 3-5-3～图 3-5-5 所示。

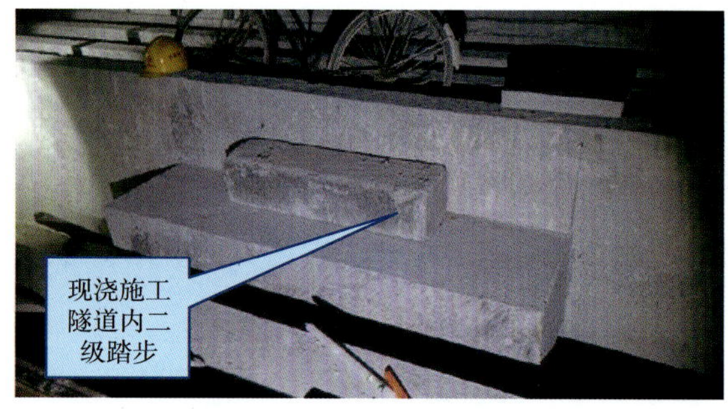

图 3-5-3　现浇二级踏步

图 3-5-4 预制二级踏步植入接茬钢筋

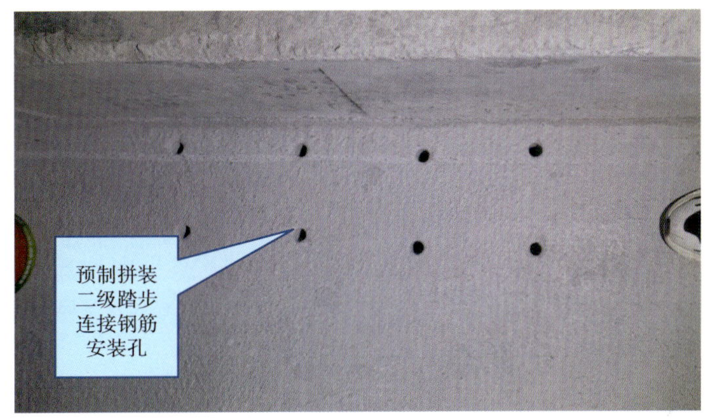

图 3-5-5 预制二级踏步提前布置的钢筋孔

第六节 隧道内余长电缆腔接口工程

一、现场情况

站前施工单位未预留隧道余长电缆腔洞室过轨和接地端子(图 3-6-1)或施工遗漏隧底过轨管(图 3-6-2),不满足站后设备安装要求。

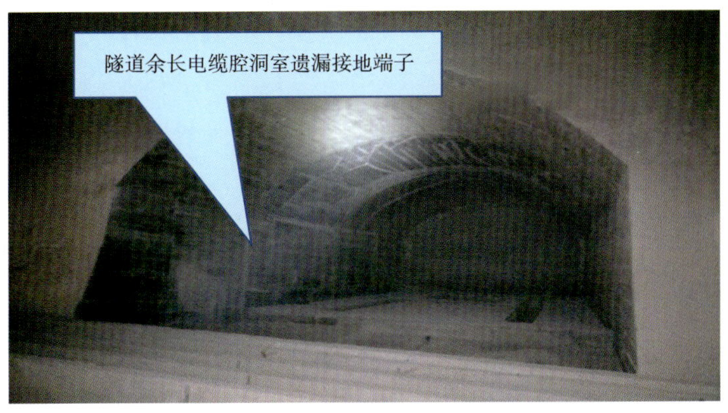

图 3-6-1 隧道余长电缆腔洞室遗漏接地端子

图 3-6-2 现场补做垂直过轨管

二、原因分析

(一)设计方面

站前、站后初步设计批复和正式施工图交付进度不一致,站后专业未提出隧道余长电缆腔洞室预留过轨和接地要求。

(二)施工方面

站后施工单位未充分对站前施工单位开展技术交底,站前施工单位遗漏隧底过轨管。

(三)介入方面

介入单位对施工图审查不仔细,未充分审查隧道余长电缆腔预留过轨管、接地等设计内容;供电专业介入时机滞后,未及时发现施工过程问题。

三、解决方案

(一)设计方面

(1)设计单位将隧道余长电缆腔洞室预留过轨和接地端子需求纳入站前单位施工图同步设计。

(2)设计单位站前、站后专业力争同步交付施工图。

(3)施工造成遗漏时,可采用仰拱填充面垂直过轨方案和洞室模筑衬砌内表面增加综合接地方案实施(图 3-6-3、图 3-6-4),减少废弃工程。

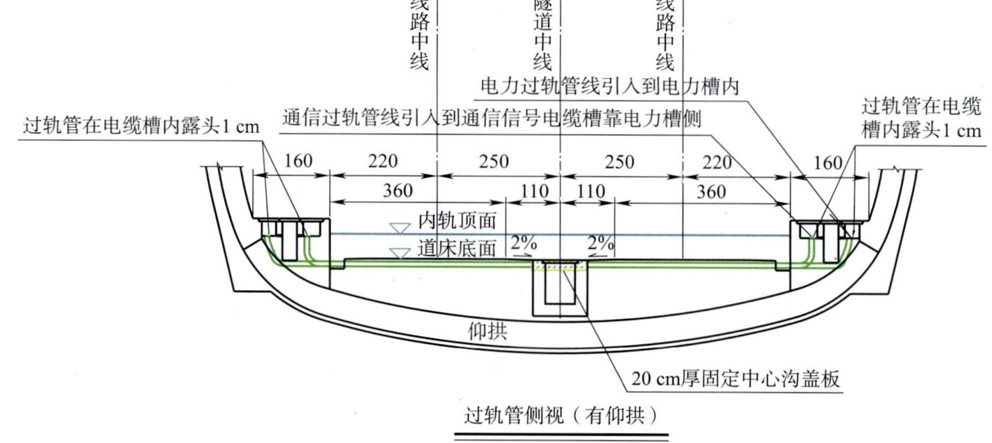

图 3-6-3 垂直过轨方案(单位:cm)

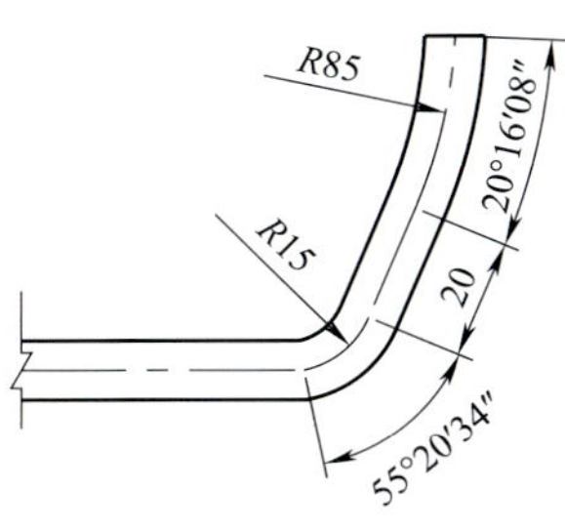

电力过轨管末端弯头大样

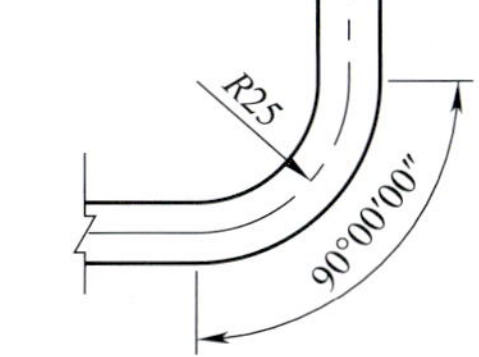

无线通信过轨管末端弯头大样

图 3-6-3 （续）

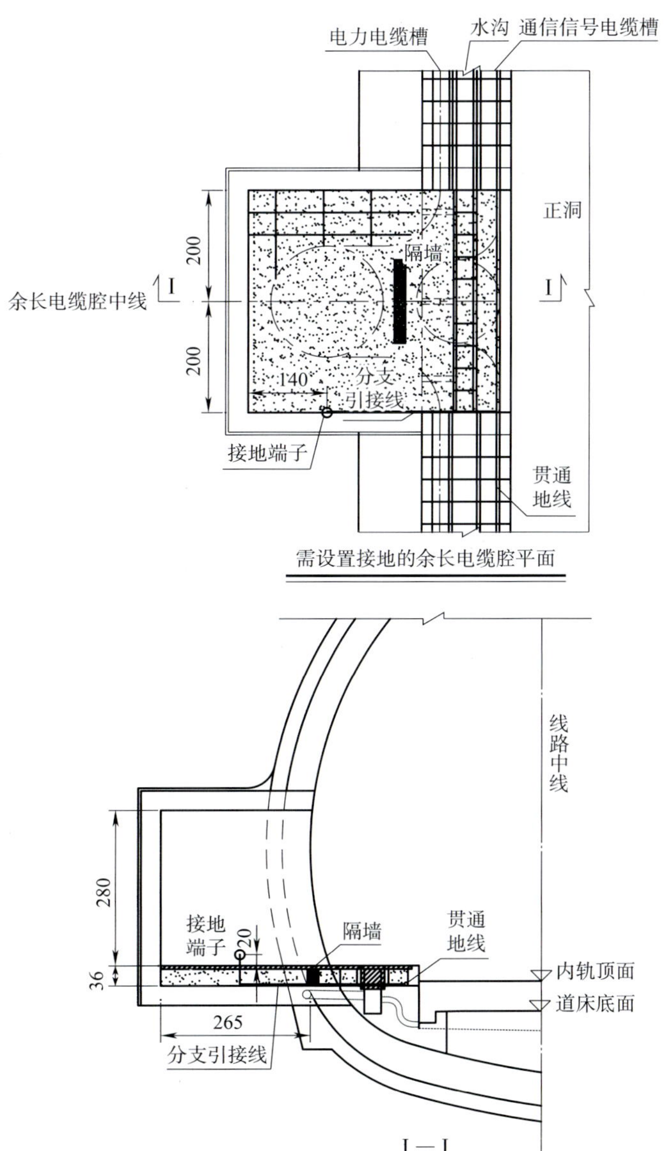

图 3-6-4 洞室内表面设置接地方案（单位：mm）

(二)施工方面

(1)站前施工单位施工前认真研究设计单位各相关专业技术交底资料，仔细核对需预埋、预留的工程内容，发现各专业设计文件有出入时，及时向设计单位提出。

(2)施工单位严格按照设计方案、工序及工艺组织施工，发现问题立即向建设、设计和介入单位报告，不得盲目施工。

(三)介入方面

(1)介入单位组织联合开展施工图审查，确保设计方案中隧道余长电缆腔洞室预留过轨和接地条件。

(2)介入单位在过程中严格把关过轨和接地设置方案，发现问题及时向建设单位和施工单位通报并督促研究整改方案。

四、实施效果

洞室内表面设置接地如图 3-6-5 所示。

图 3-6-5　洞室内表面设置接地

第七节　隧道内设备洞室与设备安装接口工程

一、现场情况

隧道内设有变压器洞室、通信直放站，由于既有洞室不能满足设备机房对洞室面积、纵深的要求，因此需对洞深不足的洞室进行二次加深(图 3-7-1)，增加设备安装基础、预留孔洞、排水设施等基础(图 3-7-2)。

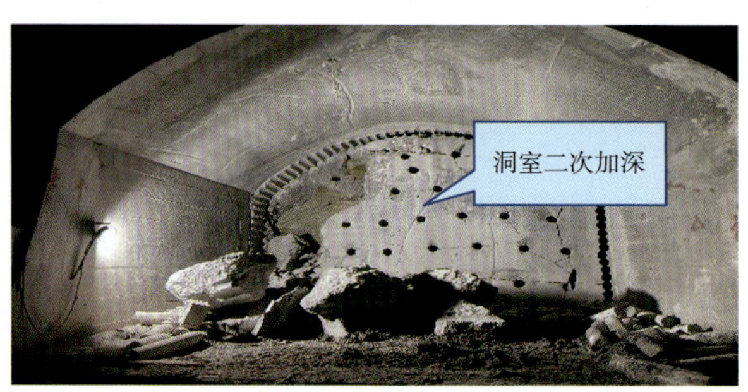

图 3-7-1　对洞深不足的洞室进行二次开挖

图 3-7-2 加深洞室内新增变压器、直放站设备基础施工

二、原因分析

(一)设计方面

站后专业未将站点设置方案提交站前专业,隧道专业没有提前预留洞室设备安装条件,洞室机房标准发生变化时站后专业未及时提出,隧道专业未及时制定变更方案。

(二)施工方面

土建施工方未主动对接设备安装方并详细了解设备安装洞室相关尺寸要求,设备安装方未及时发现隧道专业与设备安装专业设计之间的接口问题并向设计单位反馈进行土建洞室变更设计。

(三)介入方面

设备管理单位审图未发现问题,标准变化等信息未及时反馈给设计单位,施工阶段洞室施工前未及时介入。

三、解决方案

(一)设计方面

隧道专业与站后专业互提资料,充分考虑设备洞室功能需求,配套设计完善齐备的相关功能设施和满足功能使用要求的结构尺寸,按照要求预留隧道洞室设备安装条件,如图 3-7-3 所示。

(二)施工方面

站前施工单位在洞室施工前、站后单位在设备安装前与设计院充分沟通,了解设计意图,针对深度、预留条件等重点问题进行确认,对设计存在问题的按照变更设计进行施工。

(三)介入方面

设备管理单位提前对接相关设计和设备厂商,一起对洞室尺寸与预留条件进行核对,同时提供相关资料给站前设计。

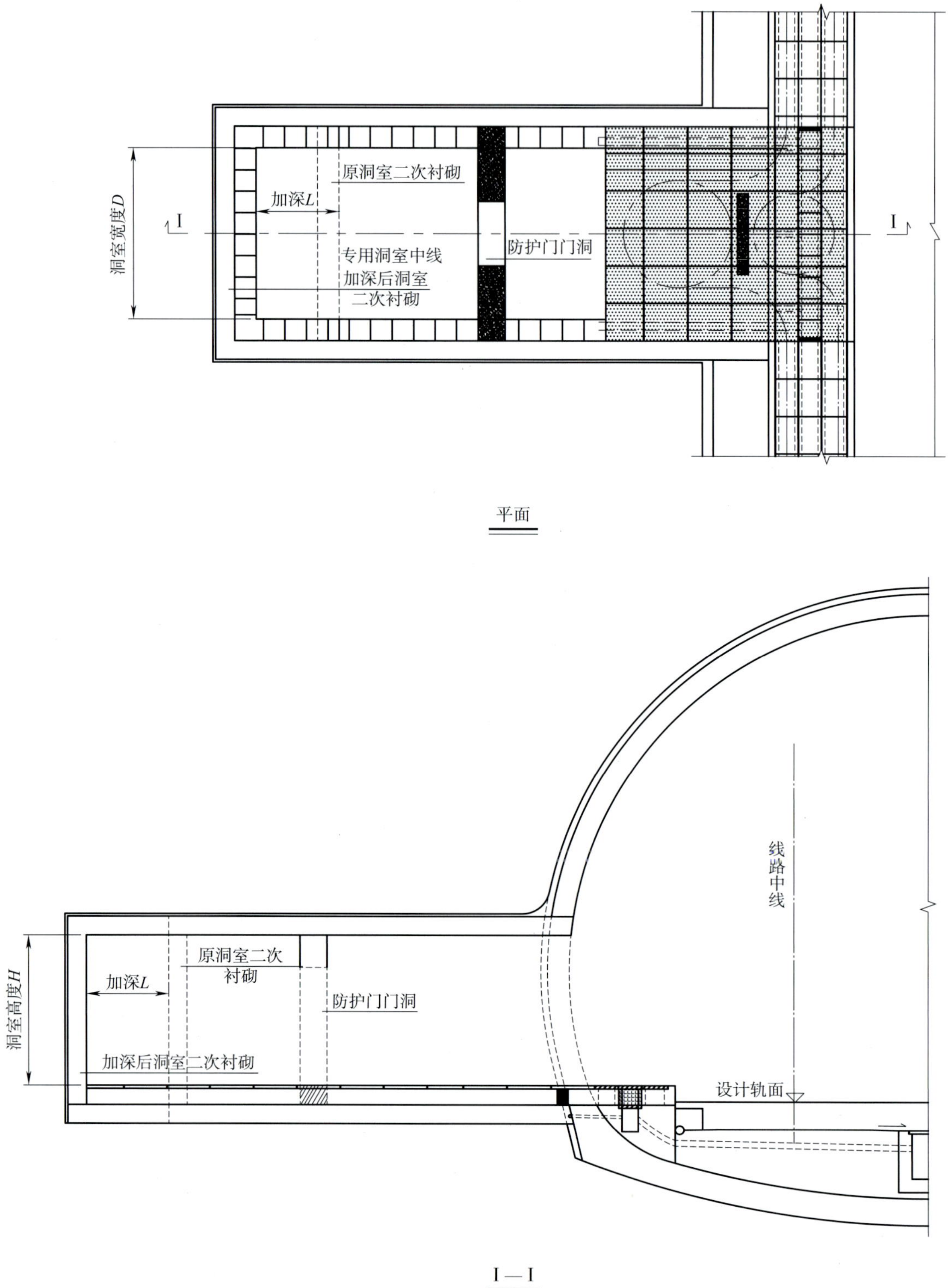

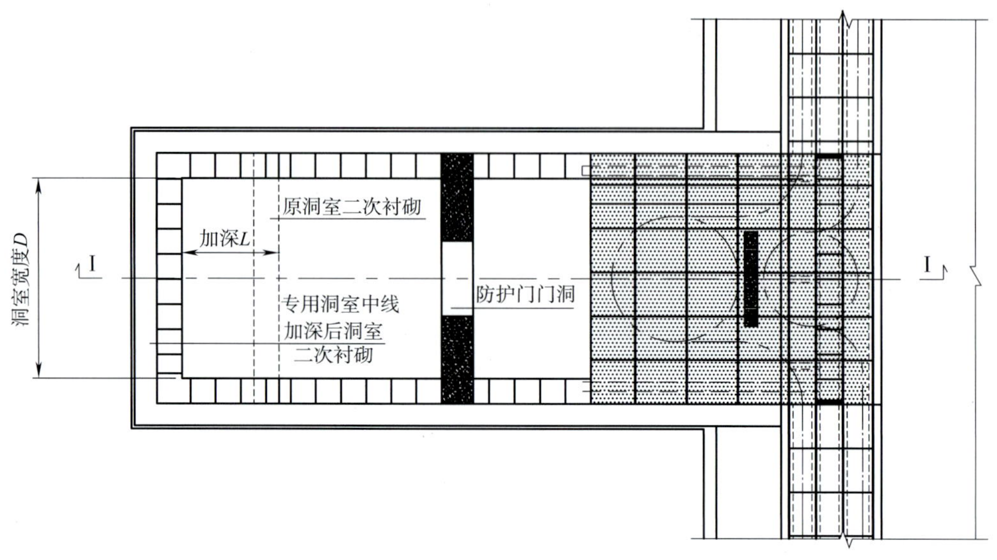

平面

原洞室二次衬砌
加深L
洞室高度H
防护门门洞
加深后洞室二次衬砌
线路中线
设计轨面

I—I

图 3-7-3　洞室设计示意

四、实施效果

洞室直放站如图 3-7-4 所示。

图 3-7-4 洞室直放站

第八节 桥梁与隧道电缆槽接口工程

一、现场情况

桥梁和隧道接口电缆槽(长度 2 m)施工中未进行顺坡过渡或顺坡过渡长度不足,导致桥隧接口处电缆槽顶面存在较大高差(约 1 m)或坡度过陡,不利于作业人员行走,如图 3-8-1 和图 3-8-2 所示。

图 3-8-1 桥隧沟槽过渡段高差较大

图 3-8-2 穿管过渡不利后期维护

二、原因分析

(一)设计方面

设计阶段桥隧过渡段电缆槽顺接完全按照通用参考图设计,专业间未详细对接接口方案,导致设计方案不匹配。

(二)施工方面

施工单位未详细核对设计方案,未发现接口方案问题;未做好桥梁和隧道施工衔接,未按设计要求组织施工。

(三)介入方面

介入单位对施工图审查不仔细,未发现接口工程设计方案问题;介入检查中未及时发现施工过程问题。

三、解决方案

(一)设计方面

(1)设计单位各专业要互提设计资料,隧道专业牵头组织桥梁专业和“四电”专业结合现场实际情况优化桥隧过渡段电缆槽顺接方案。

(2)适当增加过渡段长度以降低过渡段坡度,修筑台阶保障作业人员行走需求,如图 3-8-3 和图 3-8-4 所示。缓坡盖板应具备翻开功能,以便于电缆检修。

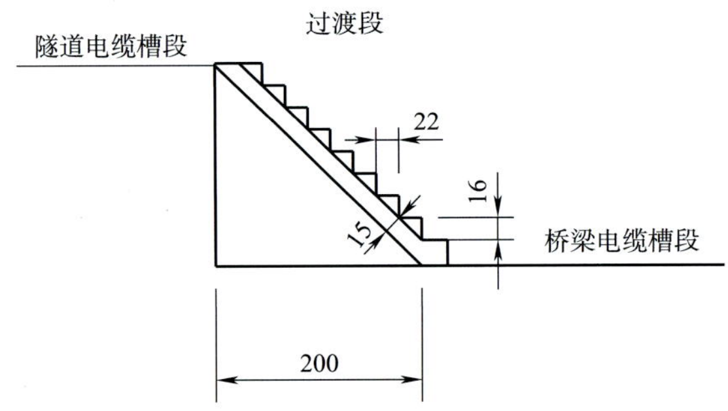

图 3-8-3　斜坡台阶方案设计示意(单位:cm)

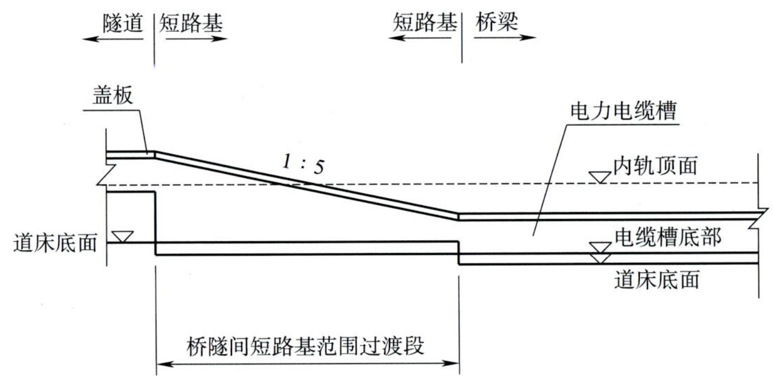

图 3-8-4　斜坡放缓方案断面设计示意

(二)施工方面

(1)施工单位根据设计方案组织联合现场踏勘,充分听取设计单位方案技术交底,确定施工工序和施工工艺。

(2)施工单位严格按照设计方案、工序及工艺组织施工。施工中遇隧道洞口地形、洞口里程、桥台里程变化时,应立即核对实际地形是否满足过渡工程实施条件,如存在问题立即向建

设、设计和介入单位报告，在未确定变更方案前，不得盲目施工。

(三)介入方面

(1)介入单位做好桥隧过渡段设计方案施工图审查，确保符合运维需求。

(2)介入单位做好介入检查，发现问题及时向建设单位和施工单位通报并督促研究整改方案。

四、实施效果

增设踏步过渡、斜坡放缓设置盖板和斜坡放缓设置台阶分别如图 3-8-5～图 3-8-7 所示。

图 3-8-5 增设踏步过渡

图 3-8-6 斜坡放缓设置盖板

图 3-8-7 斜坡放缓设计台阶

第九节 隧道内接触网预埋槽道与接触网安装接口工程

一、现场情况

隧道内接触网预埋槽道位置、型号错误及预埋质量问题，导致接触网设备不能正常安装，影响施工质量和进度，如图 3-9-1～图 3-9-6 所示。

二、原因分析

(一)设计方面

设计阶段站前、站后设计时间不一致，未统筹开展接口设计，接触网专业到隧道预埋槽道施工阶段才根据现场情况调整方案。

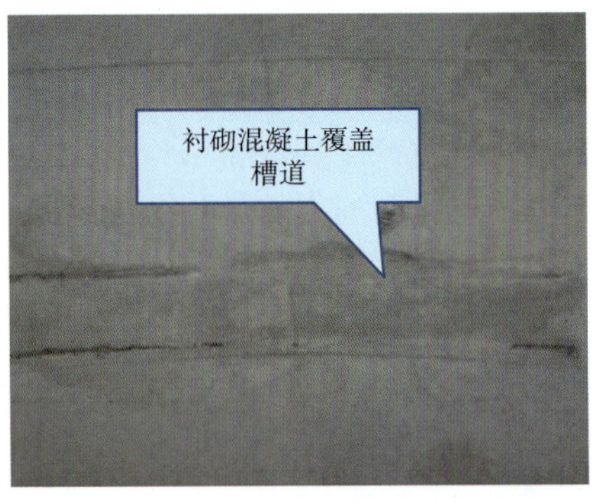

图 3-9-1　预埋槽道被衬砌混凝土覆盖

图 3-9-2　预埋槽道埋设成“八”字形

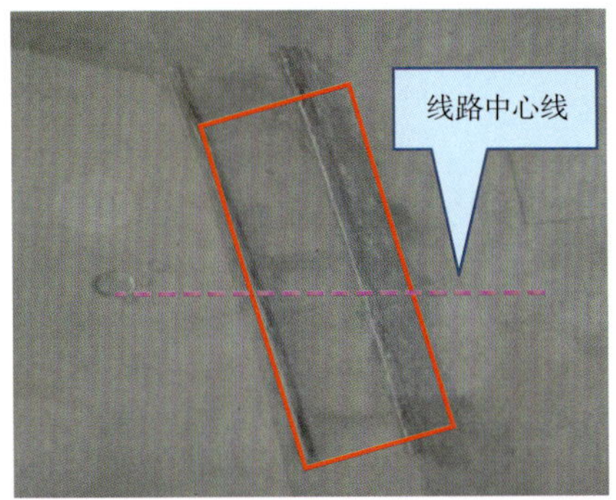

图 3-9-3　槽道与线路中心不垂直

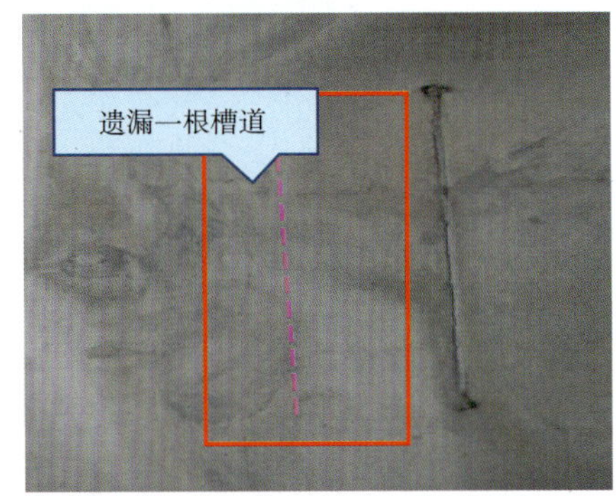

图 3-9-4　成组预埋槽道埋设成单根

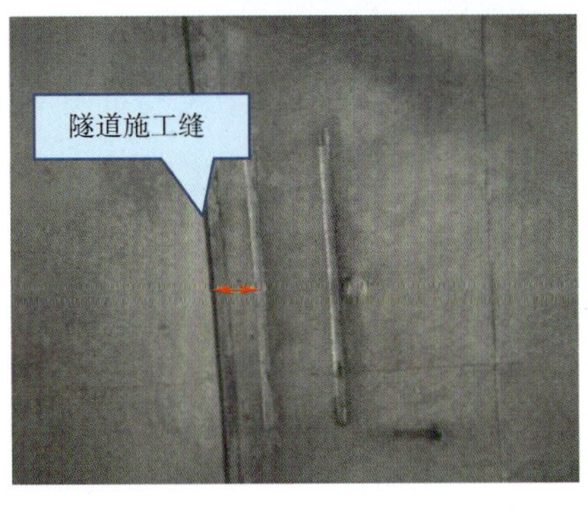

图 3-9-5　预埋槽道距离隧道施工缝太近

图 3-9-6　预埋槽道镀锌层被损坏

（二）施工方面

施工单位未详细核对设计方案，未发现接口工程设计方案问题，造成预埋槽道型号、位置错误；未按图施工，预埋槽道浇筑时槽道间距未控制在误差范围内。

（三）介入方面

介入单位对施工图审查不仔细，未发现接口工程设计方案问题；介入检查中未及时发现施工过程问题。

三、解决方案

（一）设计方面

（1）设计阶段接触网专业设计做好施工图细部设计。

(2)施工前设计单位对施工单位做好现场技术交底,明确槽道安装位置、规格型号、工艺流程、质量标准等内容,如图 3-9-7 所示。

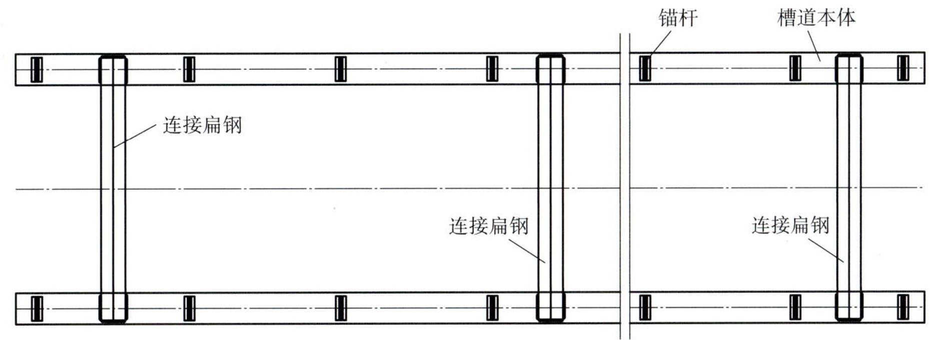

图 3-9-7 成组预埋槽道连接示意

(二)施工方面

(1)施工单位充分听取设计单位技术交底,明确施工的技术标准、工艺流程、质量控制要点及施工注意事项,施工期间人员相对固定。

(2)施工单位向供电部门提出首件定标申请,牵头组织建设、设计、监理和介入单位开展首件定标。

(3)施工单位严格按照设计方案、工序及工艺组织施工,对接触网预埋槽道位置确认并进行编号标记,在槽道选型、槽道固定焊接、槽道距离施工缝测量、槽道锚杆与衬砌钢筋焊接、接地电阻测量、成品保护等阶段做好影像资料录制,向介入单位移交。

(三)介入方面

(1)介入单位做好设计方案审查。

(2)介入单位联合施工单位核对隧道预埋槽道位置是否与施工图一致,做好现场编号标记。

(3)介入单位联合施工单位开展首件定标,确认预埋槽道规格型号、固定尺寸、焊接工艺、接地电阻和成品保护标准。

(4)介入单位在过程中做好介入检查,发现问题及时向建设单位和施工单位通报并督促研究整改方案。

四、实施效果

预埋槽道施工及合格预埋槽道如图 3-9-8 所示。

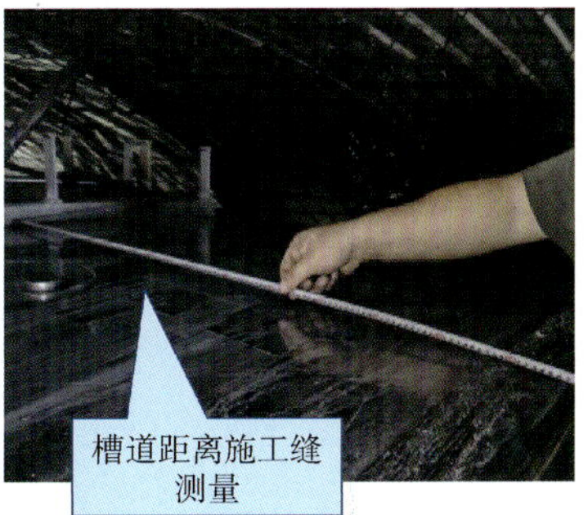

图 3-9-8 预埋槽道施工及合格预埋槽道

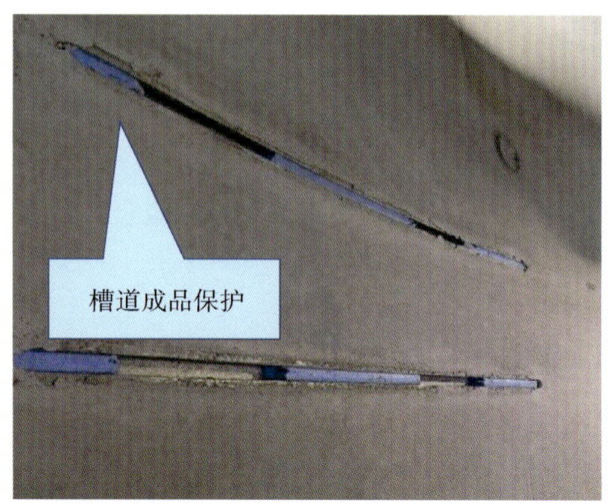

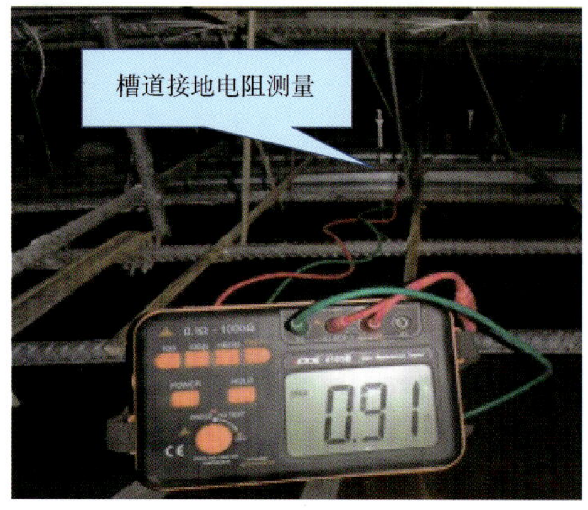

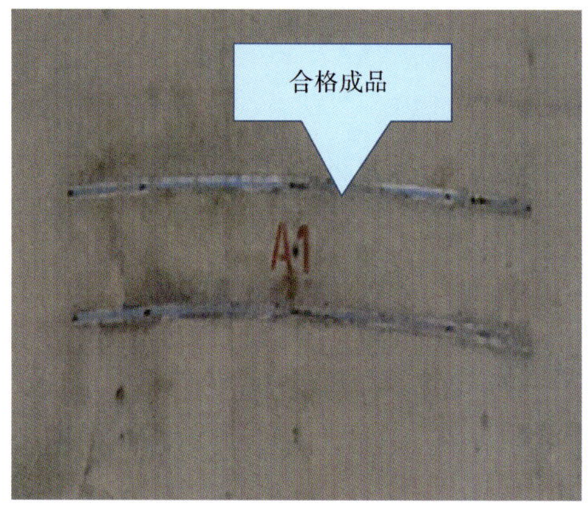

图 3-9-8 （续）

第十节　隧道内接触网接地端子与接触网接口工程

一、现场情况

隧道内接触网接地端子漏埋、未露出墙壁基础面、接地电阻不达标等问题，不满足接触网接地需求，如图 3-10-1 所示。

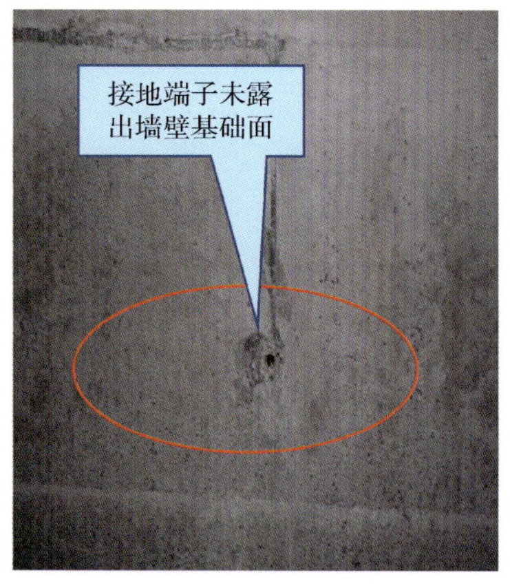

图 3-10-1　隧道内接触网接地端子漏埋和未露出墙壁基础面

二、原因分析

(一)设计方面

设计阶段站前、站后设计时间不一致,未统筹开展接口设计,未明确“四电”接地端子设置里程、设置位置、露头及接地电阻值标准、成品保护要求。

(二)施工方面

施工单位施工工艺不满足设计要求,导致接地端子不符合接触网设备接地标准。

(三)介入方面

介入单位对施工图审查不仔细,未发现接口工程设计方案问题;介入检查中未及时发现施工过程问题。

三、解决方案

(一)设计方面

(1)设计阶段站后“四电”设计将新线配套“铁路综合接地系统”和“接触网接地与回流安装图”提交隧道专业统筹设计,明确接地端子设置里程、位置、数量、接地电阻值等标准,如图 3-10-2 所示。

(2)施工前设计单位对施工单位做好现场技术交底。

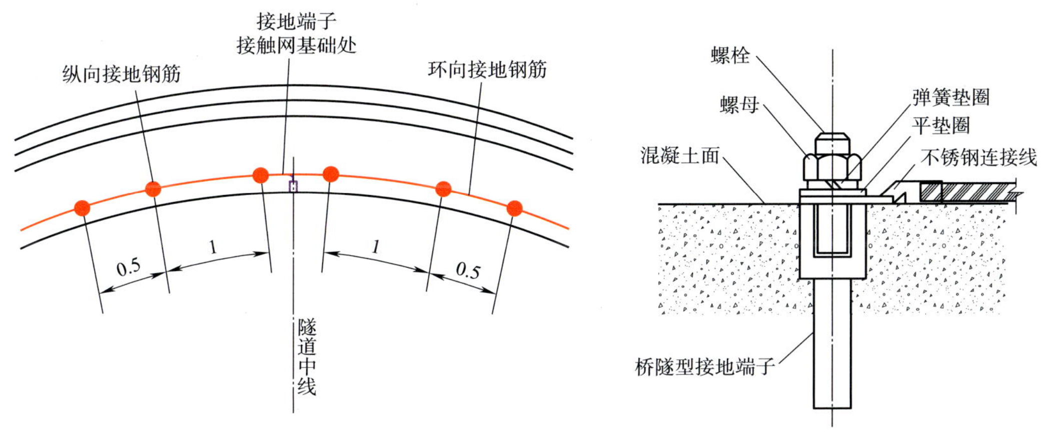

图 3-10-2 接触网槽道基础后植入接地端子安装方式(单位:m)

(二)施工方面

(1)施工单位充分听取设计单位技术交底。

(2)施工单位向工务、电务、供电部门提出首件定标申请,牵头组织建设、设计、监理和介入单位开展首件定标。

(3)施工单位严格按照设计方案、工序及工艺组织施工,将预留接触网用接地端子进行编号标记,对接地端子设置、接地钢筋焊接、接地电阻测量、成品保护等阶段做好影像资料录制,向介入单位移交。

(三)介入方面

(1)介入单位做好设计方案审查。

(2)施工前工务、电务、供电部门与施工单位现场核对接触网用接地端子设置位置是否与施工图一致，并现场编号标记。

(3)介入单位联合施工单位开展首件定标，确认接地端子型号、与接地钢筋焊接工艺、接地电阻值、成品保护标准。

(4)介入单位在过程中做好介入检查，发现问题及时向建设单位和施工单位通报并督促研究整改方案。

四、实施效果

接触网用接地端子安设如图 3-10-3 所示。

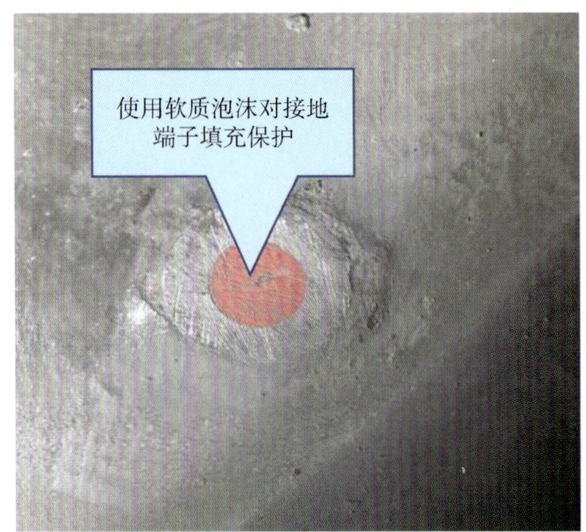

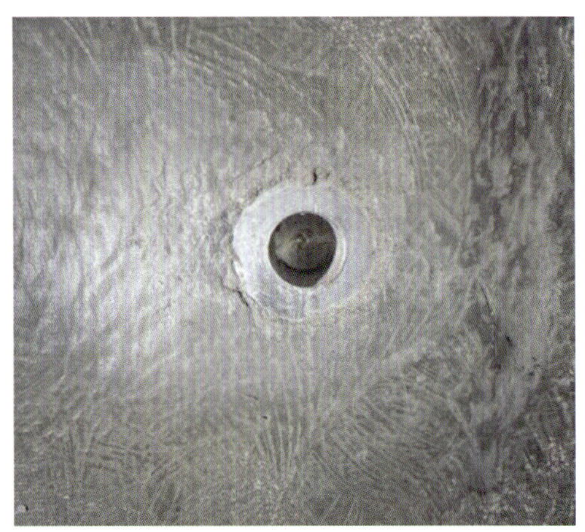

图 3-10-3　接触网用接地端子安设

第十一节　接触网下锚与隧道救援疏散通道接口工程

一、现场情况

洞口疏散型救援站正线隧道均按一般隧道断面进行设计，接触网下锚补偿装置安设位置未考虑隧道衬砌断面加宽，导致接触网下锚补偿装置侵占救援站疏散通道，如图 3-11-1 所示。

图 3-11-1　救援站范围接触网下锚补偿装置侵占站台空间

二、原因分析

(一)设计方面

设计阶段站前、站后设计未统筹设计,未严格执行相关设计标准。《铁路隧道防灾疏散救援工程设计补充规定》(铁建设〔2021〕150 号)规定,救援站范围内不宜设置接触网下锚补偿装置,条件困难时可采用隧道壁开挖预留孔洞方式设置;设备安装不得占用隧道疏散通道及紧急救援站站台空间。

(二)施工方面

施工单位未详细核对设计方案,未发现接口工程设计方案问题;施工单位未详细对接施工工序或施工工艺不满足设计要求。

(三)介入方面

介入单位对施工图审查不仔细,未发现接口工程设计方案问题;供电部门介入检查中未及时发现接触网下锚补偿装置安设后占用救援通道问题。

三、解决方案

(一)设计方面

(1)设计阶段隧道、接触网专业设计做好相互对接及统一协调,按《铁路隧道防灾疏散救援工程设计补充规定》(铁建设〔2021〕150 号)要求,避免在救援站范围内设置接触网下锚补偿装置,困难情况下设置设备安装洞室,避免占用救援通道。

(2)设计单位在施工图中明确救援通道的起止里程、设备安装洞室设置里程,在隧道衬砌施工前将施工图交由施工单位,并组织施工、监理、介入单位进行专项技术交底。

(3)对已经施工的隧道,为满足隧道内紧急救援站范围内的接触网下锚补偿装置不侵占救援通道及站台空间,采用单侧加宽 0.95 m 断面扩挖小洞室方案,满足现场接触网补偿装置安装条件。扩挖接触网下锚补偿装置洞室设计示意如图 3-11-2 所示。

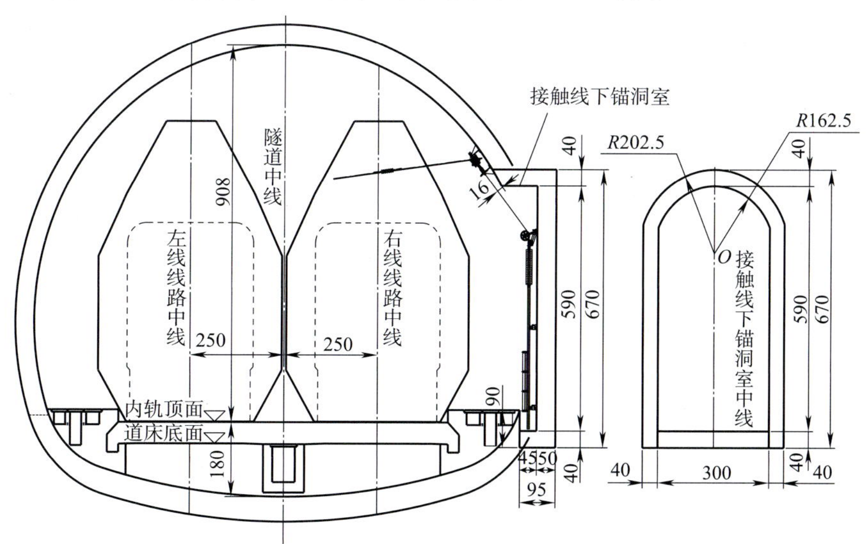

图 3-11-2 扩挖接触网下锚补偿装置洞室设计示意(单位:cm)

(二)施工方面

(1)施工单位充分听取设计单位技术交底,对接相关单位确定施工工序和施工工艺,排查接触网下锚补偿装置安设位置是否影响救援疏散通道。

(2)施工单位向工务、供电部门提出首件定标申请,牵头组织建设、设计、监理和介入单位开展首件定标。

(3)施工单位严格按照设计方案、工序及工艺组织施工,测量救援通道宽度和设备安装洞室尺寸,做好影像资料录制,向介入单位移交。

(三)介入方面

(1)介入单位做好设计方案审查。

(2)介入单位联合施工单位开展首件定标,确认救援通道空间和接触网用设备洞室空间是否满足设计要求。

(3)介入单位在过程中做好介入检查,发现问题及时向建设单位和施工单位通报并督促研究整改方案。

图 3-11-3　扩挖接触网下锚补偿装置洞室安装

四、实施效果

扩挖接触网下锚补偿装置洞室安装如图 3-11-3 所示。

第十二节　隧道内设备与接地端子接口工程

一、现场情况

隧道内设备洞室、疏散线路等处遗漏接地端子,如图 3-12-1 所示。

图 3-12-1　隧道内设备洞室无接地端子

二、原因分析

(一)设计方面

隧道内设备洞室种类多、各工点存在差异,设计时均按通用要求开展设计,未注明特殊工点的施工工艺要求,同时隧道、信号、通信专业间协调不够,实施过程中设备洞室调整位置后,未及时向通信专业反馈。

(二)施工方面

施工单位未详细核对设计方案,未发现接口工程设计方案问题;施工单位未详细对接施工工序,不清楚特殊工点施工工艺要求。

(三)介入方面

介入单位对施工图审查不仔细,未发现接口工程设计方案问题;未及时与相关单位沟通洞室内遗漏接地端子问题。

三、解决方案

(一)设计方面

(1)设计阶段根据现场需要增设接地端子，凡是具备与综合接地连接条件的处所均预留连接条件。

(2)不具备综合接地的地方，选取合适位置设置接地端子(图3-12-2)，接地电阻不大于4 Ω。

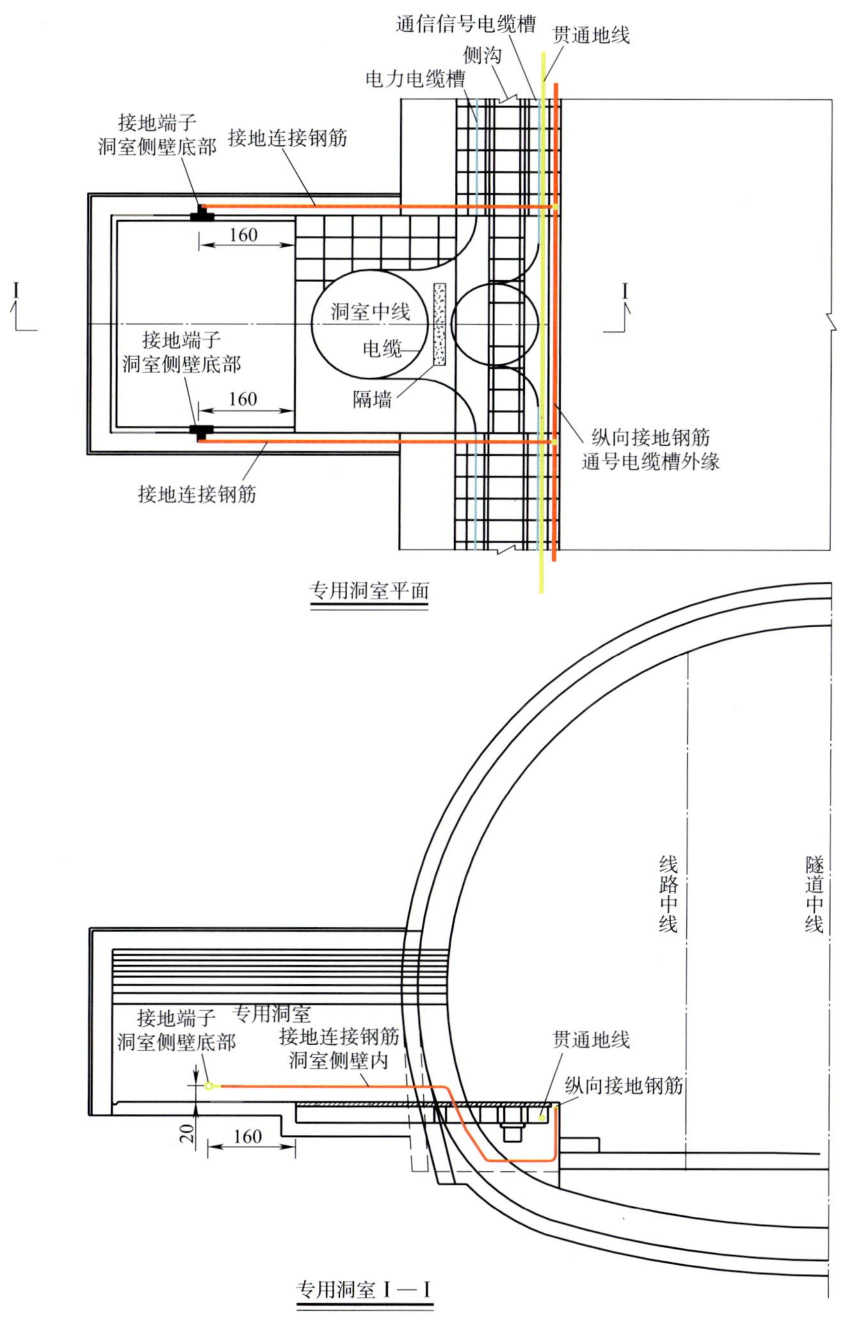

图3-12-2　隧道设备洞室接地端子设置示意(单位:cm)

通信信号电缆槽
贯通地线
侧沟
电力电缆槽
接地端子洞室
侧壁底部
接地连接钢筋
160
I
I
电缆
接地端子洞室
侧壁底部
隔墙
160
纵向接地钢筋
通号电缆槽外缘
接地连接钢筋
变压器洞室平面
线路中线
变压器洞室
接地连接钢筋
洞室侧壁内
接地端子
洞室侧壁底部
160
贯通地线
纵向接地钢筋
20
变压器洞室 I — I

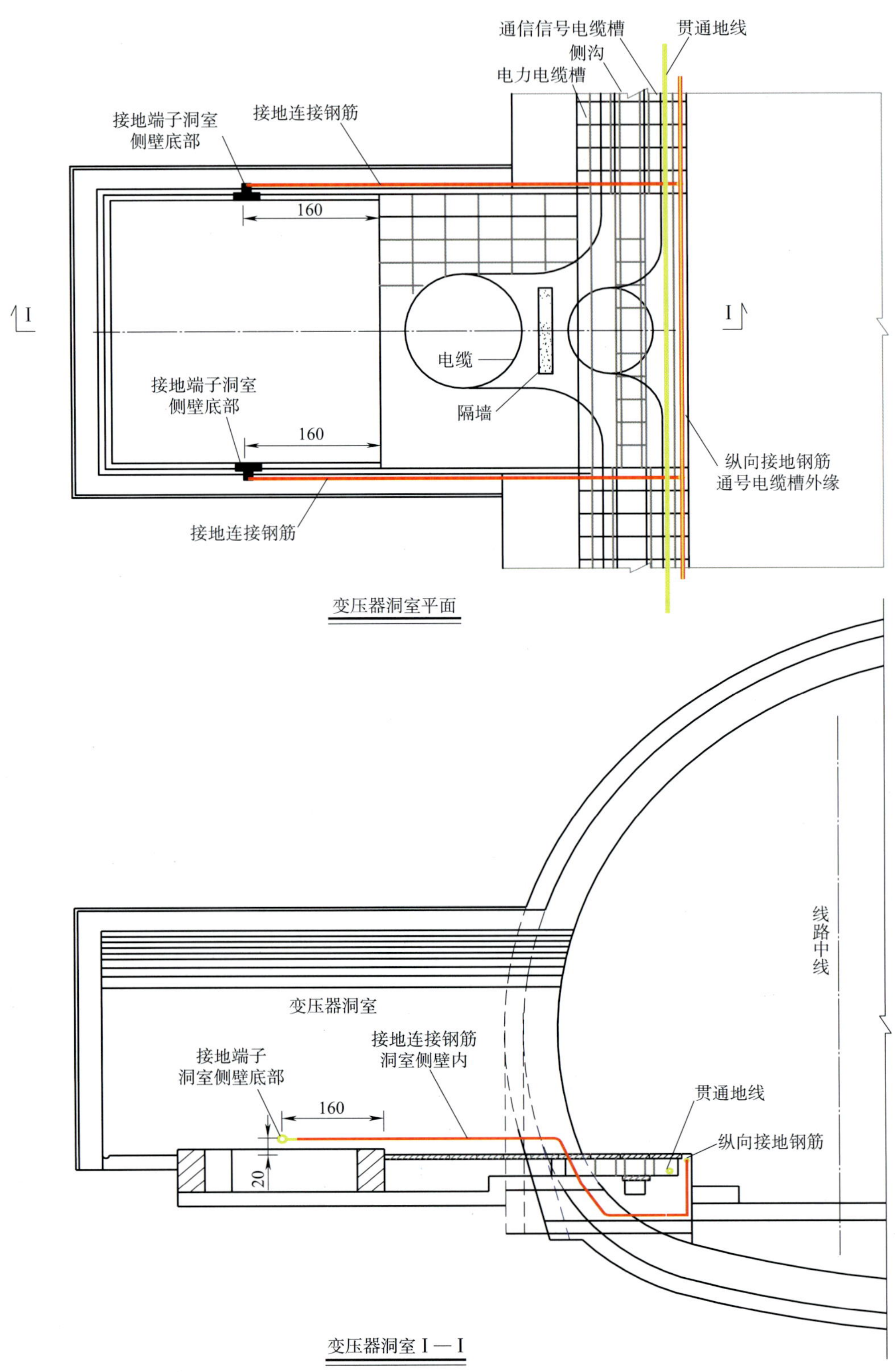

图 3-12-2 （续）

(二)施工方面

(1)施工单位充分听取设计单位技术交底,对接相关单位确定施工工序和施工工艺。

(2)施工中严格按照图纸要求进行接地钢筋的焊接,焊接长度与焊缝宽度满足要求,做好接地电阻测试工作。

(3)接地端子位置周边混凝土打磨平整,采用塑料盖对端子进行封堵,防止浆液进入。

(三)介入方面

(1)介入单位做好设计方案审查。

(2)介入单位在过程中做好洞室内的接地端子介入检查,发现问题及时向建设单位和施工单位通报并督促研究整改方案。

四、实施效果

接地端子安装如图 3-12-3 所示。

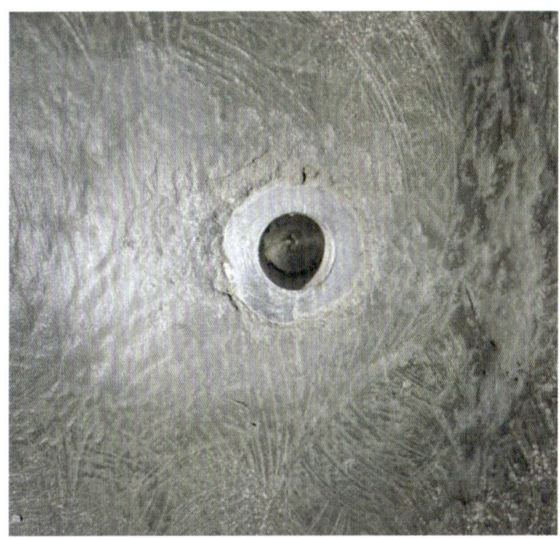
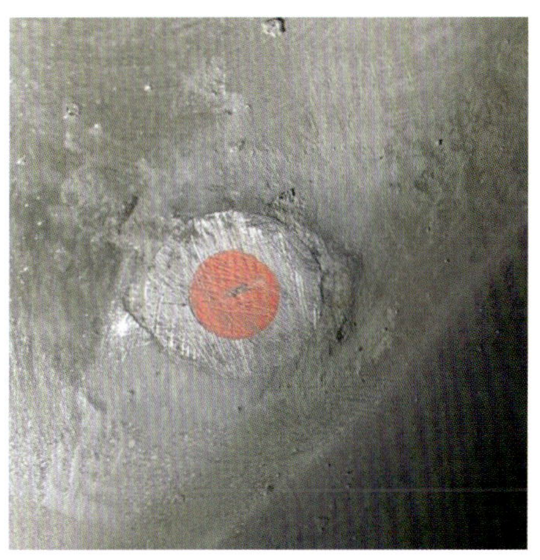

图 3-12-3　接地端子安装

第十三节　隧道电缆槽贯通地线物理隔离与泄水孔接口工程

一、现场情况

盾构隧道通信信号电缆槽内,综合接地系统的贯通地线物理隔离措施(水泥包封)与泄水孔冲突,影响隧道内通信信号电缆槽排水,出现隧道内通信信号电缆槽排水堵塞的情况,如图 3-13-1 所示。

二、原因分析

(一)设计方面

设计未考虑隧道通信信号电缆槽内采用水泥砂浆灌封后的贯通地线会堵塞泄水孔。

(二)施工方面

施工单位对于隧道通信信号电缆槽内采用水泥砂浆灌封后的贯通地线堵塞泄水孔的问题,在施工过程中未及时进行反馈。

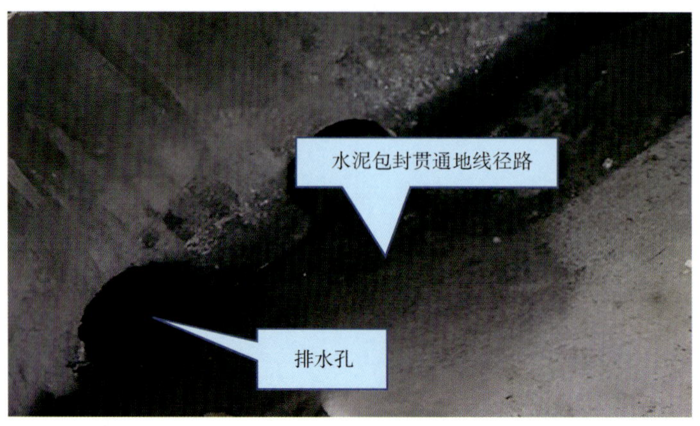

图 3-13-1　盾构隧道贯通地线敷设占用排水孔

（三）介入方面

介入单位对施工图审查不仔细，未关注泄水孔、贯通地线等细部设计内容。介入检查中未及时发现隧道内通信信号电缆槽内采用水泥砂浆灌封后的贯通地线堵塞泄水孔的问题。

三、解决方案

（一）设计方面

（1）设计单位各专业要互提设计资料，信号专业联合隧道专业统筹设计盾构隧道贯通地线物理隔离措施避让泄水孔方案，如图 3-13-2 所示。

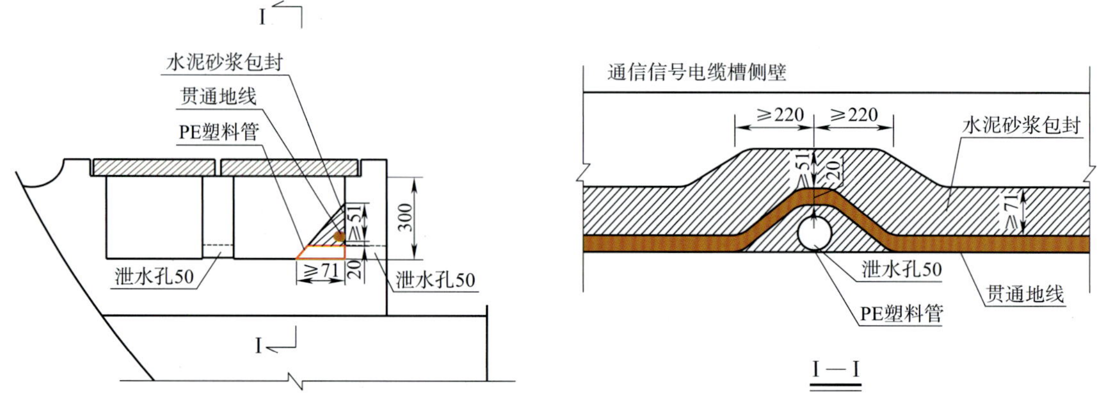

图 3-13-2　盾构隧道贯通地线物理隔离措施避让泄水孔示意（单位：mm）

（2）施工前设计单位对施工单位做好现场技术交底。

（二）施工方面

（1）施工单位充分听取设计单位技术交底，对接相关单位确定施工工序和施工工艺。

（2）施工单位严格按照设计方案、工序及工艺组织施工。施工中发现排水不畅等问题时，立即向建设、设计和介入单位报告。

（三）介入方面

（1）介入单位做好设计方案审查。

(2)介入单位在过程中做好介入检查,发现问题及时向建设单位和施工单位通报并督促研究整改方案。

四、实施效果

盾构隧道贯通地线物理隔离措施避让泄水孔如图 3-13-3 所示。

图 3-13-3 盾构隧道贯通地线物理隔离措施避让泄水孔

第十四节 隧道内道岔转辙机与沟槽接口工程

一、现场情况

隧道内设置车站时,道岔转辙机与隧道电缆沟、水沟位置冲突,由于隧道内位置受限,采用改造侧沟槽方式安装转辙机,影响电缆槽和水沟功能以及转辙机检修作业面,如图 3-14-1 所示。

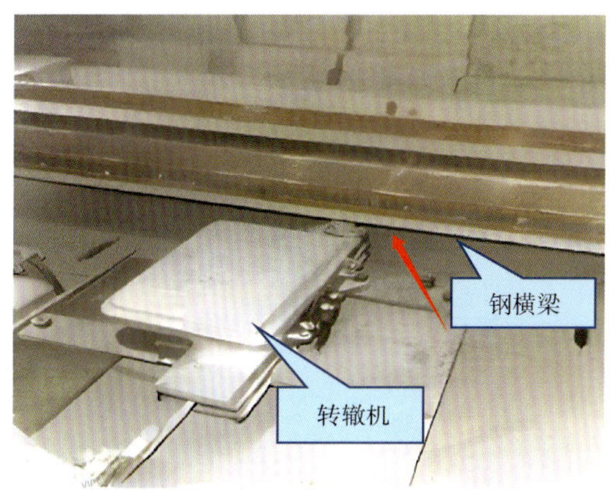

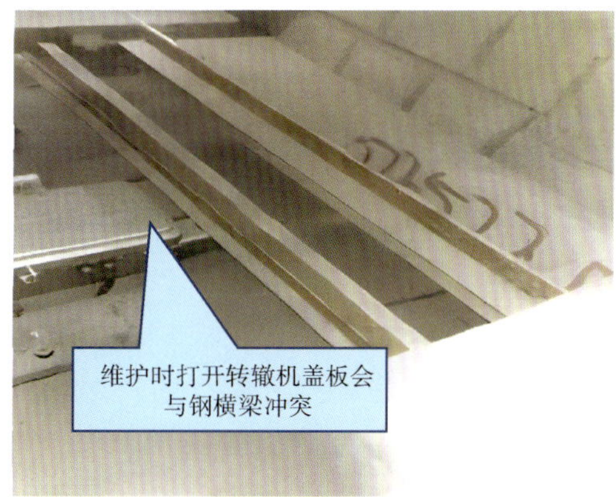

图 3-14-1 隧道内转辙机检修空间不足

二、原因分析

(一)设计方面

设计阶段专业间未详细对接专业接口工程,导致设计方案不匹配。

(二)施工方面

施工单位未详细核对设计方案,未发现接口工程设计方案问题;过程中未及时反馈隧道内转辙机检修空间不足问题。

(三)介入方面

介入单位对施工图审查不仔细,未重点审查转辙机安装空间等内容,未发现接口工程设计方案问题;介入检查中未及时发现施工过程问题。

三、解决方案

(一)设计方面

(1)设计单位各专业要互提设计资料,充分考虑设备安装空间和运维需求。隧道内道岔转辙机范围,应做隧道衬砌加宽设计,预留安装和检修空间。

(2)信号专业明确隧道内转辙机安装位置要求,核实衬砌加宽方案是否满足设备安装条件。《铁路道岔转换设备安装技术条件》(Q/CR 848)规定,转辙机的安装空间最外侧距离其安装侧的直股或曲股中心线不应小于 3 010 mm。典型道岔转辙机直股、曲股安装空间要求如图 3-14-2 和图 3-14-3 所示。隧道内转辙机段衬砌加宽段示意如图 3-14-4 所示。

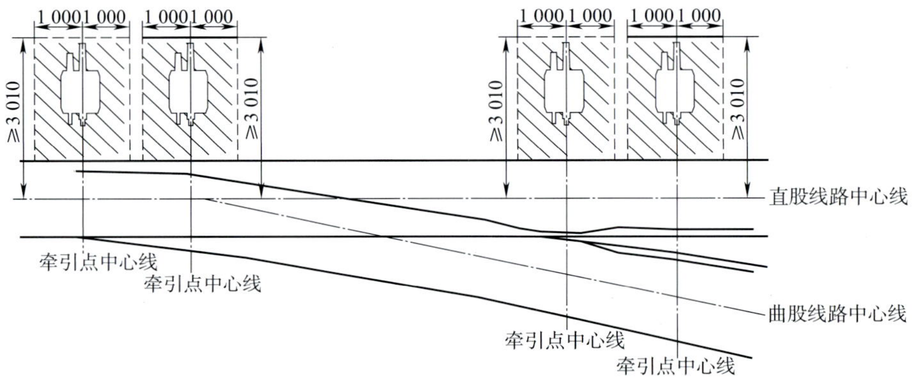

图 3-14-2　典型道岔转辙机直股安装空间要求(单位:mm)

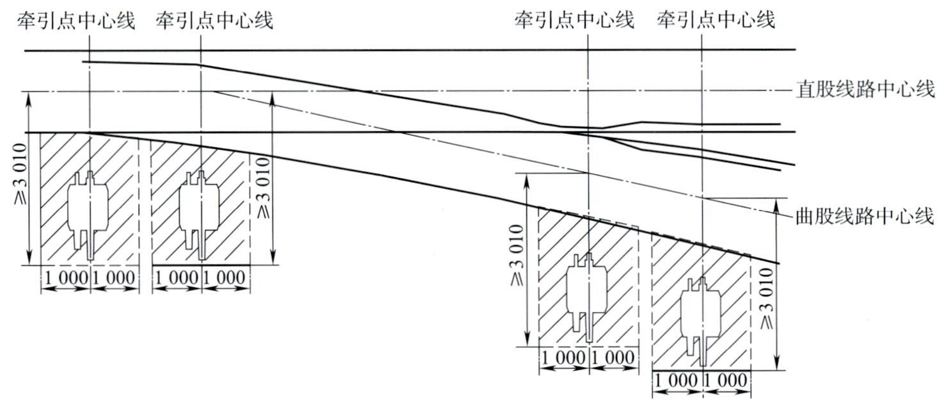

图 3-14-3　典型道岔转辙机曲股安装空间要求(单位:mm)

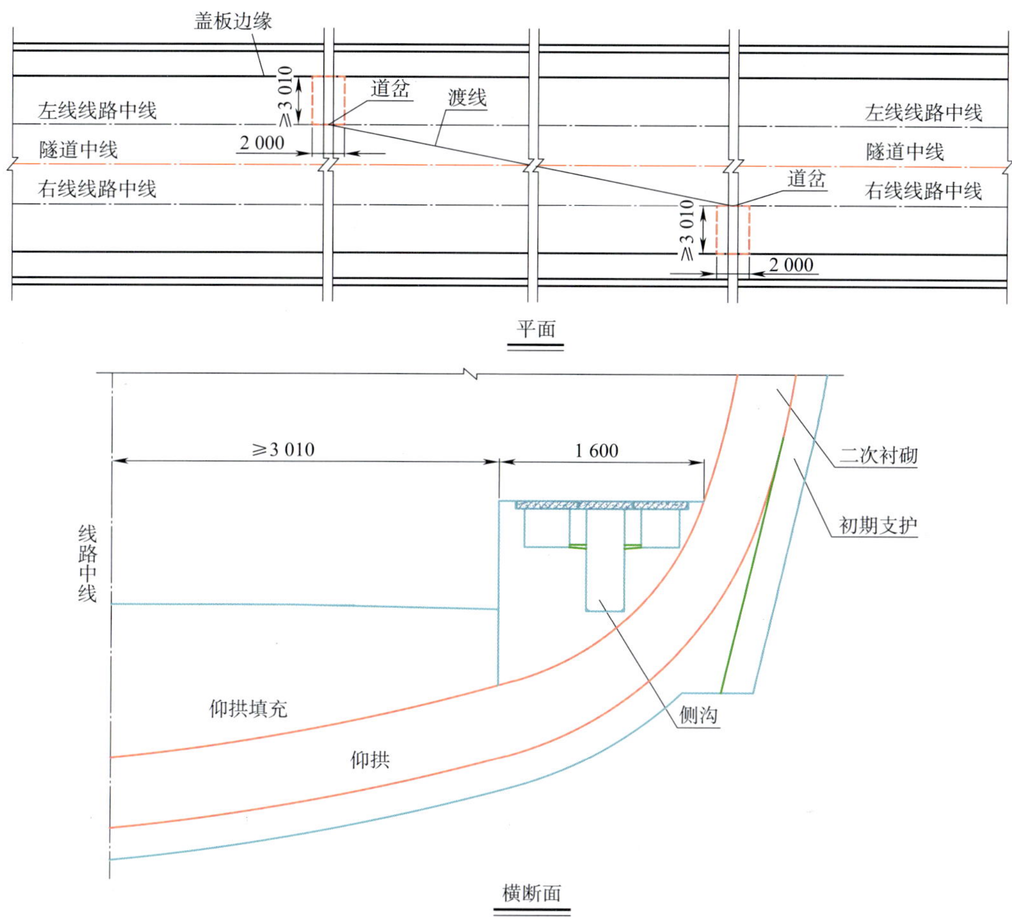

图 3-14-4 隧道内转辙机段衬砌加宽段示意(单位:mm)

(二)施工方面

(1)施工单位充分听取设计单位技术交底,对接相关单位确定施工工序和施工工艺,核对隧道内道岔转辙机设备安装预留空间是否满足安装需求。

(2)施工单位严格按照设计方案、工序及工艺组织施工,务必确保道岔转辙机安装位置隧道的加宽处理。施工中发现问题时,立即向建设、设计和介入单位报告,在未确定变更方案前,不得盲目施工。

(三)介入方面

(1)介入单位做好设计方案审查。

(2)介入单位在过程中做好隧道内道岔转辙机安装空间的介入检查,发现问题及时向建设单位和施工单位通报并督促研究整改方案。

四、实施效果

隧道内转辙机安装如图 3-14-5 所示。

图 3-14-5　隧道内转辙机安装

第十五节　隧道内信号机安装与预留空间接口工程

一、现场情况

受隧道断面限制，隧道内安装的信号机不满足限界要求或显示距离不符合标准，如图 3-15-1 所示。

图 3-15-1　隧道内信号机安装限界不足示意

二、原因分析

（一）设计方面

专业间接口设计协调不够，未考虑到隧道断面对信号机安装限界及显示距离的影响。

(二)施工方面

施工单位未详细核对设计方案，未发现接口工程设计方案问题；过程中未及时反馈隧道内信号机安装限界及显示距离不足问题。

(三)介入方面

介入单位对施工图审查不仔细，未发现接口工程设计方案问题；介入检查中未及时发现施工过程问题。

三、解决方案

(一)设计方面

(1)设计单位各专业要互提设计资料，明确隧道内信号机安装限界及显示距离。

(2)施工前设计单位对施工单位做好现场技术交底，加强设计技术交底和现场巡查。

(3)隧道专业按照铁路工程建设通用参考图《客货共线铁路信号室外设备安装图(电力牵引区段)》[通号(2018)1101-Ⅰ]规定的设备限界要求，预留信号机安装空间，如图 3-15-2 所示。

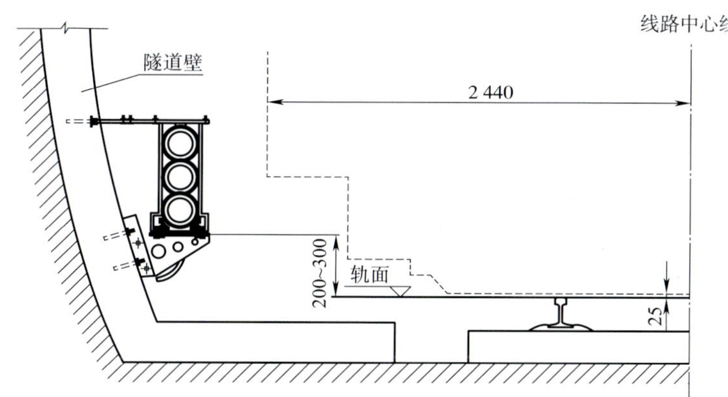

图 3-15-2　隧道内信号机安装限界要求示意(单位：mm)

(二)施工方面

(1)施工单位充分听取设计单位技术交底，对接相关单位确定施工工序和施工工艺。

(2)施工单位严格按照设计方案、工序及工艺组织施工，进场后重点核对隧道内信号机安装限界及显示距离是否满足要求。

(3)施工单位施工中加强隧道内信号机安装限界及显示距离检查，发现问题立即向建设、设计和介入单位报告，在未确定变更方案前，不得盲目施工。

(三)介入方面

(1)介入单位做好设计方案审查。

(2)介入单位在过程中做好隧道内信号机安装限界及显示距离介入检查，发现问题及时向建设单位和施工单位通报并督促研究整改方案。

四、实施效果

隧道内信号机安装如图 3-15-3 所示。

图 3-15-3　隧道内信号机安装

第十六节　隧道辅助通道口信号电缆敷设与电缆槽及过轨管设置的接口工程

一、现场情况

信号中继站设于隧道横洞、斜井外部时，横洞、斜井处线路两侧未设置信号电缆过轨管，横洞、斜井内未设置信号电缆槽，造成信号电缆无法过轨，在引出至信号中继站时光电缆悬挂和放置不规范，如图 3-16-1 所示。

图 3-16-1　斜井与正洞交叉口光电缆悬挂

二、原因分析

(一)设计方面

专业间接口设计协调不够，对隧道横洞或斜井处信号电缆槽、过轨管设置位置不明确。

(二)施工方面

施工单位对于隧道横洞或斜井处信号电缆槽、过轨管缺失的问题，在施工过程中未及时进行反馈。

(三)介入方面

介入单位对施工图审查不仔细，未发现辅助坑道信号设计问题；介入检查中未及时发现隧道内横洞或斜井处信号电缆槽、过轨管等隐蔽工程问题。

三、解决方案

(一)设计方面

(1)设计单位各专业要互提设计资料，信号专业向隧道专业提供横洞或斜井处的信号电缆槽、过轨管设置要求，明确隧道断面加宽里程范围，隧道专业严格按照信号专业提供的接口要求进行设计，如图 3-16-2 和图 3-16-3 所示。

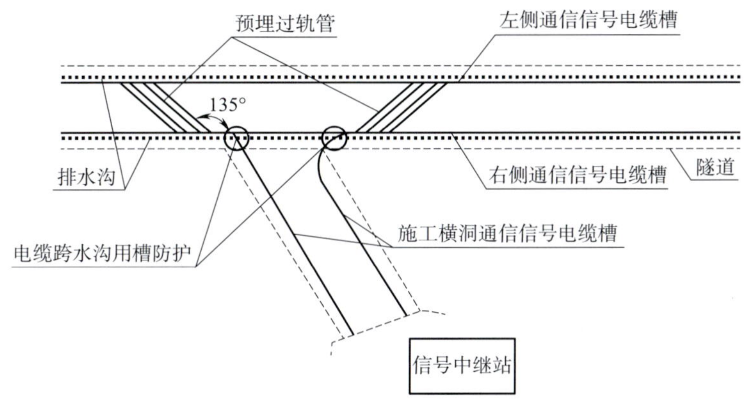

图 3-16-2 隧道横洞口处中继站电缆槽、过轨管相对位置示意

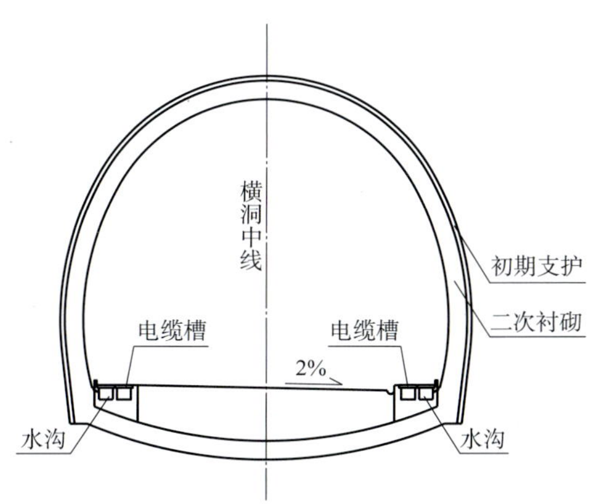

图 3-16-3 隧道横洞电缆槽横断面示意

(2)设计单位加强设计技术交底和现场巡查，明确隧道横洞或斜井处的信号电缆槽、过轨管设置要求。

(二)施工方面

(1)施工单位充分听取设计单位技术交底，进场后核对隧道内横洞或斜井处信号电缆槽、过轨管相关内容。

(2)施工单位加强隧道内横洞或斜井处信号电缆槽、过轨管的检查，若发现缺失、遗漏等问题，及时向建设、设计和介入单位报告，在未确定变更方案前，不得盲目施工。

(三)介入方面

(1)介入单位做好隧道内隐蔽工程设计方案审查。

(2)介入单位在过程中做好隧道内横洞或斜井处信号电缆槽、过轨管设置情况的介入检查，发现问题及时向建设单位和施工单位通报并督促研究整改方案。

四、实施效果

斜井与正洞交叉口新增过轨管、斜井新增电缆沟槽分别如图 3-16-4 和图 3-16-5 所示。

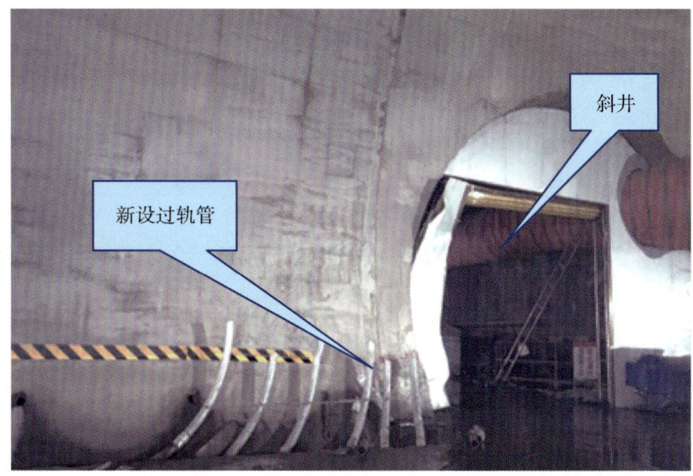

图 3-16-4　斜井与正洞交叉口新增过轨管

图 3-16-5　斜井新增电缆沟槽

第十七节 应答器安装与护轨设置接口工程

一、现场情况

应答器设备安装位置位于线路护轨范围内，造成动车组在该处产生车载 ATP 应答器组数据丢失报警，如图 3-17-1 所示。

图 3-17-1 隧道内护轨区域装设应答器示意

二、原因分析

(一)设计方面

信号、轨道、隧道专业的设计阶段不同步，设计阶段专业间未详细对接专业接口工程，未执行应答器安装 0.3 m 范围内不能有金属的规定，未考虑到护轨对车载设备接收应答器报文信息的影响。

(二)施工方面

施工单位未详细核对设计方案，未发现接口工程设计方案问题；施工中未将隧道内应答器安装于护轨范围的情况向建设、设计、介入单位反馈。

(三)介入方面

介入单位对施工图审查不仔细，未发现应答器设备装设于护轨范围内的接口问题；介入检查中未及时发现隧道内应答器设备装设于护轨范围内的问题。

三、解决方案

(一)设计方面

(1)设计单位各专业要互提设计资料，轨道专业向信号专业提供护轨设置情况(里程位置)，信号专业按照轨道专业提供的护轨资料进行应答器设置，避免应答器设置于护轨范围内。

(2)施工前设计单位对施工单位做好现场技术交底，配合施工阶段加强设计技术交底和现场巡查，明确应答器设置要求。应答器安装示意如图 3-17-2 所示。

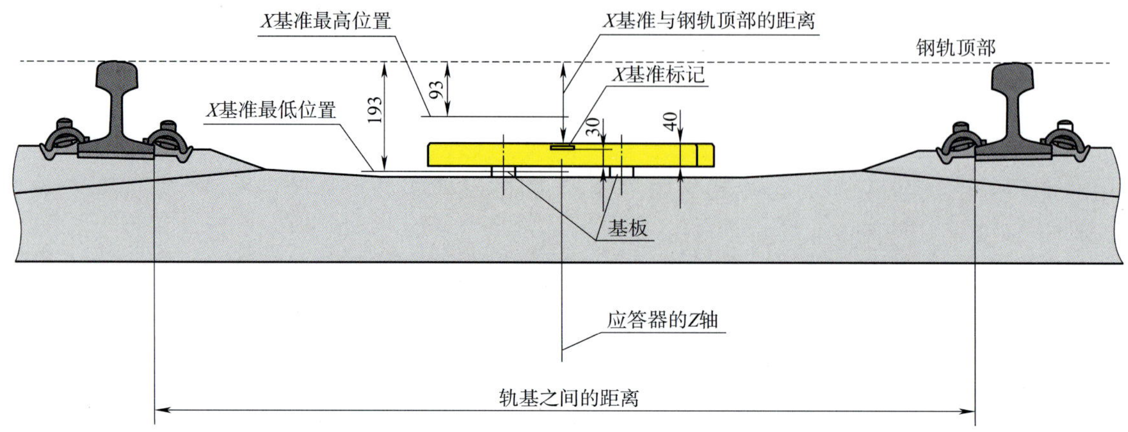

图 3-17-2　应答器安装示意(单位:mm)

(二)施工方面

(1)施工单位充分听取设计单位技术交底,对接相关单位确定施工工序和施工工艺,核对隧道内护轨范围内是否装设应答器设备。

(2)施工单位严格按照设计方案、工序及工艺组织施工。施工中发现问题时,立即向建设、设计和介入单位报告,在未确定变更方案前,不得盲目施工。

(三)介入方面

(1)介入单位做好设计方案审查,确认应答器设备是否装设在隧道内护轨范围内。

(2)介入单位在过程中做好介入检查,发现问题及时向建设单位和施工单位通报并督促研究整改方案。

四、实施效果

应答器安装示意如图 3-17-3 和图 3-17-4 所示。

图 3-17-3　隧道内应答器安装示意

图 3-17-4　有砟道床应答器安装示意

第四章

站　场

第一节　车站道岔转辙设备与邻线道岔转辙设备接口工程

一、现场情况

高速铁路车站多线并行地段岔区范围内转辙机安装时，紧邻布置的道岔群区域出现线路间道岔转辙机平台侵入相邻线路道岔转辙设备、轨枕或接触网支柱等情况，导致设备安装位置交叉干扰，如图 4-1-1 所示。

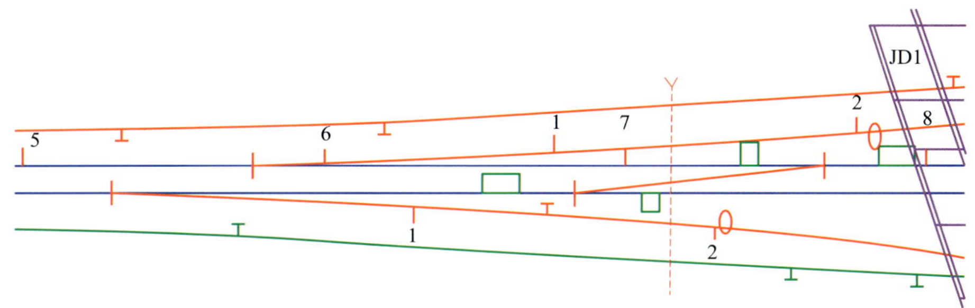

图 4-1-1　设备安装位置交叉干扰示意

二、原因分析

（一）设计方面

站场、信号、轨道、接触网专业间协调沟通不足，在设计中未充分考虑道岔转辙设备安装空间要求。

（二）施工方面

站后施工单位与站前施工单位沟通不紧密，施工前不充分进行条件调查，发现问题反馈建设、设计单位不及时。

（三）介入方面

设备管理单位对施工图设计图纸审查不细致，未发现接口工程设计方案问题；介入检查中未及时发现施工过程问题。

三、解决方案

（一）设计方面

（1）设计单位专业间加强沟通协调，站场专业在道岔布置时充分考虑转辙机的安装空间，并统筹线间各专业的设备设施布置，信号专业根据道岔转辙设备安装要求对站场图纸进行确认，接触网专业岔区支柱布置避免与道岔转辙设备安装位置冲突。转辙机安装空间要求如图 3-14-2 和图 3-14-3 所示。

（2）道岔转辙设备安装空间预留主要注意以下事项：

①对于单开可动心轨道岔，转辙设备可两侧安装，但尖轨各牵引点转辙设备必须安装在同一侧，心轨各牵引点转辙设备必须安装在同一侧。

②对于复式交分道岔，转辙设备可两侧安装，但菱形中轴各牵引点转辙设备必须安装在同

一侧，尖轨各牵引点转辙设备必须安装在同一侧。

③相邻线路同一地点存在道岔且转辙设备只能安装在两相邻线路间时，转辙设备空间应考虑相邻线路转辙设备的相互影响。

(二)施工方面

(1)施工单位充分听取设计单位技术交底，站后、站前施工单位对接施工工序和工艺标准，现场确认道岔安装平台是否满足现场安装需求。

(2)施工单位严格按照设计方案、工序及工艺组织施工。施工中发现问题时，立即向建设、设计和介入单位报告，在未确定变更方案前，不得盲目施工。

(三)介入方面

(1)介入单位做好站场、信号、接触网设计方案审查。

(2)介入单位在过程中做好介入检查，发现问题及时向建设单位和施工单位通报并督促研究整改方案。

图 4-1-2　转辙机曲股安装

四、实施效果

转辙机曲股安装如图 4-1-2 所示。

第二节　段所内设施与场区道路高程衔接接口工程

一、现场情况

站前场区道路土建高程不满足站后实施要求，段所内设施与场区道路高程衔接冲突，如图 4-2-1 和图4-2-2 所示。

图 4-2-1　站台斜坡与场区道路衔接不当

图 4-2-2　线间排水槽与场区道路衔接不当

二、原因分析

(一)设计方面

设计阶段设备专业未向站前专业提出室内外场坪、股道、道路高程关系要求；房建专业场区道路高程未结合站前路基横断面综合设计；场区道路高程根据使用单位需求进行了调整，但未通知站前专业同步变更设计。

(二)施工方面

施工单位未详细核对设计方案，未发现接口工程设计方案问题；站后施工单位进场较晚，与站前施工单位缺乏沟通。

(三)介入方面

介入单位对施工图审查不仔细，未发现接口工程设计方案问题；介入单位对段所内设施布局提出调整意见后，未协调场区道路高程进行同步调整。

三、解决方案

(一)设计方面

(1)设计单位做好现场调查，上下游专业协调一致，确保方案满足各专业要求，避免出现遗漏和错误。

(2)设备专业提供室内外场坪、股道、道路高程关系要求，站前专业牵头组织施工图审查；车辆专业提供动车段(所)总平面布置示意，明确场坪、股道、道路相对高程关系，如图 4-2-3 所示；房建专业场区道路设计高程应结合站前路基横断面统筹考虑，如图 4-2-4 所示。

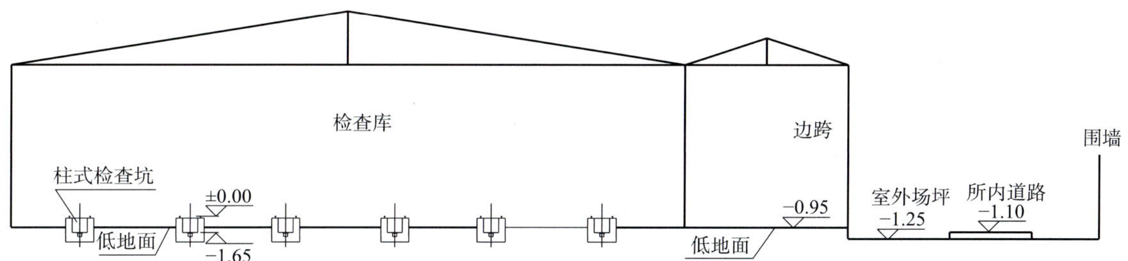

图 4-2-3 动车所检查库区场坪、股道及道路相对高程关系示意(单位：m)

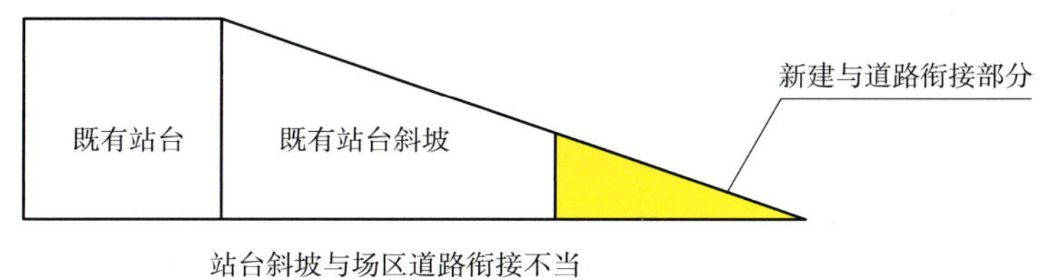

图 4-2-4 段所内设施与场区道路衔接示意

(二)施工方面

(1)施工单位根据设计方案组织联合踏勘，对接确定施工工序和施工工艺。

(2)站前、站后施工单位严格按照设计方案、工序及工艺组织施工，做好场坪移交记录。

(3)施工方案发生调整或变化时，施工单位及时与建设、设计、设备管理单位对接。

(三)介入方面

(1)介入单位做好施工图审查，确定场区房屋、道路布置方案。

(2)介入过程中各专业间做好相互对接，发现问题及时向建设单位和施工单位通报并督促研究整改方案。

四、实施效果

段所内设施与场区道路衔接如图 4-2-5 所示。

图 4-2-5 段所内设施与场区道路衔接

第三节 车站场坪与市政配套接口工程

一、现场情况

车站场坪与市政配套接口高程不一致或位置不一致，如图 4-3-1 和图 4-3-2 所示。

图 4-3-1 车站场坪大门与市政道路连接处不等高

图 4-3-2 道路开口位置不具备使用条件

二、原因分析

(一)设计方面

车站场坪设计单位与市政配套道路设计单位未详细对接专业接口工程,导致设计方案不匹配。

(二)施工方面

现场情况发生变化时,施工单位未能及时通知建设单位和设计单位进行处理。

(三)介入方面

介入单位对施工图审查不仔细,对房屋设施布局施工图提出修改意见后,场坪高程、道路接入位置未同步提出修改意见。

三、解决方案

(一)设计方面

(1)设计阶段站后专业与路外设计单位做好沟通协调,统筹开展车站与市政配套设计。

(2)过程中如需要变更设计方案,设计单位及时做好对接,并同步进行变更设计。

(3)当外部条件发生变化时,设计单位积极配合建设单位进行变更设计处理,结合场区房屋布置、市政道路接入位置、用地条件及工程地质条件进行技术经济比选,确保项目顺利推进。

示例:工点原设计通场道路因市政部门不同意站房侧开口位置,优化设计后调整至远端进站道路上开口接入,如图 4-3-3 和图 4-3-4 所示。

(二)施工方面

(1)施工单位根据设计方案,组织联合现场踏勘,充分听取设计单位技术交底,对接相关单位确定施工工序和施工工艺。

(2)站前、站后施工单位严格按照设计方案、工序及工艺组织施工,做好场坪移交记录;后续施工遇调整变化时,及时联系建设单位和设计单位进行处理。

(三)介入方面

(1)介入单位做好设计方案审查,组织相关使用单位对房屋平面布置图进行审查,尽早提出审查意见,稳定场坪位置、高程及大门开口位置。

(2)介入单位在过程中做好介入检查,发现问题及时向建设单位和施工单位通报并督促研究整改方案。

四、实施效果

车站场坪与市政配套接口工程如图 4-3-5 所示。

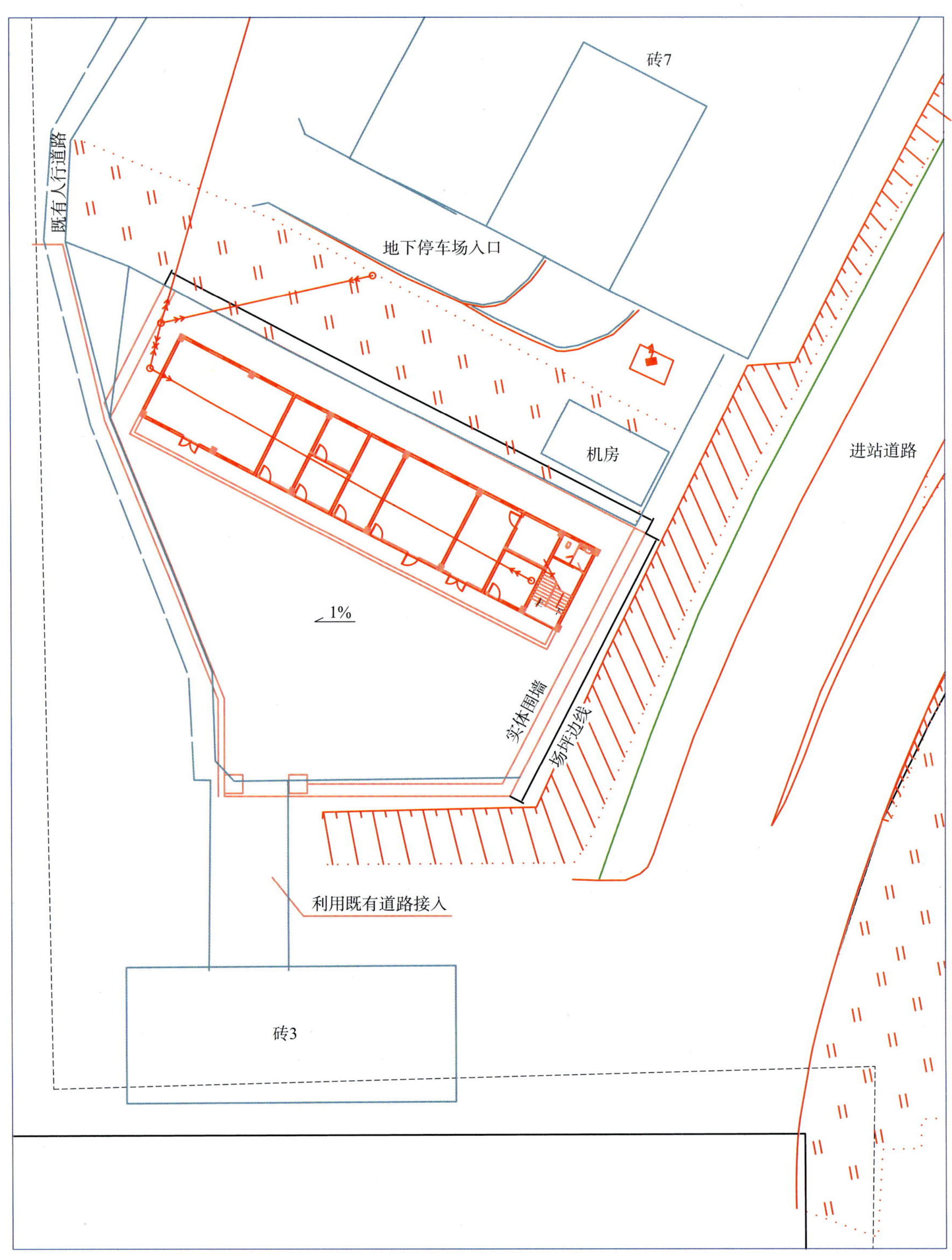

图 4-3-3　通场道路原设计方案

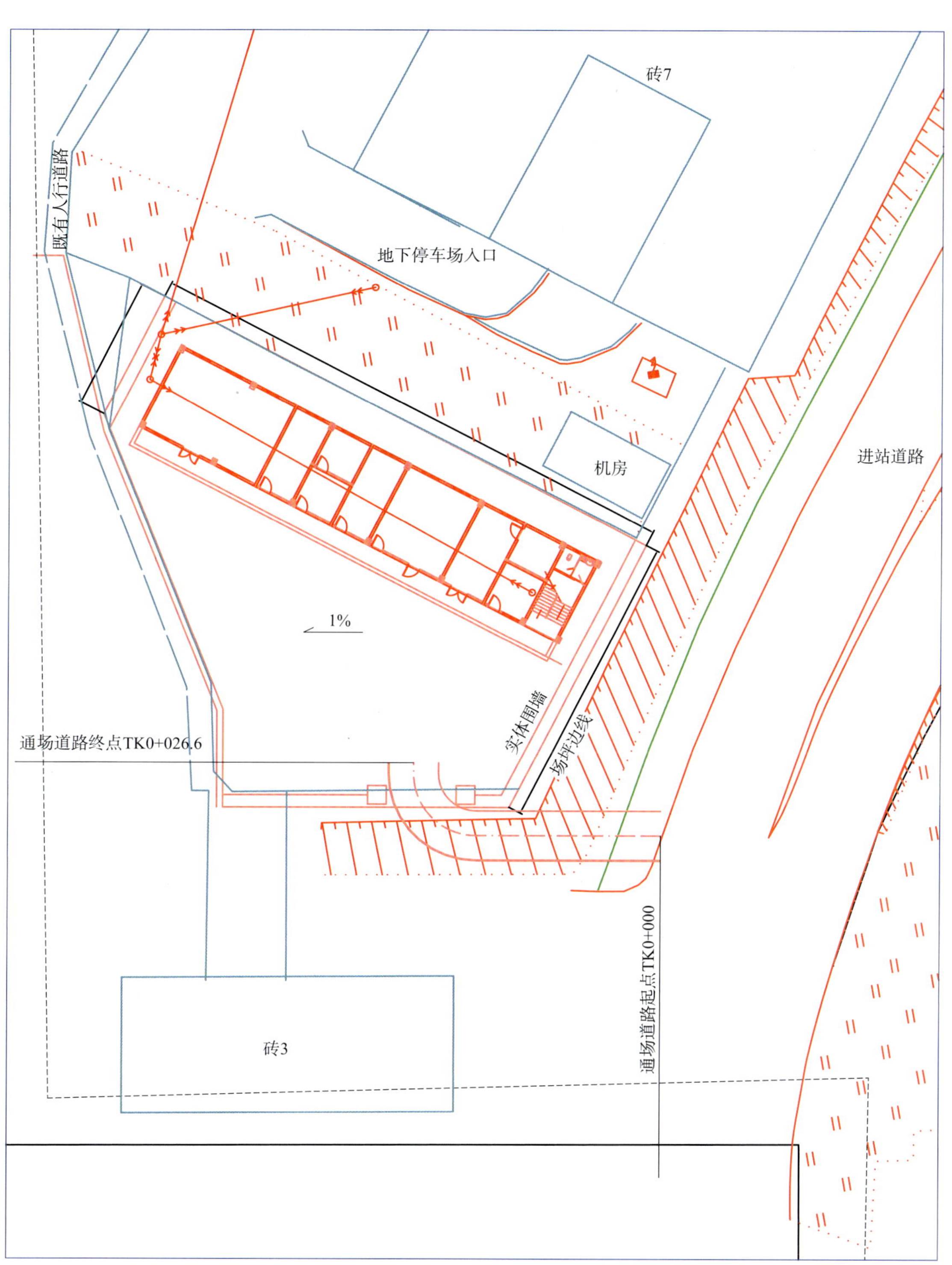

图 4-3-4 通场道路优化设计方案

图 4-3-5　车站场坪与市政配套接口工程

第四节　车站房屋场坪与周边环境接口工程

一、现场情况

车站房屋场坪未结合地形、地质等周边环境情况进行选址，造成拆迁工作量增加、与在建(构)筑物冲突、不满足运营要求等问题。

示例：因站房同侧工程条件受限，公安派出所、单身宿舍场坪选址于站房对侧，不满足运营使用要求，如图 4-4-1 所示。

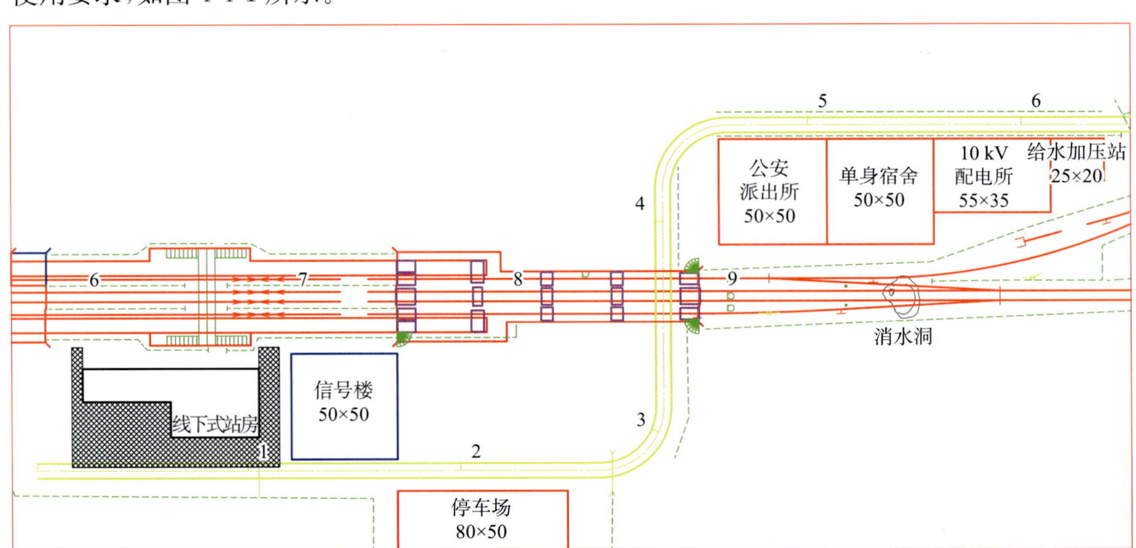

图 4-4-1　公安派出所、单身宿舍设于站房对侧(单位：m)

二、原因分析

(一)设计方面

设计阶段考虑不充分或勘测精度不够,导致场坪选址方案不满足运营要求。

(二)施工方面

施工单位未详细核对设计方案,未能发现场坪选址问题。

(三)介入方面

介入单位对施工图审查不仔细,未开展现场巡查踏勘,未能发现场坪选址问题。

三、解决方案

(一)设计方面

(1)设计单位各专业联合在统一坐标系上初步选址,结合项目初测、定测组织现场踏勘,综合运营需求、拆迁工作量等因素最终确定选址位置。

(2)公安派出所、车站综合楼等房屋场坪,应充分考虑职工应急和出行因素,优先在站房同侧选址。

示例:根据中国铁路成都局集团有限公司审查意见,将单身宿舍与信号楼合设为车站综合楼,压缩公安派出所场坪面积,最终将车站综合楼和公安派出所在站房同侧设置,如图 4-4-2 所示。

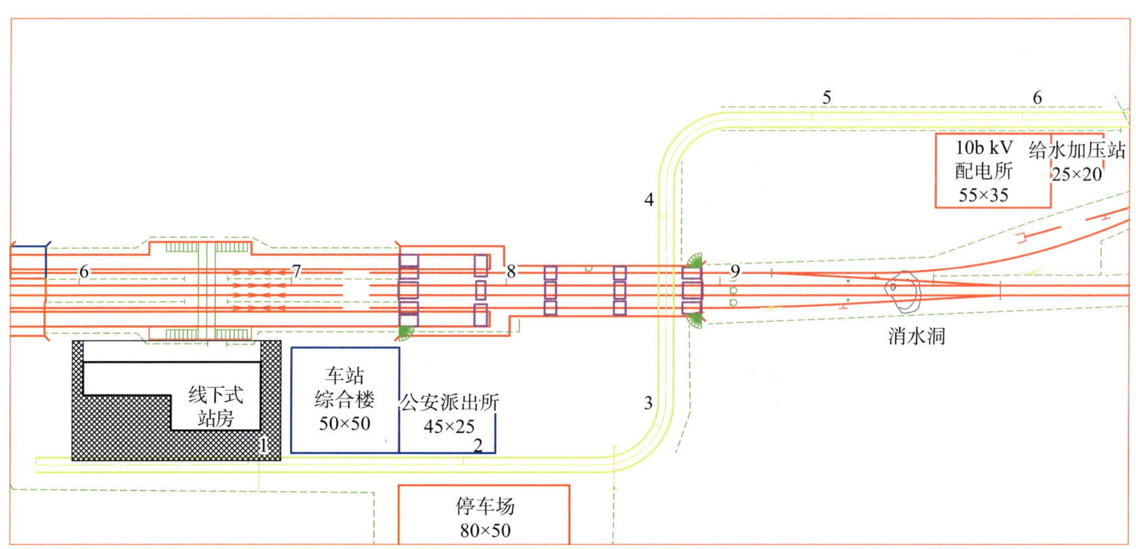

图 4-4-2 公安派出所、单身宿舍设于站房同侧(单位:m)

(二)施工方面

(1)施工单位根据设计方案,组织联合现场踏勘,确定施工工序和施工工艺。

(2)施工单位严格按照设计方案、工序及工艺组织施工,当工程实际条件发生变化或与设计资料不符时,立即向建设、设计和介入单位报告,不得盲目施工。

(三)介入方面

(1)介入单位做好施工图审查,对房屋修建位置、是否合建等方面进行研究,找到最优方案。

(2)介入单位在过程中做好介入检查,发现问题及时向建设单位和施工单位通报并督促研究整改方案。

四、实施效果

公安派出所、单身宿舍设于站房同侧如图 4-4-3 所示。

图 4-4-3　公安派出所、单身宿舍设于站房同侧

第五节　车站房屋布置接口工程

一、现场情况

围墙紧邻场坪边缘设置,场坪边缘土层未夯实到位,易发生土层沉降造成围墙开裂;场坪面积或长度尺寸不足,影响房屋使用功能,如图 4-5-1～图 4-5-3 所示。

图 4-5-1 围墙外侧安装宽度不足

图 4-5-2 围墙外扩以满足场坪使用需求

图 4-5-3 排水沟侵占场坪空间

二、原因分析

(一)设计方面

设计阶段未充分考虑场坪围墙基础、边坡防护、排水设施等所需用地,导致场坪尺寸不满足房屋布置要求。

(二)施工方面

施工单位进场定位放线时,未对照施工图,统一对围墙、水沟等建(构)筑物放线定位;受外部原因导致场坪受限时,施工单位未按用地方案开展征地,未及时反馈建设、设计单位调整和优化方案。

(三)介入方面

介入单位对施工图审查不仔细,未发现接口工程设计方案问题;介入检查时未对房屋布置问题提出调整意见。

三、解决方案

(一)设计方面

(1)场坪尺寸根据围墙位置,在外侧预留宽度 1～3 m 的散水、水沟等,高路堤地段还应适当加宽,避免围墙垮塌,如图 4-5-4 所示。

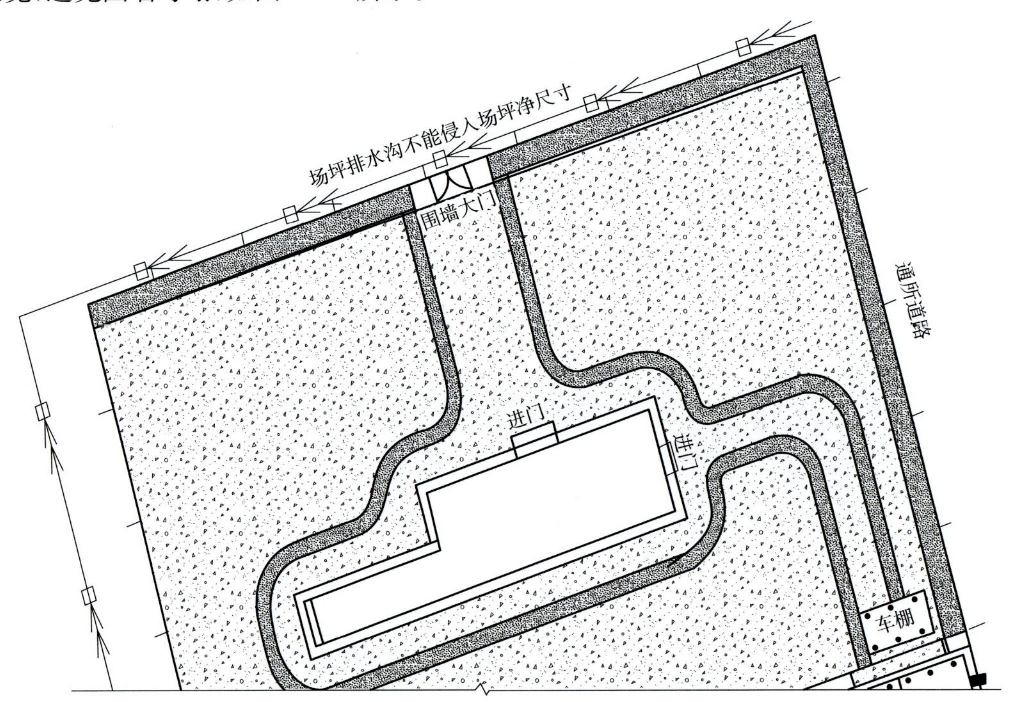

图 4-5-4 场坪布置示意

(2)重视场坪端部路基横断面设计(图 4-5-5),避免边坡防护遗漏造成用地不足;场坪外缘根据工程情况设置排水沟或侧沟,接入车站排水系统,确保排水通畅;施工图明确用地界、场坪边界、围墙、排水沟、边坡防护等方面的位置关系,各专业联合确认,避免遗漏用地。

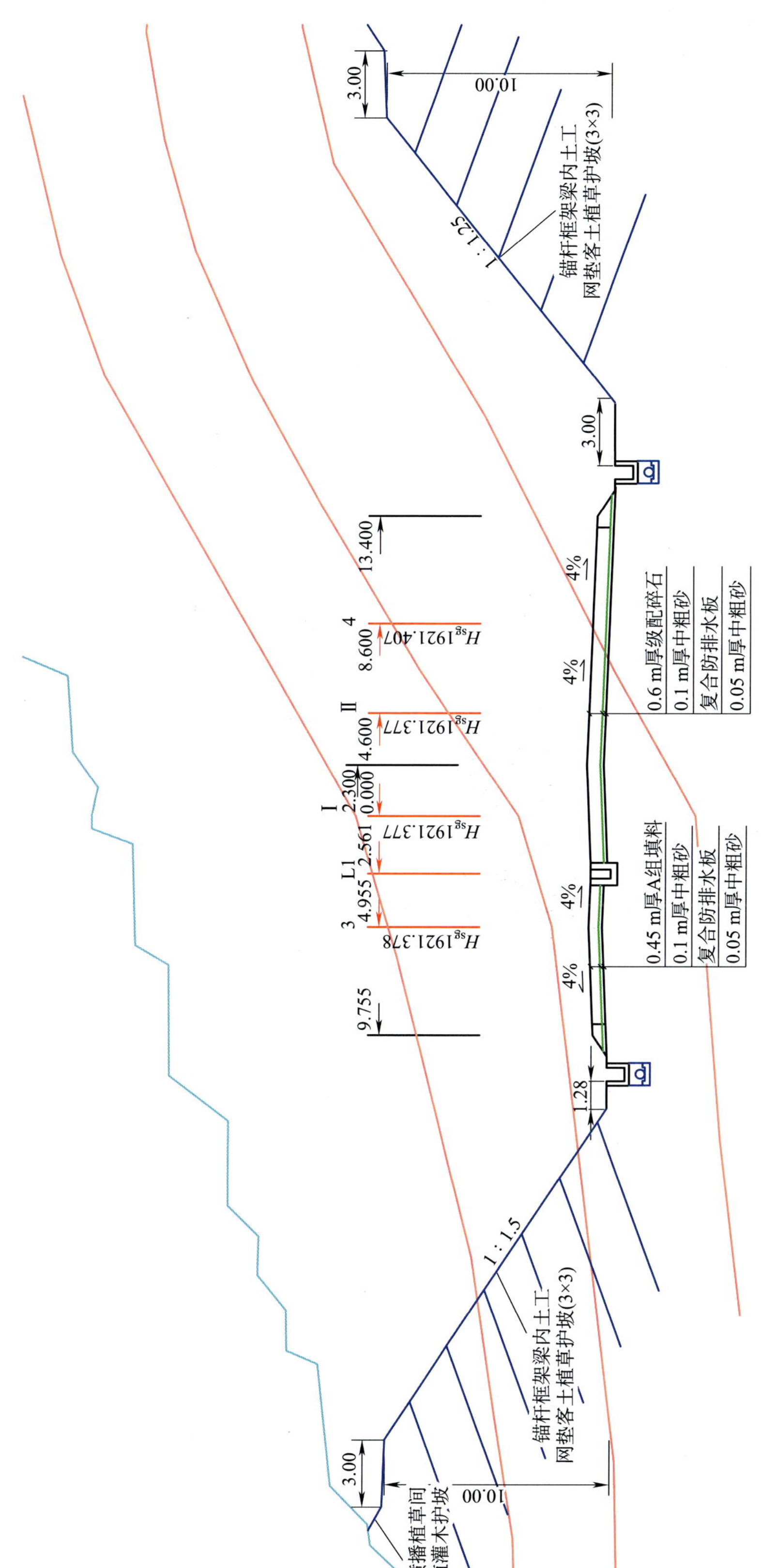

H_{sg}—路基面设计高程。

图 4-5-5 场坪端部路基横断面示意(单位:m)

(二)施工方面

(1)施工单位做好施工图核对,确认是否存在设计与现场不符的情况。

(2)施工单位施工中注意场坪尺寸与围墙尺寸的关系,严格按图施工;注意围墙周边设施对围墙位置的影响,避免因围墙位置变动导致场坪面积减少。

(3)施工单位加强现场巡查,现场实际情况与设计资料不符合时或地方等外部原因造成已征用地不足时,立即向建设、设计和介入单位报告,在未确定变更方案前,不得盲目施工。

(三)介入方面

(1)介入单位做好施工图审查。

(2)介入单位做好介入检查,发现问题及时向建设单位和施工单位通报并督促研究整改方案。

四、实施效果

区间分区所、区间 AT 所和中继站如图 4-5-6 和图 4-5-7 所示。

图 4-5-6　区间分区所

图 4-5-7　区间 AT 所、中继站

第六节　轨道与信号道岔开向、绝缘位置接口工程

一、现场情况

轨道专业与信号专业道岔开向及内部绝缘、外部绝缘位置不一致(图 4-6-1),导致 LKJ 基础数据、轨道电路极性交叉错误等问题。

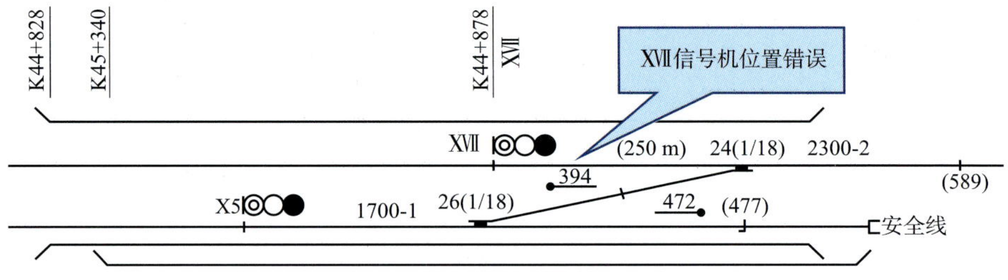

图 4-6-1　XVII信号机位置错误

二、原因分析

(一)设计方面

技术交底资料不充足,站场专业平面布置变更设计后未及时通知信号专业。

(二)施工方面

站前铺架单位与信号施工单位间协调不到位。

(三)介入方面

介入单位对施工图审查不仔细,未发现接口工程设计方案问题;介入检查中未及时发现施工过程问题。

三、解决方案

(一)设计方面

(1)设计单位各专业要互提设计资料,站场专业协调信号、轨道专业互通道岔技术条件。作为技术交底文件及甲供物资技术规格书附件,道岔技术条件明确道岔开口方向、钢轨材质、接头形式、绝缘设置位置等。XⅦ信号机位置修正示意如图4-6-2所示。

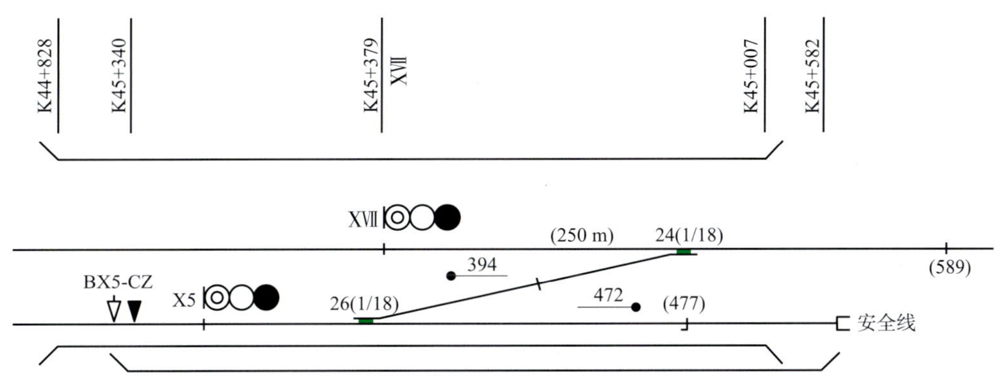

图4-6-2 XⅦ信号机位置修正示意

(2)站场专业平面布置变更设计后,及时通知相关专业进行处理。

(二)施工方面

(1)施工单位充分听取设计单位技术交底,对接相关单位确定施工工序和施工工艺。

(2)施工单位严格按照设计方案、工序及工艺组织施工,信号施工单位按照设计图纸向铺架单位提供准确的绝缘位置。施工中发现问题时,施工单位立即向建设、设计和介入单位报告,在未确定变更方案前,不得盲目施工。

(三)介入方面

(1)介入单位(电务)结合铺轨施工图对信号平面布置图做好审查。

(2)介入单位在过程中做好介入检查,发现问题及时向建设单位和施工单位通报并督促研究整改方案。

四、实施效果

XⅦ信号机位置修正如图 4-6-3 所示。

图 4-6-3　XⅦ信号机位置修正

第七节　站后设备与作业通道接口工程

一、现场情况

(1)信号机及轨道电路箱盒与平交道口位置冲突,如图 4-7-1 所示。

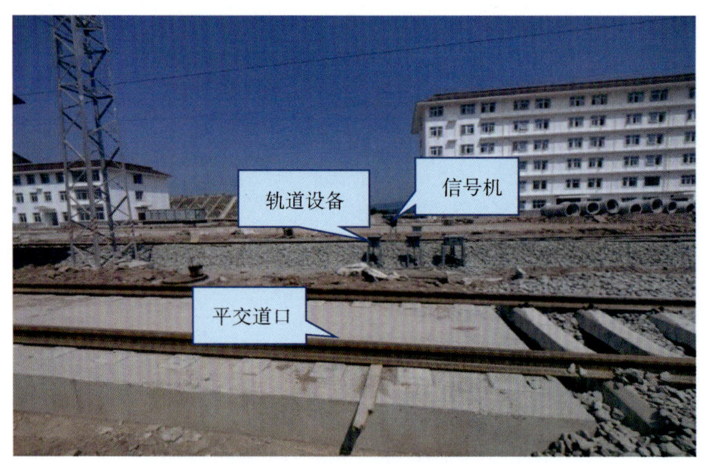

图 4-7-1　信号机及轨道电路盒位于平交道口

(2)钢轨绝缘接头位于平交道口内(图 4-7-2),影响轨端接续线维护,不满足规范要求。

图 4-7-2 钢轨绝缘接头位于平交道口

二、原因分析

(一)设计方面

专业间沟通协调不到位,站后专业未结合站场平面布置图考虑作业通道、平交道口的使用功能,造成设备安装位置错误。

(二)施工方面

施工单位未详细核对设计方案,未发现接口工程设计方案问题;施工单位未详细对接施工工序或施工工艺不满足设计要求。

(三)介入方面

介入单位对施工图审查不仔细,未发现接口工程设计方案问题;介入过程中根据使用需求,增设登车梯、动车组停车位置标、卸污管道、消防栓等设施设备,造成位置冲突。

三、解决方案

(一)设计方面

(1)设计单位站场专业、信号专业统筹各专业设备设施布置,根据线间设备安装需求确定股道间距。

(2)施工前设计单位对施工单位做好现场技术交底。

(3)施工中设计单位加强现场巡查和沟通,发现问题及时组织研究和变更设计。

(二)施工方面

(1)施工单位充分听取设计单位技术交底,对接相关单位确定施工工序和施工工艺。

(2)站后单位施工前核对设备安装位置,仔细复查限界,发现对通道作业存在影响时及时反馈。

(3)施工单位严格按照设计方案、工序及工艺组织施工,施工中发现设备安装位置不足问题时,立即向建设、设计和介入单位报告,在未确定变更方案前,不得盲目施工。

(三)介入方面

(1)介入单位做好设计方案审查,统筹使用单位意见并提出增补设备要求。

(2)介入单位在过程中做好介入检查,发现问题及时向建设单位和施工单位通报并督促研究整改方案。

四、实施效果

信号设备、绝缘等与作业通道位置关系如图 4-7-3 所示。

图 4-7-3　信号设备、绝缘等与作业通道位置关系

第八节　高柱信号机与接触网回流线接口工程

一、现场情况

高柱信号机与接触网回流线间距过近，导致高柱信号机安全限界不足，如图 4-8-1 所示。

图 4-8-1　高柱信号机与回流线距离不足

二、原因分析

（一）设计方面

接触网与信号专业未详细核对专业接口设计方案，且现场勘察、核对不同步。

（二）施工方面

接触网与信号施工单位未详细核对设计方案，未发现接口工程设计方案问题；施工单位未详细对接施工工序或施工工艺不满足设计要求。

（三）介入方面

介入单位对施工图审查不仔细，未发现接口工程设计方案问题；介入检查中未提前对高柱信号机位置进行巡查，未及时发现施工过程问题。

三、解决方案

（一）设计方面

（1）设计单位在高柱信号机设置区段做好细部设计，综合考虑局部地区设备安装位置是否受限。

（2）接触网和信号专业互提设计资料，在确定高柱信号机设置位置后，采用长肩架方案避开高柱信号机或在满足要求的情况下采用矮柱信号机。采用长肩架方案时，应校核回流线安装后与信号机的绝缘距离，从源头避免安全限界不足问题。回流线采用长肩架方案如图 4-8-2 所示。

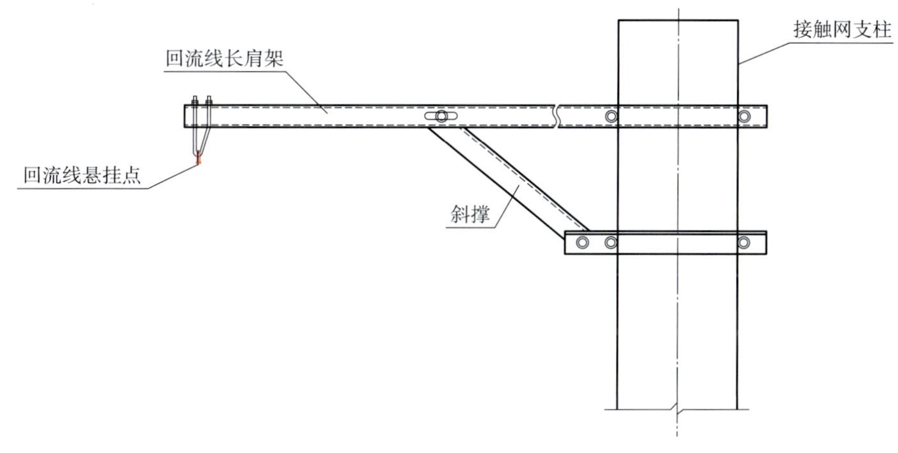

图 4-8-2　回流线采用长肩架方案

（二）施工方面

（1）施工单位充分听取设计单位技术交底，对接相关单位确定施工工序和施工工艺。

（2）施工单位严格按照设计方案、工序及工艺组织施工，施工中发现问题时，立即向建设、设计和介入单位报告，在未确定变更方案前，不得盲目施工。

（三）介入方面

（1）介入单位做好设计方案审查。

（2）介入单位在过程中做好介入检查，根据高柱信号机位置对照接触网图纸逐处检查，测量高柱信号机与带电体距离是否满足要求，发现问题及时向建设单位和施工单位通报并督促研究整改方案。

四、实施效果

高柱信号机与回流线保持安全距离如图 4-8-3 所示。

图 4-8-3　高柱信号机与回流线保持安全距离

第九节　岔区接触网支柱边缘与相邻线路位置接口工程

一、现场情况

车站咽喉区道岔岔前位置接触网基础施工时未考虑道岔导曲线范围内正线和侧线的线间距，导致接触网支柱边缘与相邻线路中心的距离不满足规范要求，如图 4-9-1 所示。

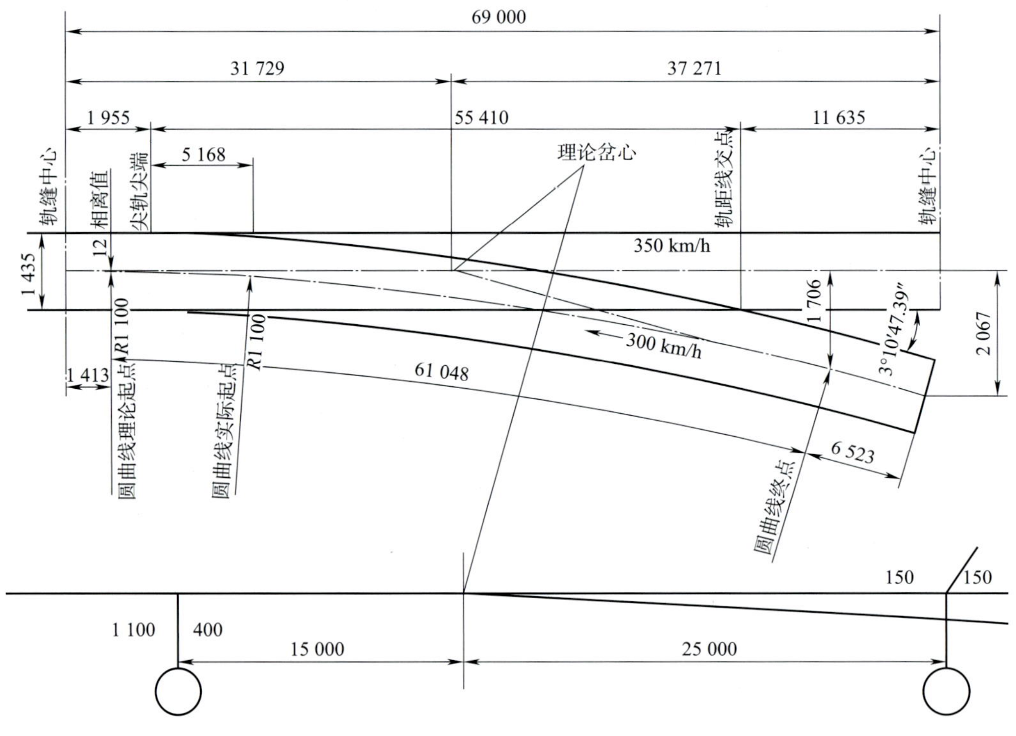

图 4-9-1　岔区接触网支柱与相邻股道位置关系（单位：mm）

二、原因分析

(一)设计方面

设计阶段专业间未详细对接专业接口工程,导致设计方案不匹配。

(二)施工方面

施工单位未认真核对接触网平面布置图中接触网道岔定位柱安设位置,施工平面布置图显示理论岔心岔前位置线间距不如岔后位置线间距明显,接触网道岔定位柱位于侧线侧时,施工仍以正线限界作为设计限界,导致限界小于设计值。

(三)介入方面

介入单位对施工图审查不仔细,未发现接口工程设计方案问题;介入检查中未及时发现施工过程问题。

三、解决方案

(一)设计方面

(1)站前专业在设计图中明确道岔型号、理论岔心坐标位置。

(2)接触网专业在设计图中明确道岔定位柱支柱基础与道岔理论岔心的相对距离及股道间支柱的侧面限界要求,如图 4-9-2 所示。

(3)施工前设计单位对施工单位做好现场技术交底。

(二)施工方面

(1)施工单位根据设计方案,组织联合现场踏勘,充分听取设计单位技术交底,对接相关单位确定施工工序和施工工艺。

(2)施工单位严格按照设计方案、工序及工艺组织施工,施工中发现问题时,立即向建设、设计和介入单位报告,在未确定变更方案前,不得盲目施工。

(三)介入方面

(1)介入单位做好设计方案审查,工务和供电部门做好现场踏勘,核对道岔型号、理论岔心位置是否与施工图一致,做好基础定位和编号标记。

(2)介入单位联合施工单位开展首件定标,确认接触网道岔定位柱基础测量限界、水平距离是否满足设计要求。

(3)介入单位在过程中做好介入检查,发现问题及时向建设单位和施工单位通报并督促研究整改方案。

四、实施方案

隧外道岔柱位如图 4-9-3 所示。

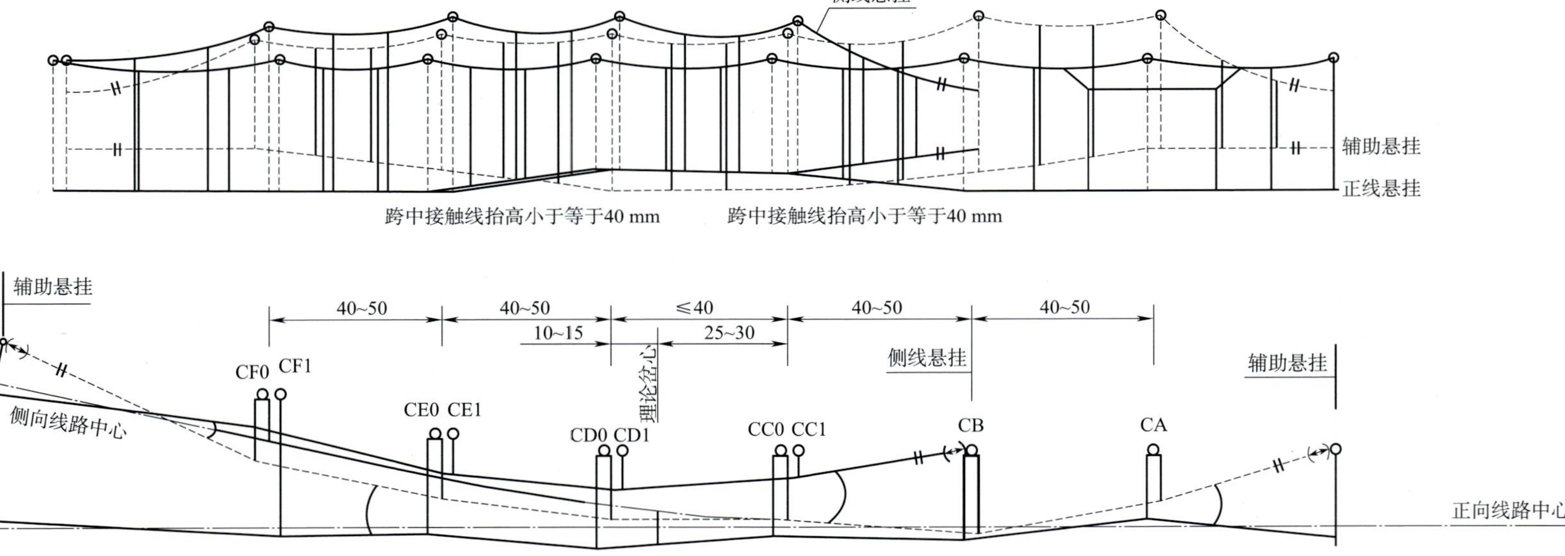

图 4-9-2　隧外道岔柱位于侧线侧安装（单位：m）

注：1.本图用于隧道外42号道岔定位，支柱位于侧线侧腕臂安装。
2.本图所参考的道岔参数为：
道岔角度：1°21′50″；
岔后曲线半径：5 000 m；
前缓和曲线长：0；
后缓和曲线长：78 m。
3.理论岔心前后腕臂跨距不宜大于40 m，其余腕臂之间跨距不宜大于50 m，定位柱CD0、CD1设于道岔导曲线两外轨间距500~600 mm处。工程设计单位在选用前应仔细核对工程所采用的道岔具体参数，结合具体的道岔型号确定道岔定位柱位置、拉出值等。

图 4-9-3 隧外道岔柱位

第十节 车站场坪端部与站场路基边坡防护接口工程

一、现场情况

车站场坪端部边坡与站场路基边坡衔接处理不当或未做防护措施，存在垮塌风险，如图 4-10-1 和图 4-10-2 所示。

图 4-10-1 围墙外边坡防护措施缺失

图 4-10-2 场坪端部边坡防护措施缺失

二、原因分析

(一)设计方面

设计阶段专业间未详细对接接口方案，遗漏垂直于线路方向的边坡防护，导致设计方案不匹配。

(二)施工方面

施工单位未严格按图施工;现场工程条件发生变化时,未及时反馈建设、设计单位调整和优化方案。

(三)介入方面

介入单位对施工图审查不仔细,未发现接口工程设计方案问题;介入检查中未重点检查站场边坡设计范围。

三、解决方案

(一)设计方面

(1)设计单位在施工图中明确场坪端部边坡防护措施、路基横断面等内容,确保场坪结构安全,如图 4-10-3 所示。

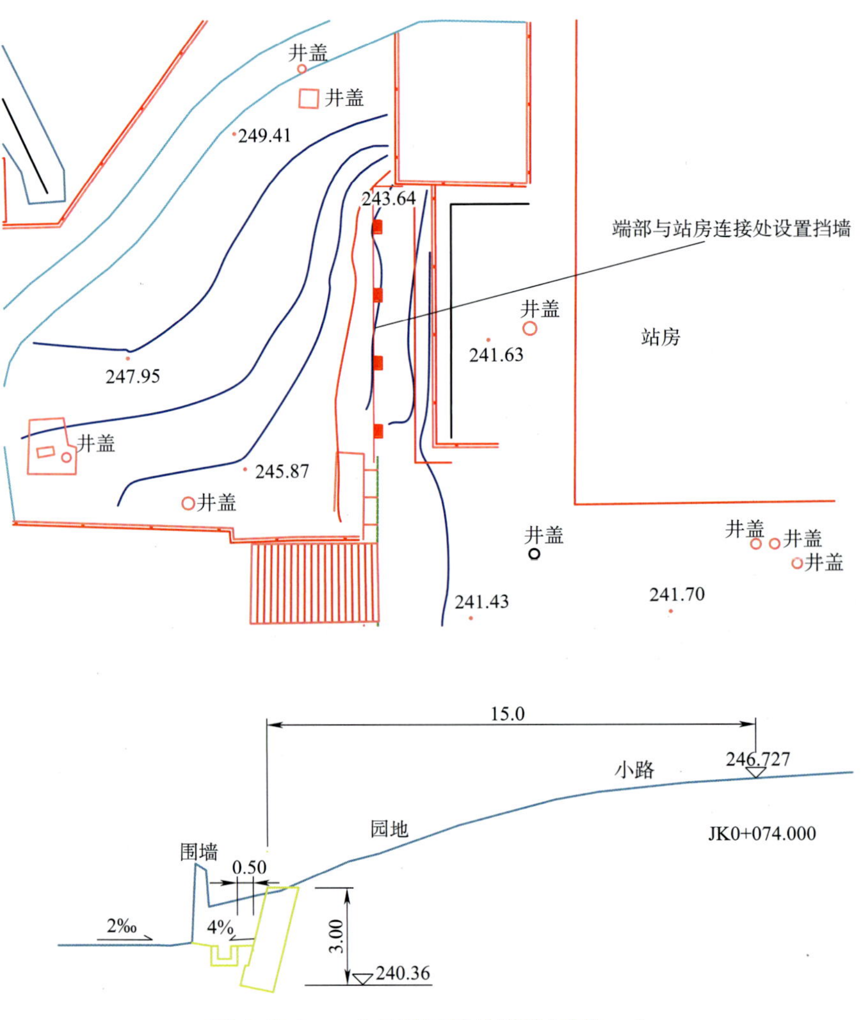

图 4-10-3　工点位置及挡护措施(单位:m)

(2)施工前设计单位对施工单位做好现场技术交底。

(3)施工中设计单位加强现场巡查和沟通,发现问题及时组织研究和变更设计。

(二)施工方面

(1)施工单位根据设计方案,组织联合现场踏勘,充分听取设计单位技术交底,对接相关单位确定施工工序和施工工艺。

(2)施工单位严格按照设计方案、工序及工艺组织施工,当实际工程条件与设计不符时,立即向建设、设计和介入单位报告,在未确定变更方案前,不得盲目施工。

(三)介入方面

(1)介入单位做好设计方案审查,必要时组织现场核实,确保图纸和实物的一致性。

(2)介入单位做好介入检查,发现问题及时向建设单位和施工单位通报并督促研究整改方案。

四、实施效果

防护水沟衔接、场坪端部边坡防护衔接分别如图 4-10-4 和图 4-10-5 所示。

图 4-10-4　防护水沟衔接

图 4-10-5　场坪端部边坡防护衔接

第十一节　车站场坪与站场排水系统接口工程

一、现场情况

车站场坪排水系统不完善,造成电缆沟槽内积水、设备基础被浸泡等问题,存在架构倾覆、围墙坍塌、场坪不均匀沉降等安全隐患,如图 4-11-1～图 4-11-3 所示。

图 4-11-1　电缆沟槽积水

图 4-11-2　场坪沉降开裂

图 4-11-3　院外无排水沟

二、原因分析

(一)设计方面

场坪高程设计不合理,不满足场区电缆沟槽及下游排水要求;围墙外未设置排水沟接入站场排水系统。

(二)施工方面

施工单位未详细核对设计方案,未发现接口工程设计方案问题;施工单位未按图施工,场坪排水沟沟底未设置纵坡,排水径路不通畅。

(三)介入方面

介入单位对施工图审查不仔细,场坪选址未考虑设备安装检修坑排水设施高程;介入检查中未及时发现施工过程问题。

三、解决方案

(一)设计方面

(1)设计单位各专业要互提设计资料,做好接口设计配合。场坪外缘设排水沟或侧沟,并结合地形设有效的排水通道,围墙外场坪排水沟沟底高程应低于场坪内电缆沟沟底高程,如图 4-11-4 所示。

(2)场坪设计高程应高于洪水位和内涝水位,避开泄洪通道;牵引变电所、通信信号楼等"四电"用房场坪设计洪水频率或内涝水位标准采用 1/100,一般生产办公房屋及相关配套房屋等场坪设计洪水频率或内涝水位标准采用 1/50。

(二)施工方面

(1)施工单位根据设计方案,组织联合现场踏勘,充分听取设计单位技术交底,对接相关单位确定施工工序和施工工艺。

(2)施工单位严格按照设计方案、工序及工艺组织施工,确保场区电缆沟槽、电缆井与排水沟(槽)沟底高程顺畅衔接。

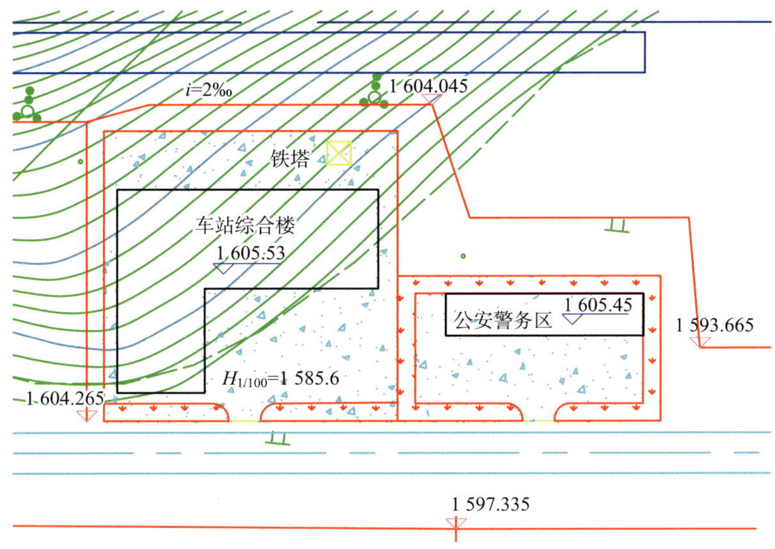

图 4-11-4　场区排水设计（单位：m）

（3）做好过程控制，当实际工程条件发生变化时，施工单位立即向建设、设计和介入单位报告，在未确定变更方案前，不得盲目施工。

（三）介入方面

（1）介入单位做好设计方案审查。

（2）介入单位在过程中现场核查排水设施分布和纵坡是否符合设计要求，检查场区排水是否通畅，发现问题及时向建设单位和施工单位通报并督促研究整改方案。

四、实施效果

场区排水如图 4-11-5 所示。

图 4-11-5　场区排水

第十二节　箱式变电站基础与站场排水接口工程

一、现场情况

箱式变电站基础下挖(深度 2 m),设备基础底部低于站场排水沟沟底,基础内部积水无法排出,造成设备基础和电缆被浸泡,加速电缆电线老化,存在触电和电气设备损毁隐患,如图 4-12-1 所示。

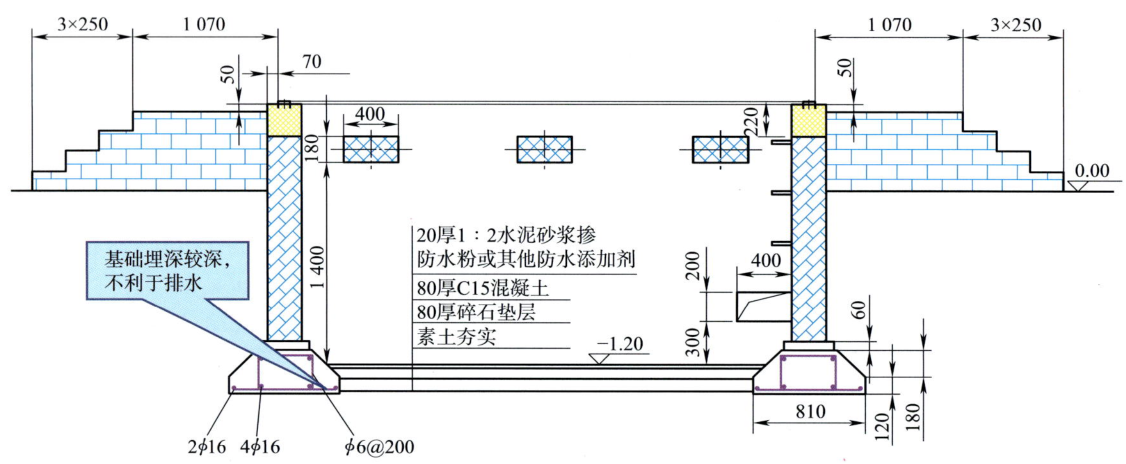

图 4-12-1　箱式变电站基础埋设过深(标高单位:m;其他单位:mm)

二、原因分析

(一)设计方面

设计阶段专业间未详细对接专业接口工程,场坪选址不合理;工程地质情况导致场坪条件受限时,未采取相应的处理措施。

(二)施工方面

施工单位未详细核对设计方案,未发现接口工程设计方案问题;施工单位未详细对接施工工序或施工工艺不满足设计要求。

(三)介入方面

介入单位对施工图审查不仔细,未发现接口工程设计方案问题;介入检查中未及时发现施工过程问题。

三、解决方案

(一)设计方面

(1)设计单位各专业要互提设计资料,箱式变电站场坪避免位于高填方、深挖方地段,平原地区场坪高于路基排水沟沟底 2 m 以上。

(2)当工程条件受限时,应采取以下措施处理:

①将箱式变电站和电抗器基础整体抬高,整体基础标高−0.2 m 满足排水要求,基础内部

总体净高不低于 5 m,内部增设排水管。

②检修平台加宽至 2 m 并增设安全防护,基础面、检修平台面刷环氧树脂地坪漆。

③基础四周新增 400 mm(深)×200 mm(宽)电缆沟,电缆沟盖板与地面齐平,在箱式变电站短边新增 4 个电缆进出通道。

(二)施工方面

(1)施工单位根据设计方案,组织联合现场踏勘,充分听取设计单位技术交底,对接相关单位确定施工工序和施工工艺。

(2)施工单位严格按照设计方案、工序及工艺组织施工,确认场坪位置、尺寸、高程及外部条件满足设计要求。施工中发现问题时,施工单位立即向建设、设计和介入单位报告,在未确定变更方案前,不得盲目施工。

(三)介入方面

(1)介入单位做好设计方案审查。

(2)介入单位在过程中做好介入检查,发现问题及时向建设单位和施工单位通报并督促研究整改方案。

四、实施效果

箱式变电站抬高处理如图 4-12-2 所示。

图 4-12-2　箱式变电站抬高处理

第十三节　接触网过水沟基础与线间过水沟接口工程

一、现场情况

站场范围接触网支柱采用过水沟基础时,线间过水沟与接触网基础未同步施工,接触网基础施工时破拆线间过水沟,影响过水沟整体性能,如图 4-13-1 所示。

二、原因分析

(一)设计方面

设计阶段专业间未详细对接专业接口工程,导致接触网基础与过水沟相互冲突。

图 4-13-1　接触网基础施工破拆线间过水沟

(二)施工方面

施工单位未详细核对设计方案,未发现接口工程设计方案问题;施工单位未详细对接施工工序或施工工艺不满足设计要求。

(三)介入方面

介入单位对施工图审查不仔细,未发现接口工程设计方案问题;介入检查中未及时发现施工过程问题。

三、解决方案

(一)设计方面

(1)站前、站后各专业设计在施工图中明确接触网基础与过水沟位置关系,如图 4-13-2 和图 4-13-3 所示。

(2)施工前设计单位对施工单位做好现场技术交底。

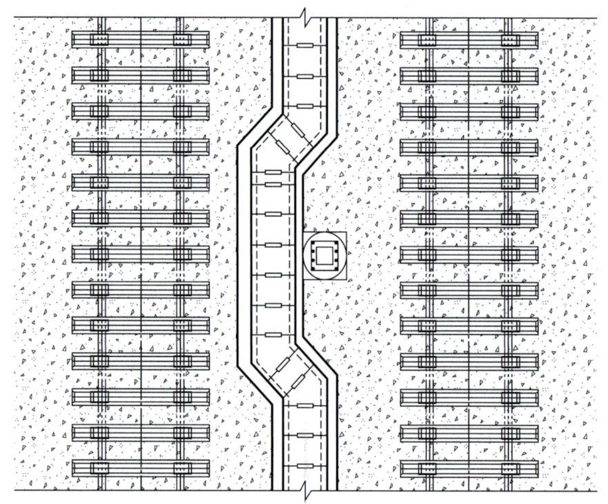

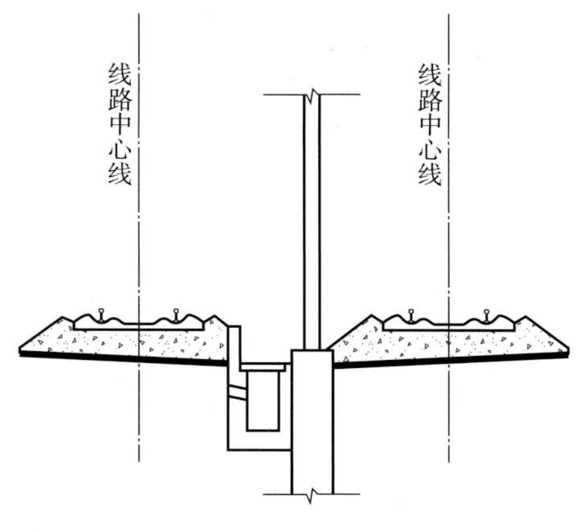

图 4-13-2　线间过水沟绕行接触网基础设计示意

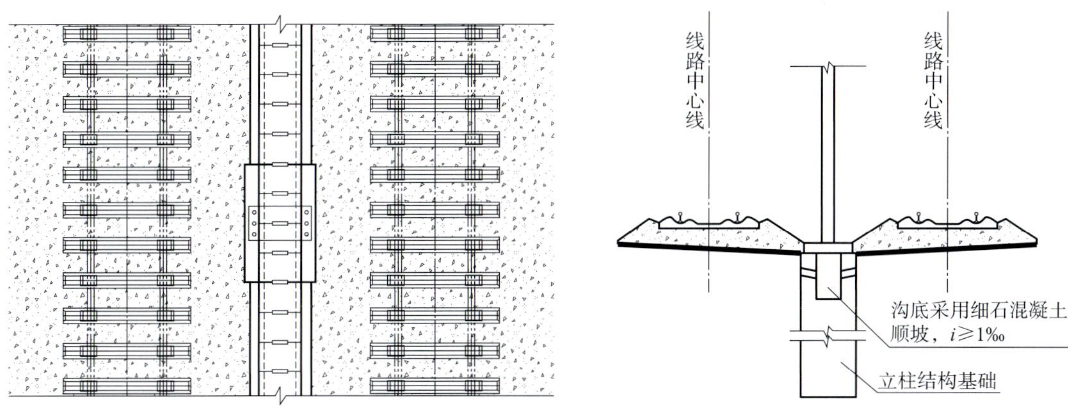

图 4-13-3　线间过水沟接触网基础设计示意

（二）施工方面

（1）施工单位根据设计方案，组织联合现场踏勘，充分听取设计单位技术交底，对接相关单位确定施工工序和施工工艺。

（2）施工单位向工务、供电部门提出首件定标申请，牵头组织建设、设计、监理和介入单位开展首件定标。

（3）施工单位联合工务、供电部门进行过水沟路径画线、接触网基础定位编号标记。

（三）介入方面

（1）介入单位做好设计方案审查。

（2）介入单位联合施工单位核对接触网基础、过水沟位置是否与施工图一致，并现场进行基础定位编号标记、过水沟路径画线等。

（3）介入单位联合施工单位开展首件定标，确认支柱基础侧面限界与过水沟位置距离是否满足设计要求。

（4）介入单位在过程中做好介入检查，发现问题及时向建设单位和施工单位通报并督促研究整改方案。

四、实施效果

线间过水沟绕行接触网基础、线间过水沟接触网基础分别如图 4-13-4 和图 4-13-5 所示。

图 4-13-4　线间过水沟绕行接触网基础

图 4-13-5　线间过水沟接触网基础

第十四节　电缆井与排水沟(槽)排水接口工程

一、现场情况

电缆井位置设置不合理或排水不畅，造成雨水内灌堆积，如图 4-14-1 所示。

图 4-14-1　电缆井排水不畅

二、原因分析

（一）设计方面

设计单位在设计阶段未考虑电缆井位置过低造成雨水内灌，未考虑电缆井排水细节造成排水不畅。

（二）施工方面

施工单位未详细核对设计方案，未发现接口工程设计方案问题；施工单位未详细对接施工工序或施工工艺不满足设计要求。

（三）介入方面

介入单位对施工图审查不仔细，未发现接口工程设计方案问题；介入检查中未及时发现施工过程问题。

三、解决方案

（一）设计方面

（1）施工图设计说明及技术交底文件中明确施工注意事项，合理选用电缆井类型。

（2）附近有排水沟槽并具备引排条件时（排水沟槽沟底高程低于电缆井井底高程 20 cm 以上），选用敞口电缆井，底部设置泄水孔。

（3）线间无引排条件时，选用半封闭电缆井，半封闭电缆井与电缆槽间通过预埋钢管连接，预埋管高出电缆槽底部 5 cm 以上，并做好封堵措施，防止管内进水。

（4）线间电缆井顶面高出路基面 5 cm 以上或与线间砟顶平齐，防止顶面进水，如图 4-14-2～图 4-14-4 所示。

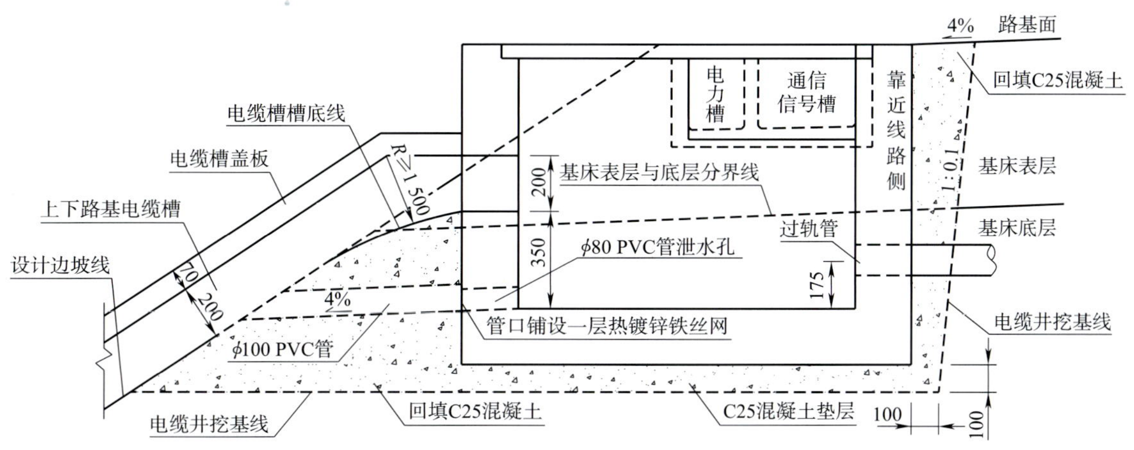

图 4-14-2 路堤地段路肩电缆井埋设示意(单位:mm)

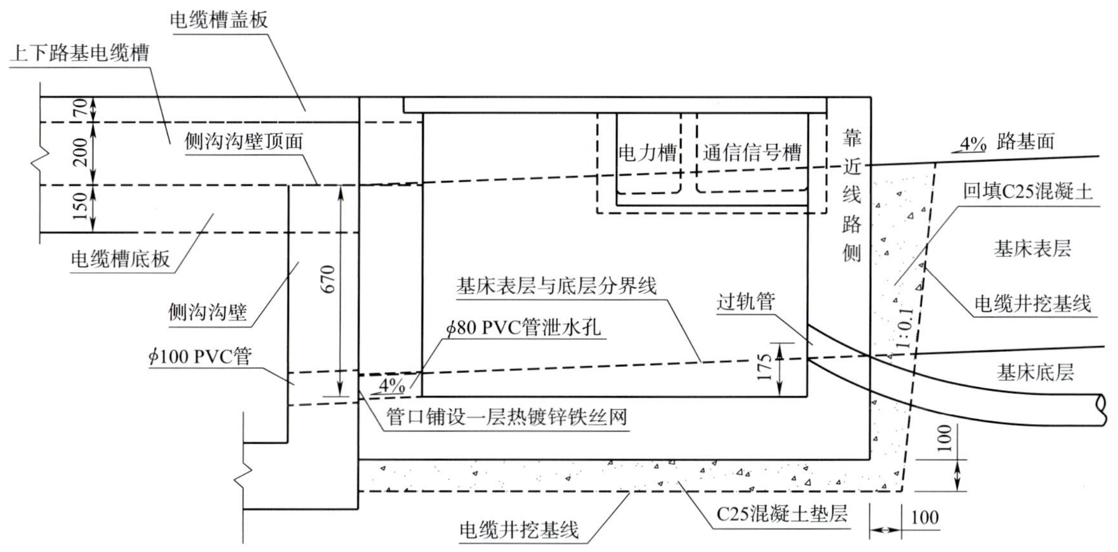

图 4-14-3 路堑地段路肩电缆井埋设示意(单位:mm)

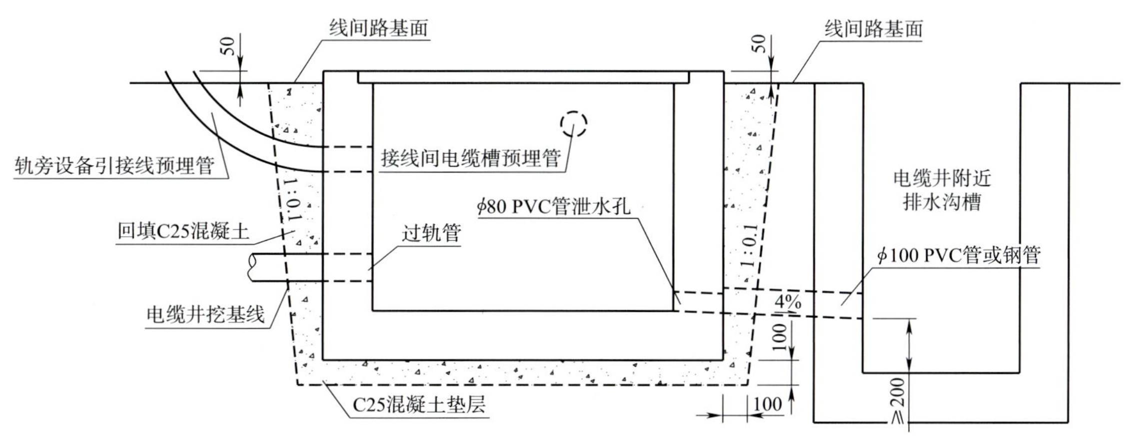

图 4-14-4 站内线间电缆井埋设示意(单位:mm)

(二)施工方面

(1)施工单位充分听取设计单位技术交底,对接相关单位确定施工工序和施工工艺。

(2)在附近有排水沟时,施工时要确保排水沟或者雨水不能倒灌进电缆井内。

(3)施工单位严格按照设计方案、工序及工艺组织施工,施工中发现问题时,立即向建设、设计和介入单位报告,在未确定变更方案前,不得盲目施工。

(三)介入方面

(1)介入单位做好设计方案审查,网外及机房院落的电缆井宜采用不锈钢顶盖进行防护,网内电缆井宜采用无缝水泥盖板进行防护。

(2)介入单位在过程中做好介入检查,发现问题及时向建设单位和施工单位通报并督促研究整改方案。

图 4-14-5　电缆井封闭处理

四、实施效果

电缆井封闭处理如图 4-14-5 所示。

第十五节　道岔区段电缆井与岔枕、转辙机接口工程

一、现场情况

有砟轨道路基段道岔区段股道设置的电缆井顶面过高,导致岔枕和转辙机托盘无法安装;电缆井与岔枕间距过小,影响线路维护,如图 4-15-1 所示。

图 4-15-1　道岔区段电缆井顶面与岔枕距离不足

二、原因分析

(一)设计方面

设计阶段专业间未详细对接专业接口工程,未统筹考虑站后各专业需求及构筑物间的位置关系,造成岔枕、转辙机托盘与电缆井位置冲突。

(二)施工方面

施工单位未详细核对设计方案,未发现接口工程设计方案问题;施工单位未详细对接施工工序,施工中未检查电缆井与其他构筑物位置关系,未及时与相关单位反馈问题。

(三)介入方面

介入单位对施工图审查不仔细,未发现接口工程设计方案问题;各专业需求未充分对接(工务专业要求电缆井与轨枕距离满足大型养路机械作业条件,电务专业要求道岔与主电缆距离尽可能小),介入检查中未及时发现施工过程问题。

三、解决方案

(一)设计方面

(1)设计单位各专业要互提设计资料,设计时统筹考虑站后专业需求,明确电缆井、轨枕、转辙机等构筑物间的位置关系,在施工技术交底时重点交底。

(2)综合管线布置图上标识各专业电缆槽(井)、过轨管的平面位置关系,信号专业明确转辙机、轨道电路箱盒等位置,避免与电缆井冲突。

(3)线间设置电缆井时,应考虑工务专业大型养路机械作业要求;线间设置砟顶式电缆井时,电缆井顶面宜与线间砟顶平齐,但不得高于轨枕底面高程。

(4)转辙机安装节点横断面示意如图 4-15-2 所示。

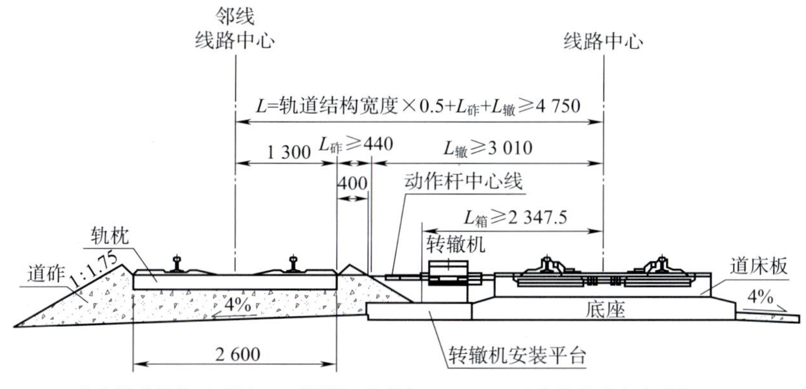

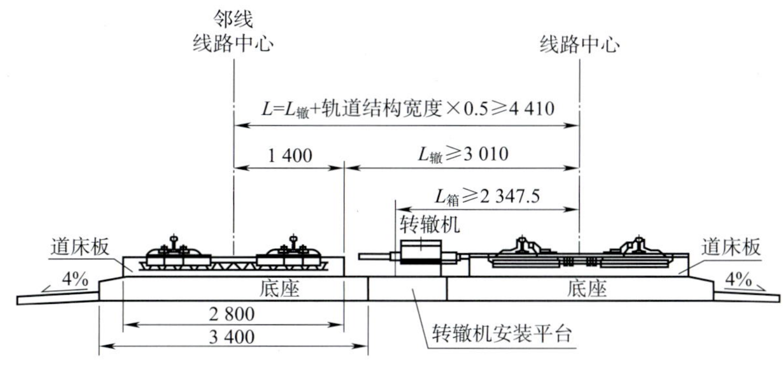

图 4-15-2 转辙机安装节点横断面示意(单位:mm)

(二)施工方面

(1)施工单位充分听取设计单位技术交底,对接相关单位确定施工工序和施工工艺。

(2)施工单位严格按照设计方案、工序及工艺组织施工,根据设计图纸对电缆井位置、类型和尺寸等进行确认,核查电缆井与轨枕、转辙机的位置关系,发现问题立即向建设、设计和介入单位报告,在未确定变更方案前,不得盲目施工。

(三)介入方面

(1)介入单位做好设计方案审查,现场核查电缆井、岔枕及转辙机的位置关系及尺寸。

(2)介入单位在过程中做好介入检查,发现问题及时向建设单位和施工单位通报并督促研究整改方案。

四、实施效果

道岔托盘、线间电缆井与轨枕位置,线间电缆井与轨枕位置分别如图 4-15-3 和图 4-15-4 所示。

图 4-15-3　道岔托盘、线间电缆井与轨枕位置

图 4-15-4　线间电缆井与轨枕位置

第十六节 路基与站台电缆沟(槽)接口工程

一、现场情况

车站站台外信号电缆沟靠线路侧，站台信号电缆沟靠房屋侧，导致电缆沟不畅通、强弱电交叉；站台电缆沟与路基电缆沟衔接处无防护措施，如图 4-16-1 所示。

图 4-16-1 路基电缆沟与站台电缆沟过渡处理不当

二、原因分析

(一)设计方面

站前与站后专业未详细对接专业接口工程，站后专业综合管网需求与站前专业交底不清。

(二)施工方面

施工单位未详细核对设计方案，未发现接口工程设计方案问题；站台电缆沟和线路、站场两侧电缆沟分属不同专业施工，土建专业施工时未严格按照接口要求组织施工。

(三)介入方面

介入单位对施工图审查不仔细，未发现接口工程设计方案问题；介入检查中未及时发现施工过程问题。

三、解决方案

(一)设计方面

(1)设计单位各专业要互提设计资料,统筹车站内综合管线布置,注意强弱电管沟交叉问题,重视站台电缆沟与路基电缆沟的过渡设计,如图 4-16-2 所示。

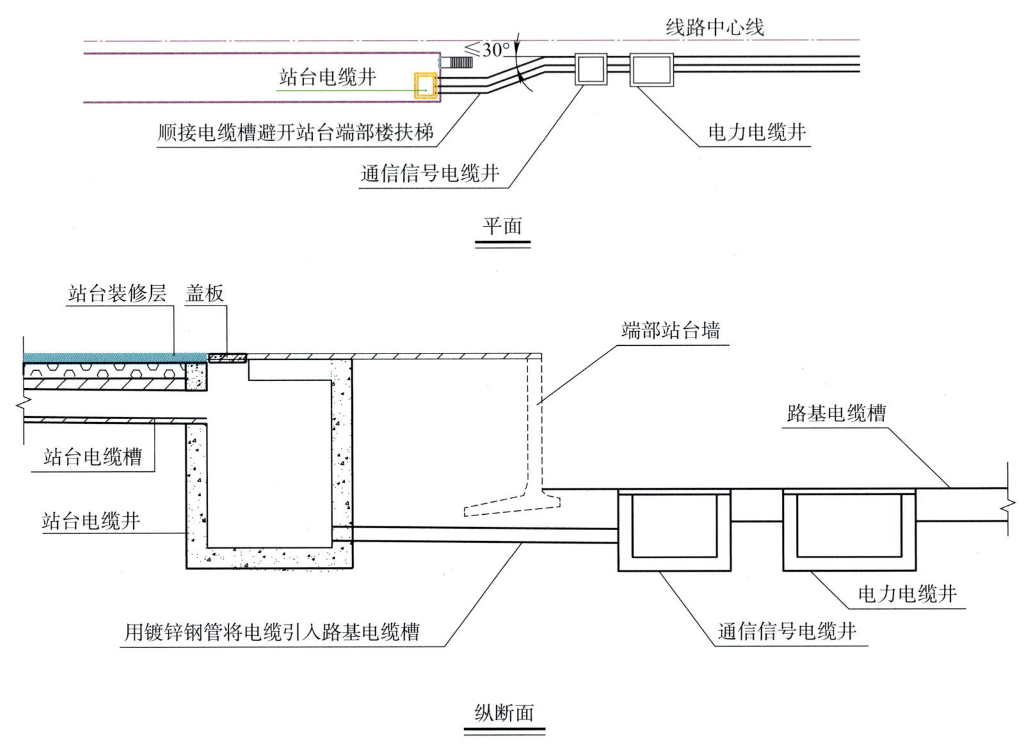

图 4-16-2　车站路基与站台电缆槽顺接过渡示意

(2)施工前设计单位对施工单位做好现场技术交底。

(3)施工中设计单位加强现场巡查和沟通,发现问题及时组织研究和变更设计。

(二)施工方面

(1)各专业施工单位联合参与施工图审查,重点关注接口施工方案。车站路基电缆沟与站台电缆沟衔接处分别设置电缆井,通过电缆井实现强、弱电分路,避免站台端部电缆裸露。

(2)施工单位严格按照设计方案、工序及工艺组织施工,施工中发现问题时,立即向建设、设计和介入单位报告,在未确定变更方案前,不得盲目施工。

(三)介入方面

(1)介入单位做好设计方案审查。

(2)介入单位在过程中做好介入检查,现场核查电缆通道走向及交叉位置关系,发现问题及时向建设单位和施工单位通报并督促研究整改方案。

四、实施效果

车站路基与站台采用电缆槽连接如图 4-16-3 所示。

图 4-16-3 车站路基与站台采用电缆槽连接

第十七节 引入电缆沟(槽)与设备用房接口工程

一、现场情况

(1)引入设备间的分支电缆沟转弯处按直角施工,不利于电缆引入,如图 4-17-1 所示。分支电缆沟与设备间衔接处存在高差,需增加斜面。

图 4-17-1 分支电缆引入设备间

(2)站房及设备用房位于线路侧下,高差较大,设计站台引入远动间电缆通道采用 DN150 的预埋管,接口处采用 90°的弯头进行焊接,会导致电缆在敷设的过程中无法穿过预埋管,造成电缆外皮破损等安全隐患,如图 4-17-2 所示。

图 4-17-2 站房及设备用房位于线路侧下

二、原因分析

(一)设计方面

专业间缺乏协调沟通,设计文件中未明确技术要求;电缆通道根据设施需求及电缆走向按通用图选用,现场实际情况发生变化后未及时调整,导致电缆敷设过程中电缆穿不过。

(二)施工方面

施工前期“四电”专业未提前介入向房建专业明确需求;施工单位对施工图理解不透彻,预埋管道通道及焊接方式错误、专业对接不及时。

(三)介入方面

设备管理单位对站房分支电缆引入介入迟滞,发现问题时问题已发生,与房建专业对接不良。

三、解决方案

(一)设计方面

站场专业、“四电”专业、房建专业加强沟通,做好资料互提,避免设计遗漏;设计中根据具体现场工程条件,按通用图合理选用桥架进行敷设的方案,在设计图纸中予以明确。

(1)施工图设计说明及技术交底文件中明确技术要求,分支电缆沟引入设备间时,在平面和纵断面上进行顺接,转折角度不大于 30°。

(2)施工图设计说明及技术交底文件中明确施工注意事项,通道接口高差较大、电缆敷设难度较大的情况采用电缆沟(槽)进行敷设。

(二)施工方面

站前、站后单位协同施工,避免造成返工;施工前做好施工图审查,做好技术交底,组织相关专业进行现场核查。

(1)站前先期施工时,站后专业提前介入,确认现场和实际需求相符。

(2)根据现场条件,采用支架固定和热镀锌电缆槽进行铺架后再进行敷设。

(三)介入方面

设备管理单位提前介入新线施工,现场核查电缆通道及走向的位置关系,并加强介入深度,做好和房建专业及站后专业的对接机制,加强现场检查。

四、实施效果

设备用房分支电缆槽、线侧下式站房站台与设备用房分支电缆槽分别如图 4-17-3 和图 4-17-4 所示。

图 4-17-3 设备用房分支电缆槽

图 4-17-4　线侧下式站房站台与设备用房分支电缆槽

第十八节　路基电缆槽与线间过水沟、实体围墙接口工程

一、现场情况

在综合维修车间和正线之间设置电缆槽、信号机和线间过水沟时，间隔空间位置不足，实体围墙、电缆槽、信号机位置冲突，导致线路敷设不顺直问题，如图 4-18-1 所示。

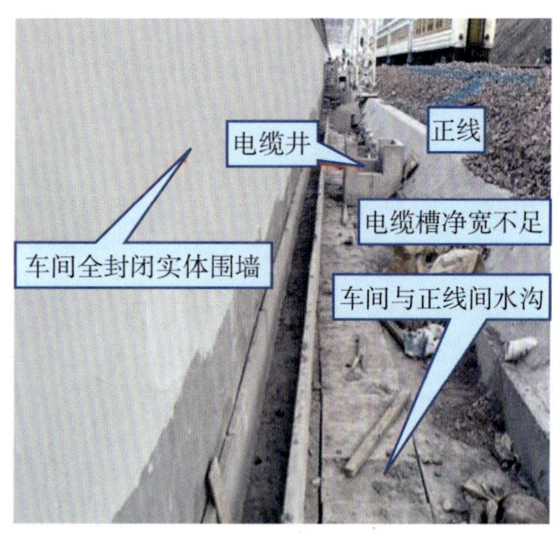

图 4-18-1　电缆槽与围墙位置冲突导致电缆净宽不足

二、原因分析

(一)设计方面

站前、站后专业对接不充分，站场专业未统筹考虑站后各专业需求及构筑物间的位置关系。

(二)施工方面

施工单位未详细核对设计方案，未发现接口工程设计方案问题；施工单位未详细对接施工工序或施工工艺不满足设计要求。

(三)介入方面

介入单位对施工图审查不仔细，未发现接口工程设计方案问题；介入检查中未及时发现施工过程问题。

三、解决方案

(一)设计方面

(1)站场专业根据站后专业需求统筹布置,工区与相邻线路距离须满足实体围墙、排水沟、电缆槽等构筑物设置要求。

(2)站场专业、站后“四电”专业在施工图及文件中明确构筑物施工顺序(水沟→围墙→其他结构物)及注意事项,如图4-18-2所示。

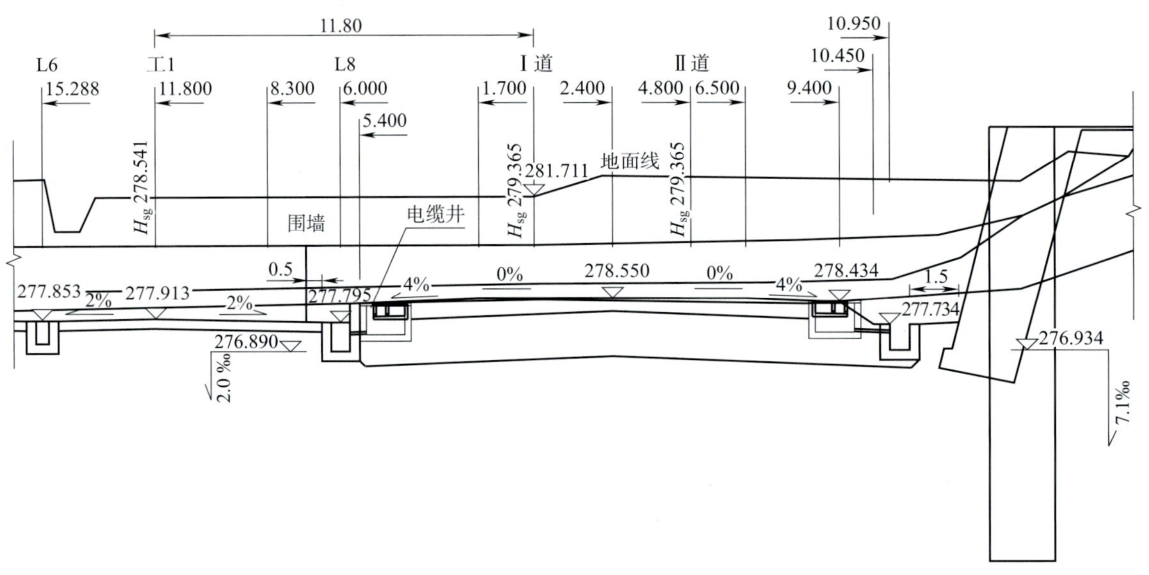

图4-18-2　车场与工区不等高连接路基代表性横断面示意(单位:m)

(二)施工方面

(1)施工单位根据设计方案,组织联合现场踏勘,充分听取设计单位技术交底,对接相关单位确定施工工序和施工工艺。

(2)施工单位严格按照设计方案、工序及工艺组织施工,施工中发现问题时,立即向建设、设计和介入单位报告,在未确定变更方案前,不得盲目施工。

(三)介入方面

(1)介入单位做好设计方案审查。

(2)介入单位在过程中做好介入检查,发现问题及时向建设单位和施工单位通报并督促研究整改方案。

四、实施效果

站场路基与段所实体围墙间电缆槽布置如图4-18-3所示。

图4-18-3　站场路基与段所实体围墙间电缆槽布置

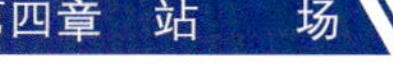

第十九节　接触网基础分支引接线与贯通地线接口工程

一、现场情况

既有线站场新增接触网，接触网基础位于线间而贯通地线设置在线路最外侧，综合接地分支引接线需穿越股道与外侧贯通地线连接，如图 4-19-1 所示。

图 4-19-1　既有车站线间新增接触网支柱

二、原因分析

(一)设计方面

设计阶段专业间未详细对接专业接口工程，未在施工图中明确综合接地分支引接线敷设方案，导致设计方案不匹配。

(二)施工方面

施工单位未详细核对设计方案，未发现接口工程设计方案问题；施工单位未详细对接施工工序或施工工艺不满足设计要求。

(三)介入方面

介入单位对施工图审查不仔细，未发现接口工程设计方案问题；介入检查中未及时发现施工过程问题。

三、解决方案

(一)设计方面

(1)两线间已有成排接触网基础，新增的接触网基础接地方式利用既有扁钢进行延长连接。

(2)两线间新增接触网基础为单独基础，则采用独立接地极的形式进行接地。

(3)接入综合接地时，施工图中明确分支引接线敷设路径，如图 4-19-2 所示。

(二)施工方面

(1)施工单位充分听取设计单位技术交底，核对接触网基础接地设置、分支引接线敷设路径等是否满足要求。

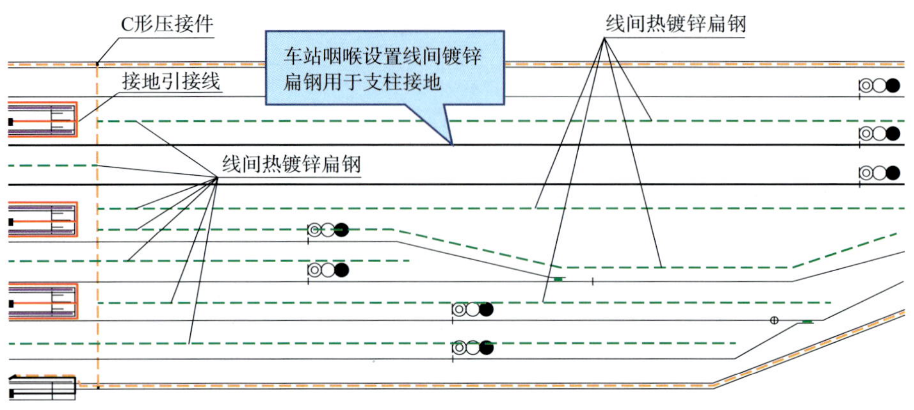

图 4-19-2　线间设置扁钢用于接触网支柱接地

(2)施工单位向电务、供电部门提出首件定标申请,牵头组织建设、设计、监理和介入单位开展首件定标。

(3)施工单位严格按照设计方案、工序及工艺组织施工。电务、供电部门共同对分支引接线敷设路径、综合接地端子现场确认并标记。

(三)介入方面

(1)介入单位做好设计方案审查。

(2)介入单位联合施工单位开展首件定标,确认分支引接线敷设、连接、接地电阻是否满足设计要求。

(3)介入单位在过程中做好介入检查,发现问题及时向建设单位和施工单位通报并督促研究整改方案。

四、实施效果

通过接地引线引入接地扁钢如图 4-19-3 所示。

图 4-19-3　通过接地引线引入接地扁钢

第二十节 电缆井、沉水井与站场线路接口工程

一、现场情况

电缆井、沉水井设计位置位于轨枕下方或轨枕边缘，造成电缆井、沉水井被道砟掩埋影响使用功能，同时存在电缆井、沉水井井盖损坏后导致道床陷穴的隐患，如图 4-20-1 所示。

图 4-20-1 电缆井位置与线路位置冲突

二、原因分析

(一)设计方面

设计阶段专业间未详细对接接口方案，未统筹考虑各专业构筑物的路径及位置关系，导致设计方案不匹配。

(二)施工方面

施工单位未详细核对设计方案，未发现接口工程设计方案问题；施工单位未详细对接施工工序或施工工艺不满足设计要求。

(三)介入方面

介入单位对施工图审查不仔细，未发现接口工程设计方案问题；介入检查中未及时发现施工过程问题。

三、解决方案

(一)设计方面

(1)设计单位各专业要互提资料，路基专业牵头组织施工图会审，核查沉水井、电缆井与线路位置关系，避免各构筑物位置冲突，如图 4-20-2 所示。

(2)施工前设计单位对施工单位做好现场技术交底，现场地形地貌发生变化时做好勘察和设计变更。

(3)如沉水井、电缆井已实施完成，在确认位置不处于轨枕下方、不影响线路道床宽度的情况下，可安设挡砟墙以保持道床的稳定。

(二)施工方面

(1)施工单位根据设计方案，组织联合现场踏勘，充分听取设计单位方案技术交底，对接相

关单位确定施工工序和施工工艺。

(2)施工单位发现各构筑物间位置存在冲突时,立即向建设、设计和介入单位报告,在未确定变更方案前,不得盲目施工。

(三)介入方面

(1)介入单位做好施工图审查,防止沉水井、电缆井和线路位置关系冲突。

(2)介入单位在过程中重点加强沉水井、电缆井和线路位置关系的检查,发现问题及时向建设单位和施工单位通报并督促研究整改方案。

四、实施效果

沉水井安设挡砟墙方案如图 4-20-3 所示。

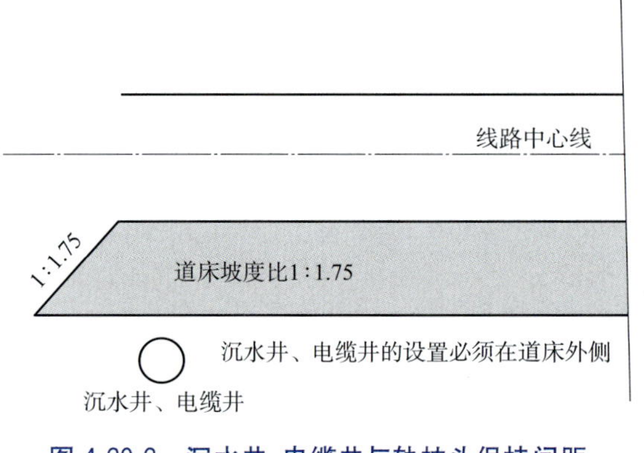

图 4-20-2　沉水井、电缆井与轨枕头保持间距

图 4-20-3　沉水井安设挡砟墙方案

第五章

站　　房

第一节 设备管线与装修龙骨安装接口工程

一、现场情况

设备管线与室内顶棚龙骨空间位置交叉，导致竖向龙骨无法与上部主体结构连接，存在结构安全隐患，如图 5-1-1 所示。

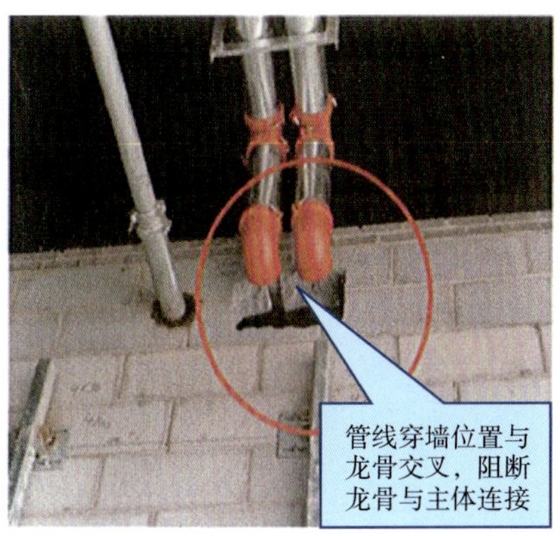

图 5-1-1 设备管线与装修龙骨交叉

二、原因分析

(一)设计方面

设计单位在设计阶段未详细定位设备管线位置，仅标注了路径；遇幕墙龙骨未按标准间距布置情况时，未向其他专业做详细说明，对两种体系交叉部分缺乏预判。

(二)施工方面

施工单位未详细核对设计方案，未发现接口工程设计方案问题。施工单位未详细对接施工工序，设备管线贴墙安装时，未考虑后期干挂石材、铝板墙面的龙骨安装空间；后续幕墙龙骨安装时，未根据既有管线条件灵活调整空间布局。

(三)介入方面

介入单位对施工图审查不仔细，未发现接口工程设计方案问题；介入检查中未及时发现施工过程问题，未及时指导进行空间位置调整。

三、解决方案

(一)设计方面

(1)设计单位设计方案中明确，干挂工程(含石材、铝板)墙面顶部设备管线安装时，应避开龙骨位置预留装修龙骨安装空间(宜离墙 200～300 mm)。

(2)综合设计设备管线穿墙位置与装修龙骨位置，避免相互交叉影响安装，如图 5-1-2 所示。

(二)施工方面

(1)施工单位根据设计方案，全面梳理相关接口位置，避免交叉影响。

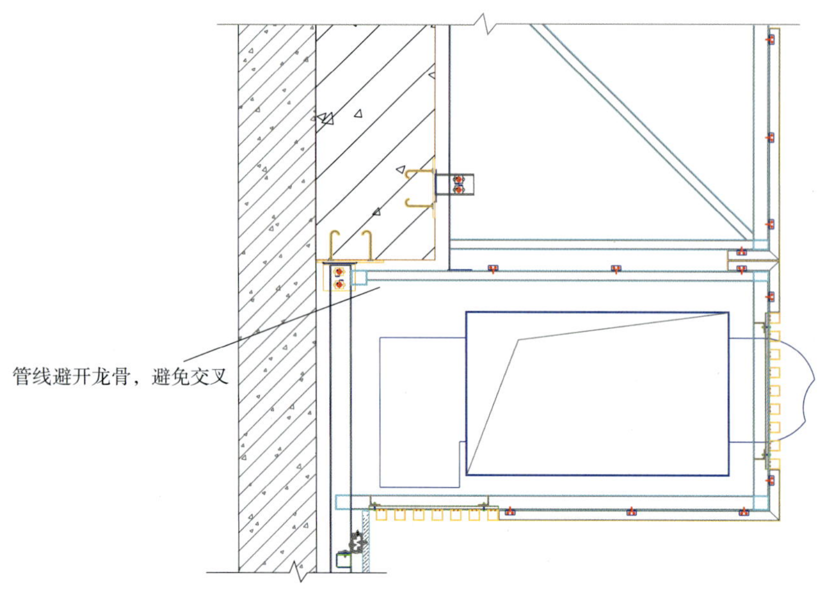

图 5-1-2　设备管线与装修龙骨协调

(2)遇安装位置无法避免交叉情况时，装修龙骨可局部转换连接，做好相应加固措施。

(三)介入方面

(1)介入单位做好设计方案审查，关注安装工程与装修工程接口部位的深化设计。

(2)介入单位在过程中做好介入检查，发现问题及时向建设单位和施工单位通报并督促研究整改方案。

四、实施效果

设备管线与装修龙骨安装接口完成效果如图 5-1-3 所示。

图 5-1-3　设备管线与装修龙骨安装接口完成

第二节　站房室外消火栓及地面设施选型接口工程

一、现场情况

室外消火栓设置在站前平台上，影响站房正立面整体外观，如图 5-2-1 所示。

图 5-2-1　室外消火栓位于站前平台

二、原因分析

(一)设计方面

设计单位按照通用方案将室外消火栓设计为地面式，未综合考虑站房正立面外观需要。

(二)施工方面

施工单位未详细核对设计方案，未预判到消火栓安装对站房正立面整体形象的影响；施工单位对影响站房正立面效果的问题，未及时反馈建设、设计单位调整和优化方案。

(三)介入方面

介入单位对施工图审查不仔细，未发现站房室外地面设施问题；介入检查中未及时发现施工过程问题。

三、解决方案

(一)设计方面

(1)设计单位室外给排水专业在消火栓布局上尽量避免设置在影响站房外立面位置，考虑与绿化景观结合方案。

(2)遇必须设置在站房外立面的情况时，应选用埋地式消火栓，如图 5-2-2 所示。

(二)施工方面

(1)施工单位根据设计方案，核实消火栓等设施是否存在影响建筑外观整体形象和运维使用的情况，及时向设计单位反馈调整。

(2)施工单位严格按照设计方案、工序及工艺组织施工。遇施工环境发生变化时，立即向建设、设计和介入单位报告，在未确定变更方案前，不得盲目施工。

(三)介入方面

(1)介入单位做好设计方案审查，与设计和施工单位充分沟通和技术交底，明确运维需求。

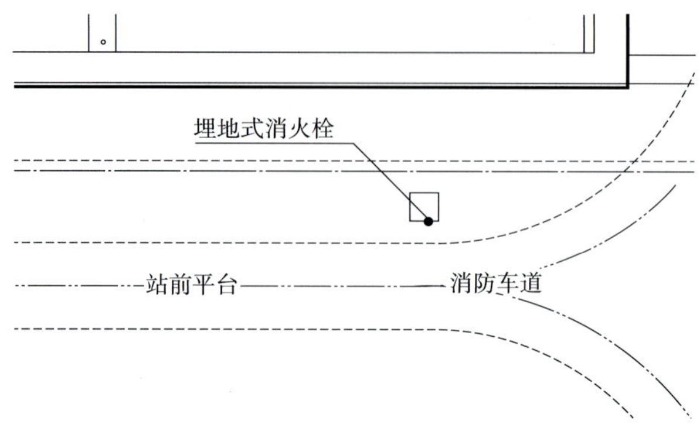

图 5-2-2　站前平台室外消火栓采用埋地式

(2)介入单位在过程中做好介入检查,发现问题及时向建设单位和施工单位通报并督促研究整改方案。

四、实施效果

站前平台室外消火栓采用埋地式如图 5-2-3 所示。

图 5-2-3　站前平台室外消火栓采用埋地式

第三节　站前平台与市政广场接口工程

一、现场情况

受地形限制,部分站房平台采用结构架空形式,地方配套工程与站房工程接口采用回填方式,由于回填土夯实不到位,出现土体滑移沉降问题,造成站前平台与广场分界处沉降,如图 5-3-1 所示。

二、原因分析

(一)设计方面

站房工程与地方配套工程由不同单位设计,设计单位间未详细对接专业接口工程或设计阶段不同步，导致设计方案不匹配。

图 5-3-1 站前平台与广场分界处产生沉降

（二）施工方面

施工单位未详细核对设计方案，未发现接口工程匹配问题；施工单位未严格把关地方配套工程回填质量。

（三）介入方面

介入单位对施工图审查不仔细，未发现接口工程设计方案问题；介入检查中未及时发现施工过程问题。

三、解决方案

（一）设计方面

（1）设计单位各专业要互提设计资料，联合开展接口方案设计。

（2）站房平台架空区周边设置挡墙，做好回填质量卡控，防止回填土滑移，如图 5-3-2 所示。

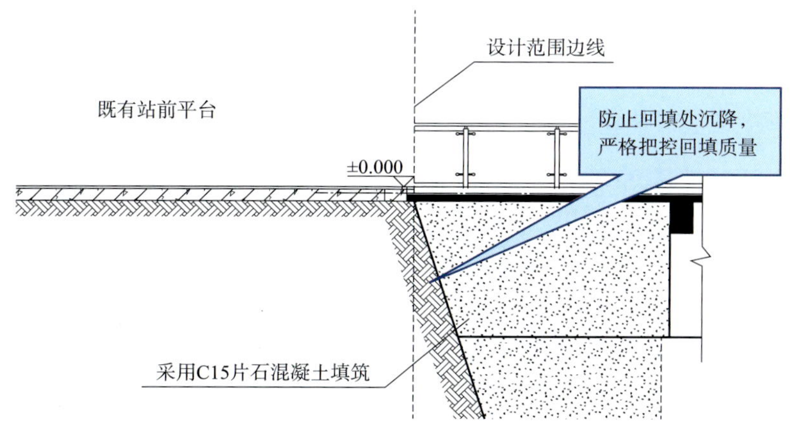

图 5-3-2 站前平台与广场分界处接口设计

（3）地方配套工程采用架空形式与站房平台平接。

(二)施工方面

(1)施工单位根据设计方案做好现场踏勘,充分听取设计单位技术交底,确定施工工序和施工工艺。

(2)施工单位严格按照设计方案、工序及工艺组织施工。过程中遇施工环境不符合设计时,施工单位立即向建设、设计和介入单位报告,在未确定变更方案前,不得盲目施工。

(三)介入方面

(1)介入单位做好设计方案审查,充分了解站房平台与地方市政配套设施设计接口方案。

(2)介入单位在过程中发现接口设计不明确、存在缺陷等问题时,及时向建设单位和施工单位通报并督促研究整改方案。

四、实施效果

车站市政站前广场回填夯实、车站站房平台与地方市政两侧平整无沉降分别如图 5-3-3 和图 5-3-4 所示。

图 5-3-3　车站市政站前广场回填夯实

图 5-3-4　车站站房平台与地方市政两侧平整无沉降

第四节　屋面落水管与建筑外幕墙接口工程

一、现场情况

屋面落水管横穿玻璃幕墙开洞影响房屋整体形象,如图 5-4-1 所示。

图 5-4-1　落水管与幕墙交叉

二、原因分析

(一)设计方面

设计阶段仅在屋面标注落水管位置,未细化设计落水管路径,导致落水管穿越玻璃幕墙影响房屋外观形象,不利于玻璃幕墙的维护。

(二)施工方面

施工单位未详细核对设计方案,未发现接口工程设计方案问题;施工单位未详细对接施工工序或施工工艺不满足设计要求。

(三)介入方面

介入单位对施工图审查不仔细,未仔细研判站房落水管等隐蔽装饰管道走向位置;介入检查中未及时发现施工过程问题。

三、解决方案

(一)设计方面

(1)设计单位对落水管排水路径做细部设计,做好屋面排水、幕墙设计施工图会审,确保设计方案相互匹配,如图 5-4-2 所示。

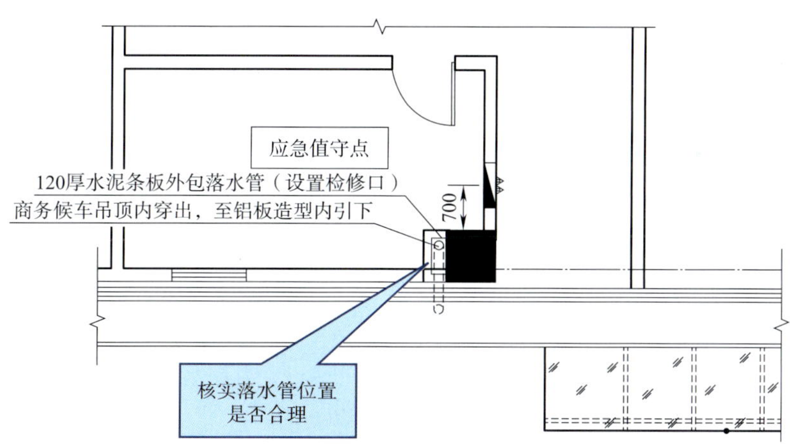

图 5-4-2　设计明确落水管路径(单位:mm)

(2)施工前设计单位对施工单位做好现场技术交底。

(3)施工中设计单位加强现场巡查和沟通,发现问题及时组织研究和变更设计。

(二)施工方面

(1)施工单位根据设计方案,对接相关单位确定施工工序和施工工艺,发现问题及时反馈设计单位。

(2)施工单位严格按照设计方案、工序及工艺组织施工,施工中不得在幕墙上随意开洞,影响气密、水密性能和观感。

(3)遇确需安装落水管的情况时,应采用暗埋方式将落水管设置在站房结构柱装饰龙骨内,同步设置检修口以便于后期运维。

(三)介入方面

(1)介入单位做好设计方案审查,研究落水管走向并及时调整。

(2)介入单位在过程中做好介入检查,发现问题及时向建设单位和施工单位通报并督促研究整改方案,必要时对外露落水管进行包装。

四、实施效果

站房落水管避让装饰龙骨、站房内装饰龙骨内预留检修口分别如图 5-4-3 和图 5-4-4 所示。

图 5-4-3 站房落水管避让装饰龙骨

图 5-4-4 站房内装饰龙骨内预留检修口

第五节 站台雨棚排水管与设备管线安装的接口工程

一、现场情况

站台雨棚上安装的排水管和设备管线位置交叉,互为影响,如图 5-5-1 所示。

图 5-5-1 设备管线安装杂乱

二、原因分析

(一)设计方面

设计阶段平面化设计,未能明确管线间的空间关系;管线安装路径未做细部设计。

(二)施工方面

施工单位未详细核对设计方案,未发现接口工程设计方案问题;施工单位未开展联合踏勘确定管线综合排布方案,不同施工工序未有效衔接。

(三)介入方面

介入单位对施工图审查不仔细,未发现综合管线布置接口工程设计方案问题;介入检查中未及时发现施工过程问题。

三、解决方案

(一)设计方面

(1)设计单位做好重点部位管线、综合节点的细部设计,通过建模方式辅助开展设计,如图 5-5-2 所示。

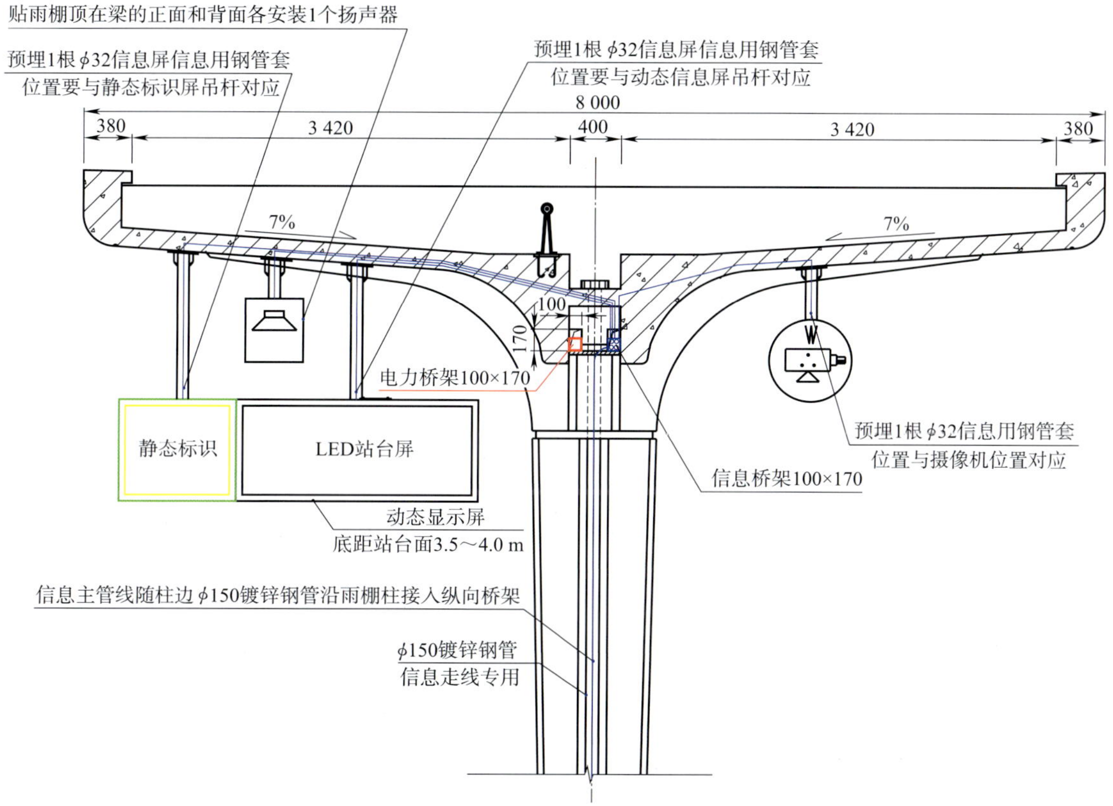

图 5-5-2 雨棚管线综合设计示意(单位:mm)

(2)施工前设计单位对施工单位做好现场技术交底。

(3)施工中设计单位加强现场巡查和沟通,发现问题及时组织研究和变更设计。

(二)施工方面

(1)施工单位根据设计方案,组织联合现场踏勘,充分听取设计单位技术交底,对接相关单位确定施工工序和施工工艺。

(2)施工单位严格按照设计方案、工序及工艺组织施工,加强专业间的配合,尽量采用暗装方式开展综合管线布设。

(三)介入方面

(1)介入单位提前了解雨棚管线综合布置方式,根据雨棚结构形式提出建议和方案审查。

(2)介入单位在过程中做好管线综合布置布局检查,发现问题及时向建设单位和施工单位通报并督促研究整改方案。

四、实施效果

站台雨棚暗装所有管线如图 5-5-3 所示。

图 5-5-3　站台雨棚暗装所有管线

第六节　站台管沟检修口与站台铺装接口工程

一、现场情况

站台管沟检修口位置与站台铺装无法对缝,造成站台铺装整体效果不好,如图 5-6-1 所示。

图 5-6-1　站台管沟检修口与站台铺装无法对缝

二、原因分析

(一)设计方面

建筑、机电、装修、管线综合专业设计阶段不同,专业间未详细对接专业接口工程,导致设计方案不匹配。

(二)施工方面

介入单位对施工单位未详细核对设计方案,未发现接口工程设计方案问题;施工单位未详细对接施工工序,土建施工先期完成后,后续专业无法再修正检修口位置。

(三)介入方面

介入单位对施工图审查不仔细,未发现接口工程设计方案问题;站台管沟隐蔽工程施工放线定位检查时,未考虑站台铺装效果及排版布局。

三、解决方案

(一)设计方面

(1)设计阶段专业间做好室外给排水管线检修口位置的对接,建筑专业施工图中明确站台铺装分缝及检修口点位,如图 5-6-2 所示。

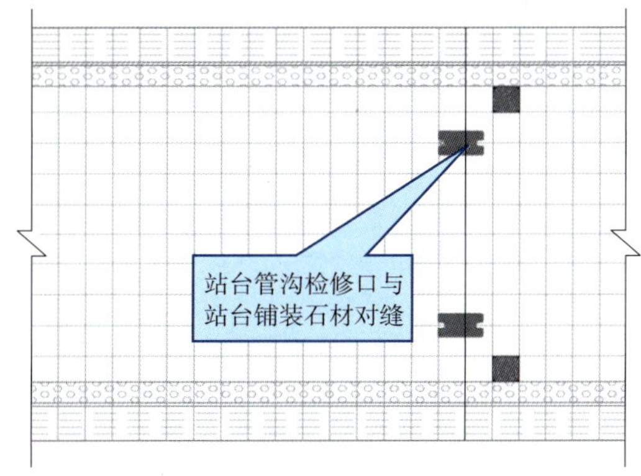

图 5-6-2　站台管沟检修口与站台铺装石材对缝

(2)施工前设计单位对施工单位做好现场技术交底。

(3)施工中设计单位加强现场巡查和沟通,发现问题及时组织研究和变更设计。

(二)施工方面

(1)施工单位根据设计方案,组织联合现场踏勘,充分听取设计单位技术交底,对接相关单位确定施工工序和施工工艺。

(2)施工单位在进行站台地面铺装前,应将站台上所有井盖、台阶等统筹考虑,一并纳入深化设计,各专业严格按照排版图施工。

(三)介入方面

(1)介入单位做好设计方案审查,针对井盖与石材不居中问题,采取调整检查井盖大小方式,确保与石材拼缝模数一致。

(2)介入单位在过程中做好介入检查,发现问题及时向建设单位和施工单位通报并督促研究整改方案。

四、实施效果

站台管沟检修口与站台铺装石材对缝如图 5-6-3 所示。

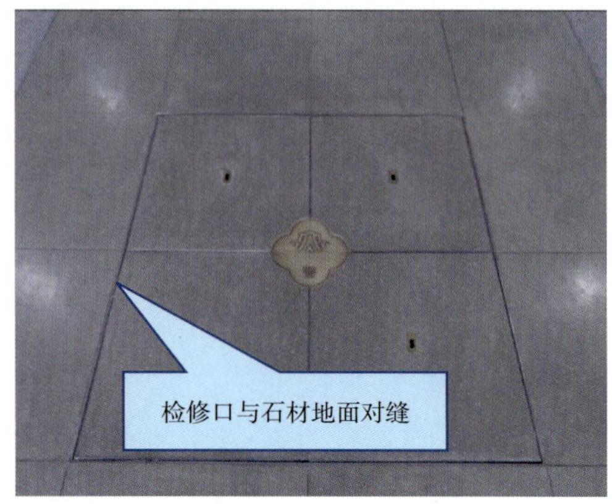

图 5-6-3　站台管沟检修口与站台铺装石材对缝

第七节　电(扶)梯基坑及预埋件与招标设备接口工程

一、现场情况

施工单位在未确定电(扶)梯设备安装型号的前提下,提前完成了土建施工工作,造成电(扶)梯基坑尺寸和相关预埋件无法满足电(扶)梯设备安装要求,如图 5-7-1 所示。

图 5-7-1　电(扶)梯基坑不满足招标要求

二、原因分析

(一)设计方面

设计技术交底时未重点提示施工单位,电(扶)梯等需招标后方可确认型号规格的设备接口工程,必须在招标后对照需求开展基坑等接口工程施工。

(二)施工方面

施工单位未详细对接施工工序和专业接口需求,在未明确接口设计时盲目开展施工作业。

(三)介入方面

介入单位对施工图审查不仔细,未发现接口工程设计方案问题;介入检查未掌握电(扶)梯招标情况,未及时指导土建专业基坑施工。

三、解决方案

(一)设计方面

(1)根据国家标准结合电(扶)梯技术规格书尺寸开展施工图设计,明确电(扶)梯基坑尺寸和预埋件规格,如图 5-7-2 所示。

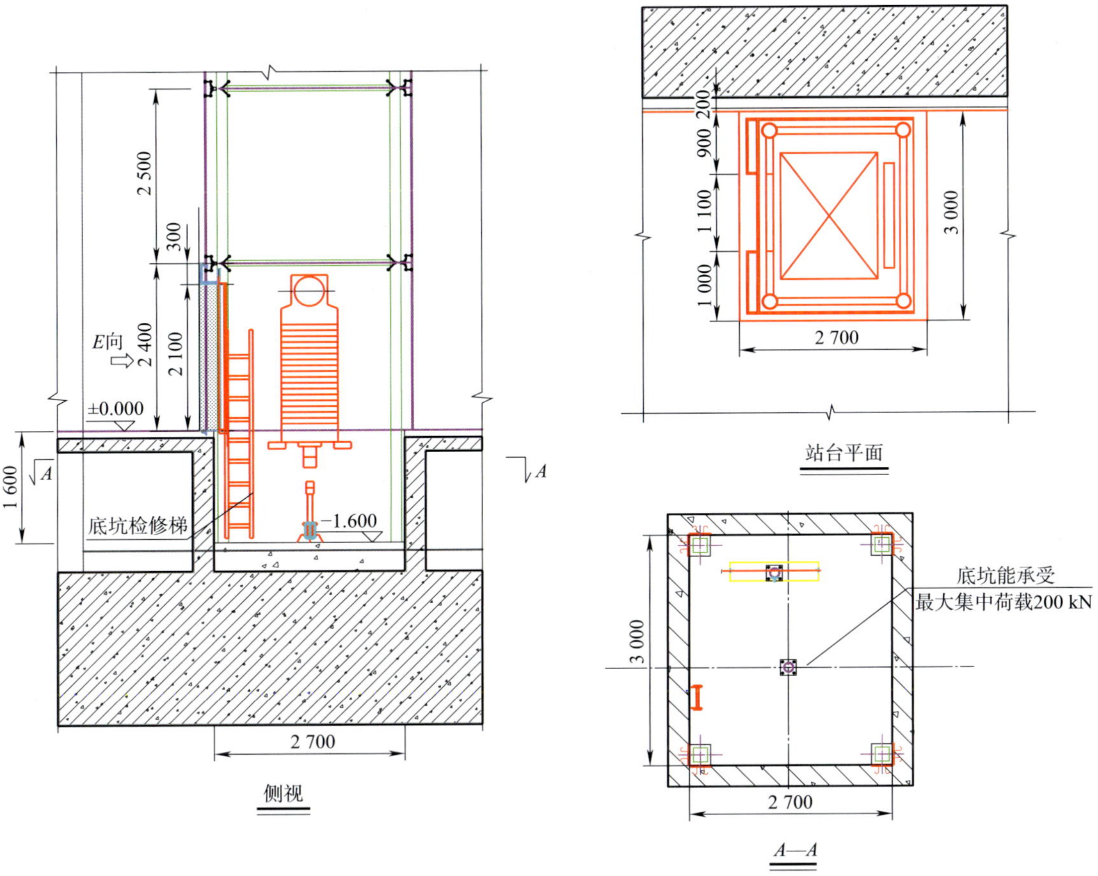

图 5-7-2 电(扶)梯基坑标准尺寸设计示意(标高单位:m;其他单位:mm)

(2)施工前设计单位对施工单位做好现场技术交底。

(二)施工方面

(1)施工单位充分听取设计单位技术交底,对接相关单位确定施工工序和施工工艺。

(2)施工单位根据工程进度详细对接电梯进场安排,如电(扶)梯招标影响工程进展,应及时与设计单位沟通商定处理方案。

(三)介入方面

(1)介入单位做好设计方案审查,确保施工图和电(扶)梯技术规格书一致。

(2)介入单位在过程中做好介入检查,发现问题及时向建设单位和施工单位通报并督促研究整改方案。

四、实施效果

电(扶)梯基坑尺寸及预埋件与招标设备需求接口工程如图 5-7-3 所示。

图 5-7-3　电(扶)梯基坑尺寸及预埋件与招标设备需求接口工程

第八节　结构柱基础与通道接口工程

一、现场情况

站台雨棚柱的基础标高高于地面标高,影响正常通行宽度,如图 5-8-1 所示。

图 5-8-1　雨棚柱基础影响正常通行宽度

二、原因分析

(一)设计方面

设计阶段专业间未详细对接专业接口工程,未发现雨棚柱基础标高与通道地面标高不匹配问题。

(二)施工方面

施工单位未详细核对设计方案,未发现接口工程设计方案问题;不同施工单位未详细对接施工工序,未复核雨棚柱基础标高与踏步面标高的相对关系。

(三)介入方面

介入单位对施工图审查不仔细,未发现接口工程设计方案问题;介入检查中未及时发现施工过程问题。

三、解决方案

(一)设计方面

(1)设计单位各专业要互提设计资料,综合考虑进出站通道、防护栏杆等接合部位置关系。

(2)施工前设计单位对施工单位做好现场技术交底。

(3)施工中设计单位加强现场巡查和沟通,注意结构物标高的变化,避免基础高于地面。遇下方存在既有工程,可考虑转换基础位置,如图 5-8-2 所示。

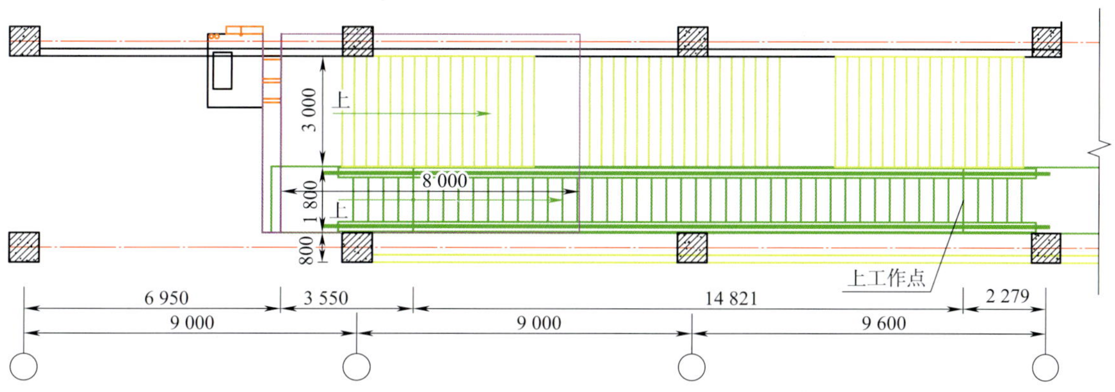

图 5-8-2 楼梯避开雨棚柱基础(单位:mm)

(二)施工方面

(1)施工单位根据设计方案,组织联合现场踏勘,充分听取设计单位技术交底,对接相关单位确定施工工序和施工工艺。

(2)施工单位严格按照设计方案、工序及工艺组织施工,遇构筑物位置冲突的情况,立即向建设、设计和介入单位报告,在未确定变更方案前,不得盲目施工。

(三)介入方面

(1)介入单位做好设计方案审查,提示做好细部设计。

(2)介入单位在过程中做好介入检查,发现问题及时向建设单位和施工单位通报并督促研究整改方案。

四、实施效果

雨棚柱基础顶面与台阶齐平如图 5-8-3 所示。

图 5-8-3 雨棚柱基础顶面与台阶齐平

第九节　站房落客平台与市政匝道桥接口工程

一、现场情况

站房落客平台位置与市政匝道桥交接处设有变形缝，存在漏水隐患，如图 5-9-1 所示。

图 5-9-1　落客平台与匝道桥间变形缝处漏水

二、原因分析

（一）设计方面

设计阶段站房与市政设计单位间未详细对接专业接口工程，导致交接位置变形缝设计缺陷。

（二）施工方面

施工单位未详细核对设计方案，未发现接口工程设计方案问题；施工单位未详细对接施工工序和施工工艺，未预留橡胶止水带等防排水构造措施或预留措施不满足要求。

（三）介入方面

介入单位对施工图审查不仔细，未发现接口工程设计方案问题；介入检查中未有效协调相关施工单位做好接口施工，未及时发现施工过程问题。

三、解决方案

（一）设计方面

（1）设计单位各专业要互提设计资料，明确施工界面划分，细化站房与市政接口位置防水方案，如图 5-9-2 和图 5-9-3 所示。

（2）施工前设计单位对施工单位做好现场技术交底。

（3）施工中设计单位加强现场巡查和沟通，发现问题及时组织研究和变更设计。

（二）施工方面

（1）施工单位根据设计方案，组织联合现场踏勘，充分听取设计单位技术交底，对接相关单位确定施工工序和施工工艺。

（2）施工单位严格按照设计方案、工序及工艺组织施工，做好防漏水措施的预留和预埋。发现问题立即向建设、设计和介入单位报告，在未确定变更方案前，不得盲目施工。

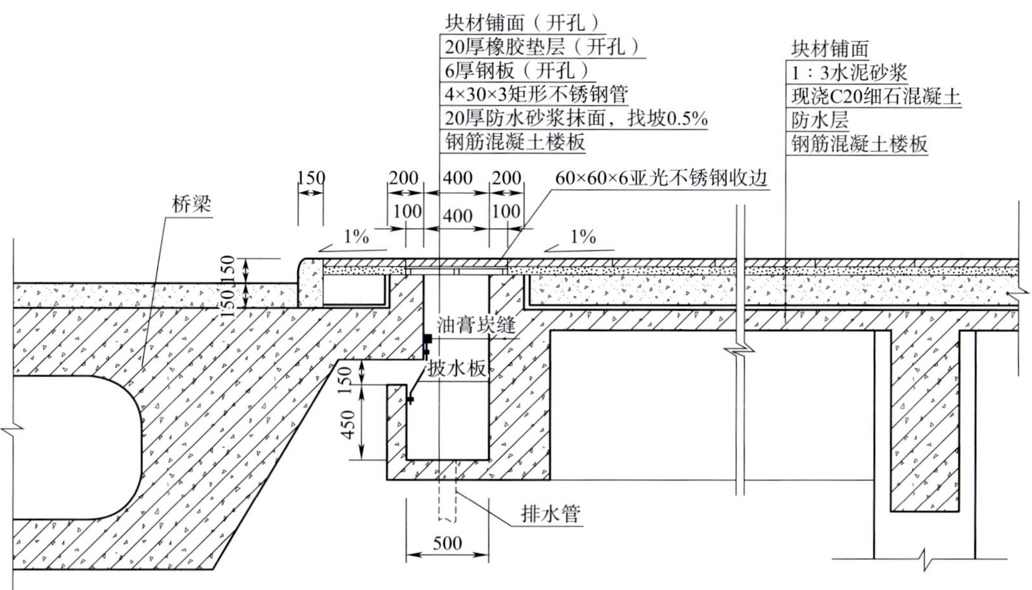

图 5-9-2　落客平台与匝道桥变形缝节点(单位:mm)

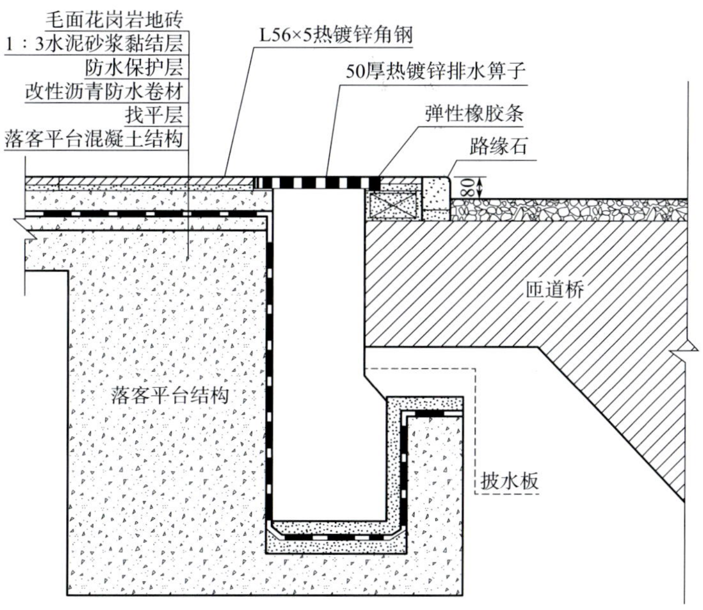

图 5-9-3　变形缝排水沟节点(单位:mm)

(三)介入方面

(1)介入单位做好设计方案审查,重点关注界面划分问题。

(2)介入单位在过程中做好介入检查,发现问题及时向建设单位和施工单位通报并督促研究整改方案。

第十节　通信铁塔基础标高与建筑标高接口工程

一、现场情况

站场内通信铁塔基础标高低于周边标高，基础积水无法排泄，如图 5-10-1 所示。

图 5-10-1　通信铁塔基础标高低于周边标高

二、原因分析

(一)设计方面

设计阶段专业间未详细对接专业接口工程，导致设计方案不匹配。

(二)施工方面

施工单位未详细核对设计方案，未发现接口工程设计方案问题；发现周边建筑物基础标高明显高于铁塔基础标高时，未及时反馈建设单位和设计单位；施工单位未详细对接施工工序或施工工艺不满足设计要求。

(三)介入方面

介入单位对施工图审查不仔细，未发现接口工程设计方案问题；介入检查中未及时发现施工过程问题。

三、解决方案

(一)设计方面

(1)设计单位各专业要互提设计资料，加强站场、站房设计的对接和协调，做好标高等相关技术资料互提并于施工图中明确相关施工内容和施工标准、尺寸等。

(2)设计单位修改通信铁塔标高设计方案，按照建筑物标高重新制作铁塔基础，养护期满后重新组立铁塔。通信铁塔基础示意如图 5-10-2 所示。

(二)施工方面

(1)施工单位充分听取设计单位技术交底，加强同站场、站房施工单位的对接，详细核对铁塔基础标高设置要求。

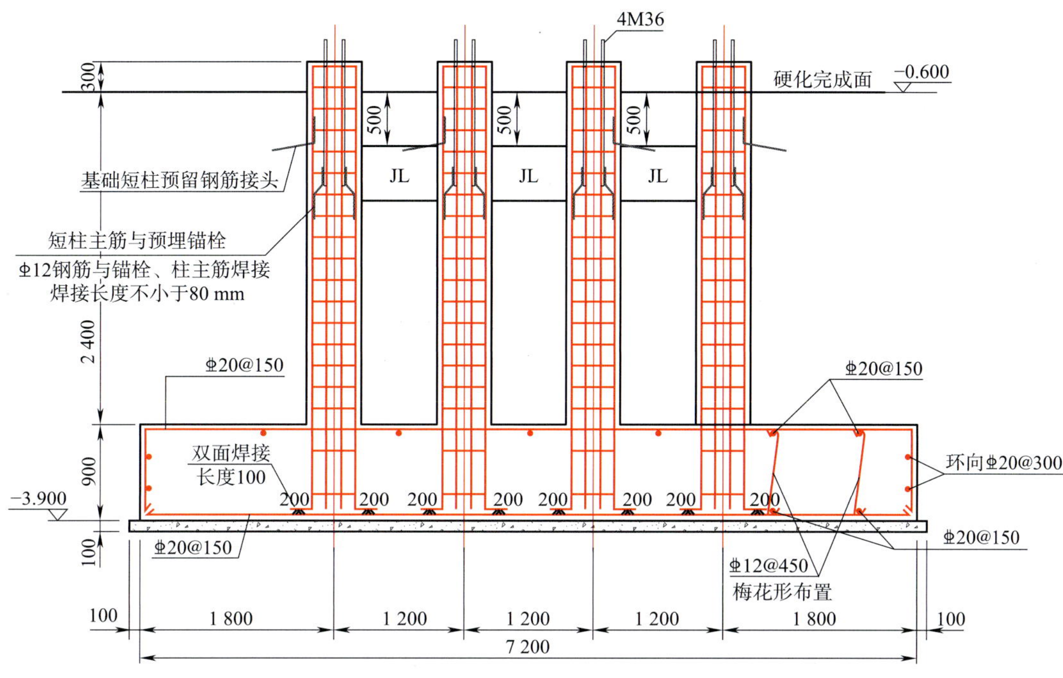

图 5-10-2 通信铁塔基础示意(标高单位:m;其他单位:mm)

(2)施工单位严格按照设计方案、工序及工艺组织施工。通信施工单位加强同站场、站房施工单位沟通,及时对接标高等数值是否有差异。施工中发现问题时,施工单位立即向建设、设计和介入单位报告,在未确定变更方案前,不得盲目施工。

(三)介入方面

(1)介入单位做好设计方案审查。

(2)介入单位在过程中做好介入检查,发现问题及时向建设单位和施工单位通报并督促研究整改方案。

四、实施效果

铁塔基础标高与建筑物基础标高统一如图 5-10-3 所示。

图 5-10-3 铁塔基础标高与建筑物基础标高统一

第十一节　站台端台阶与接触网立柱或电缆沟接口工程

一、现场情况

站台端台阶位置与接触网立柱或者电缆沟位置冲突，影响台阶施工，如图 5-11-1 所示。

图 5-11-1　站台端台阶无法实施

二、原因分析

（一）设计方面

设计阶段专业间未详细对接专业接口工程，导致设计方案不匹配。

（二）施工方面

施工单位未详细核对设计方案，未发现接口工程设计方案问题；施工单位未详细对接施工工序或施工工艺不满足设计要求。

（三）介入方面

介入单位对施工图审查不仔细，未发现接口工程设计方案问题；介入检查中未提前发现接触网立柱与台阶、电缆沟与台阶位置冲突的问题。

三、解决方案

（一）设计方面

（1）设计单位各专业要互提设计资料，做好工程接口位置审查，避免出现安装位置冲突的情况，如图 5-11-2 所示。

（2）施工前设计单位对施工单位做好现场技术交底。

（3）施工中设计单位加强现场巡查和沟通，发现问题及时组织研究和变更设计。

（二）施工方面

（1）施工单位根据设计方案，组织联合现场踏勘，充分听取设计单位技术交底，对接相关单位确定施工工序和施工工艺。

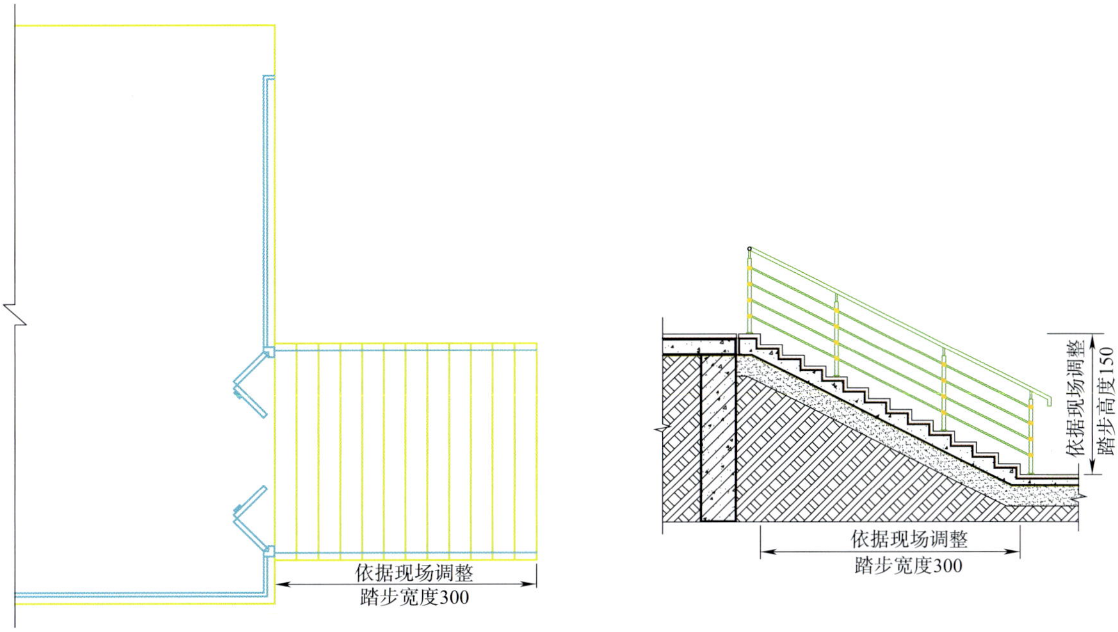

依据现场调整
踏步宽度300

依据现场调整
踏步高度150

依据现场调整
踏步宽度300

图 5-11-2 站台端台阶(单位:mm)

(2)施工单位严格按照设计方案、工序及工艺组织施工。遇接口位置冲突情况时,施工单位立即向建设、设计和介入单位报告,在未确定变更方案前,不得盲目施工。

(三)介入方面

(1)介入单位做好设计方案审查,车务、车站、房建单位重点把关易发生位置冲突的地段。

(2)介入单位在过程中做好介入检查,发现问题及时向建设单位和施工单位通报并督促研究整改方案。

四、实施效果

电缆沟、台阶不在同一位置如图 5-11-3 所示。

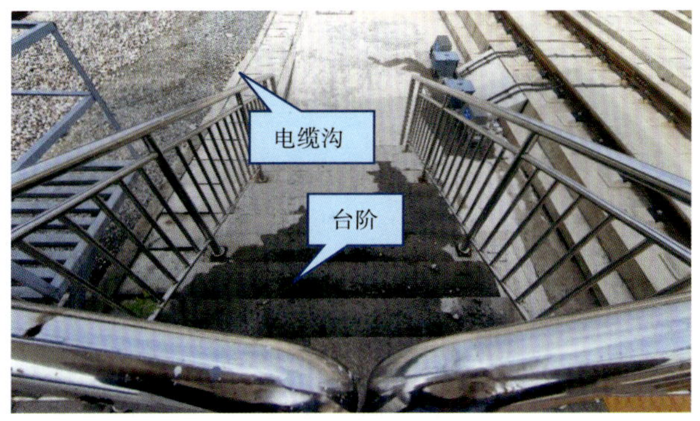

图 5-11-3 电缆沟、台阶不在同一位置

第十二节　地道主体与出入口防水接口工程

一、现场情况

地道主体与地道出入口接口处设置了伸缩缝，结构上存在渗漏水隐患，如图 5-12-1 和图 5-12-2 所示。

图 5-12-1　地下通道防水接口处理不到位导致渗漏

图 5-12-2　地下通道防水接口

二、原因分析

(一)设计方面

设计阶段站前和站房专业执行标准不一致(站前专业执行铁路标准、站房专业执行国家标准)，导致防水采用不同材质的材料，影响搭接效果；地下通道站前和站房由多家单位设计，未详细对接专业接口工程，未设计伸缩缝止水带。

(二)施工方面

施工单位未详细核对设计方案，未发现接口工程设计方案问题；站前单位施工时对地下通道伸缩缝预留的卷材和止水带保护不好，损坏后导致搭接效果不佳。

(三)介入方面

介入单位对施工图审查不仔细，未发现接口工程设计方案问题；介入检查中未及时发现施工过程问题。

三、解决方案

(一)设计方面

(1)设计单位要统一接口设计标准，多种标准选择时，按照就高不就低原则执行。

(2)设计单位各专业要互提设计资料，统一施工工艺标准，明确施工接合部施工单位，如图 5-12-3 所示。

(二)施工方面

(1)施工单位根据设计方案，组织联合现场踏勘，充分听取设计单位技术交底，对接相关单位确定施工工序和施工工艺，明确接合部处置原则。

(2)施工单位严格按照设计方案、工序及工艺组织施工，做好成品保护。遇接口问题时，施工单位应立即向建设、设计和介入单位报告，在未确定变更方案前，不得盲目施工。

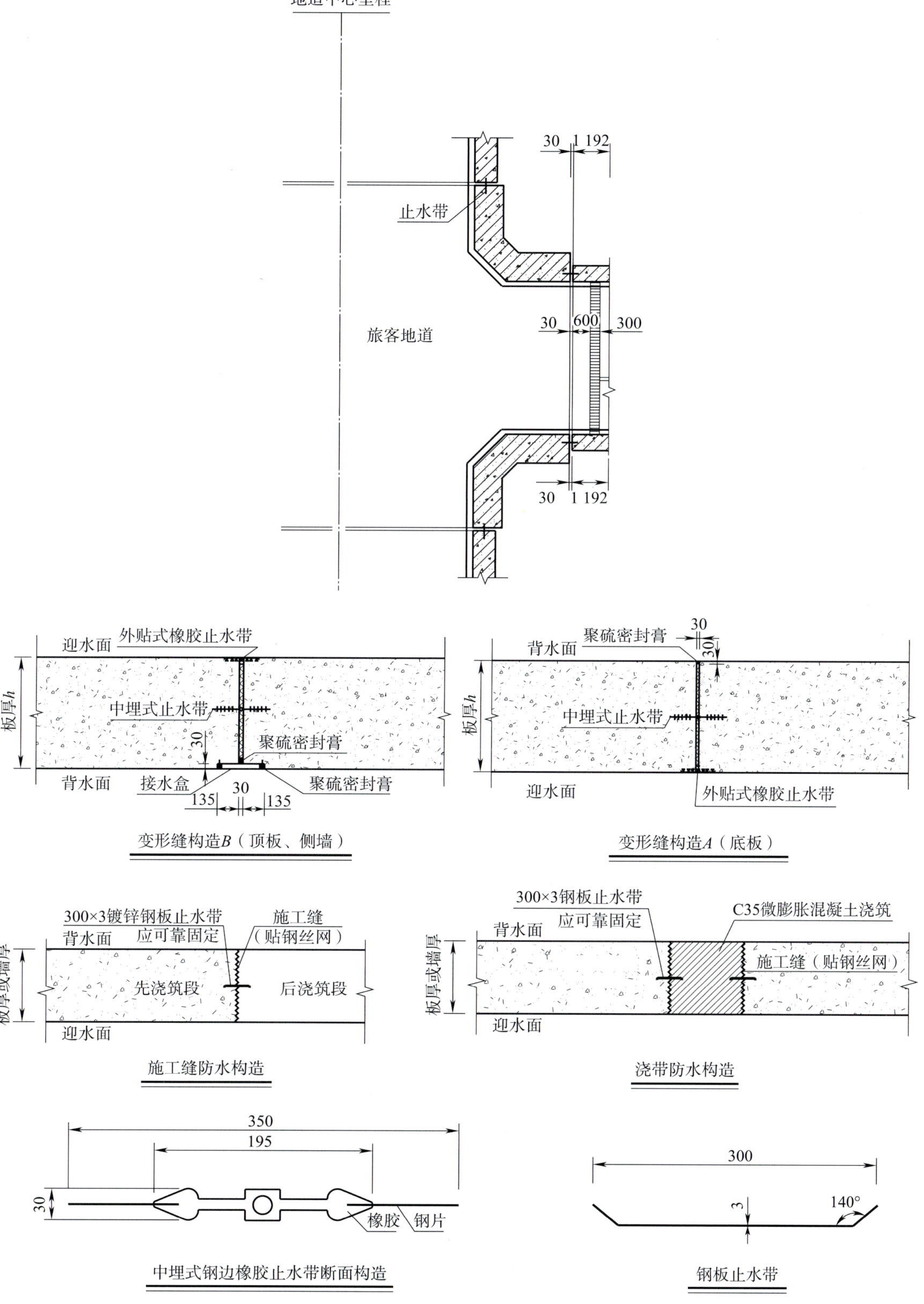

图 5-12-3 地下通道防水接口做法（单位：mm）

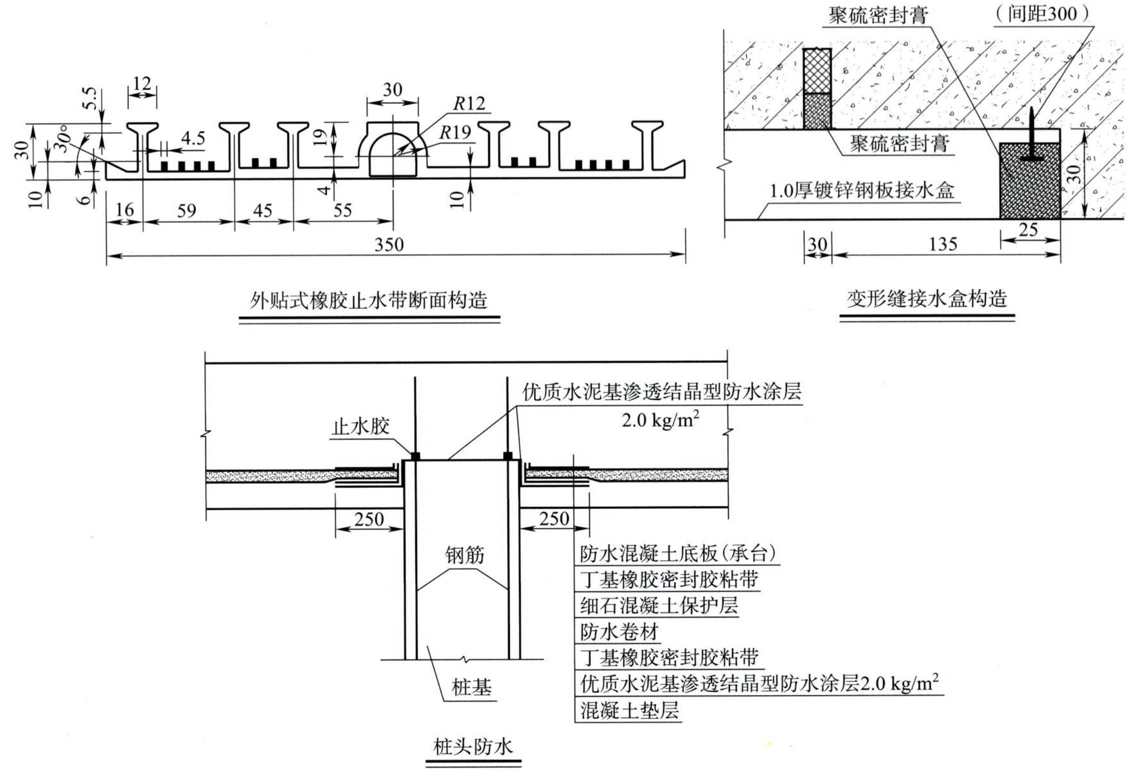

图 5-12-3 （续）

(三)介入方面

(1)介入单位做好设计方案审查。

(2)介入单位在过程中做好介入检查,发现问题及时向建设单位和施工单位通报并督促研究整改方案。

四、实施效果

止水带固定方式示意如图 5-12-4 所示。

图 5-12-4　止水带固定方式示意

第十三节 站房外装与连廊雨棚结构接口工程

一、现场情况

连廊雨棚边梁下口与站房框架柱立面干挂石材位置冲突，导致干挂石材无法在边梁底部收口，如图 5-13-1 所示。

图 5-13-1 站房框架柱、梁与连廊雨棚装饰接口尺寸不足

二、原因分析

(一)设计方面

设计单位在设计阶段未充分考虑连廊雨棚边梁与柱面装饰石材之间接口所需尺寸，导致柱面装饰石材与雨棚边梁无法收口。

(二)施工方面

施工单位未详细核对设计方案，未发现接口工程设计方案问题；施工单位未详细对接施工工序或施工工艺不满足设计要求。

(三)介入方面

介入单位对施工图审查不仔细，未发现接口工程设计方案问题；介入检查中未及时发现施工过程问题。

三、解决方案

(一)设计方面

(1)设计单位各专业要互提设计资料，绘制接口部位节点图，如图 5-13-2 所示。

(2)施工前设计单位对施工单位做好现场技术交底。

(3)施工中设计单位加强现场巡查和沟通，发现问题及时组织研究和变更设计。

(二)施工方面

(1)施工单位根据设计方案组织现场踏勘，结合现场实际情况，充分考虑各装饰面所需安装尺寸，避免出现装饰面层实施后在交接部位无法收口的问题。

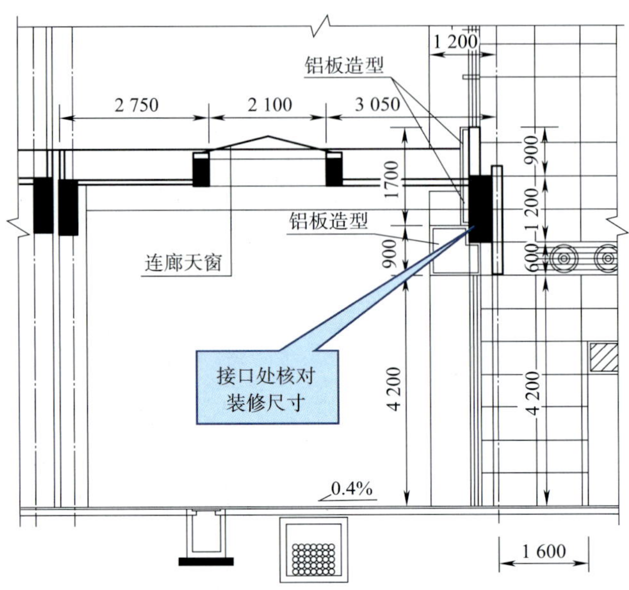

图 5-13-2 连廊雨棚装饰接口(单位:mm)

(2)施工单位严格按照设计方案、工序及工艺组织施工。

(三)介入方面

(1)介入单位做好设计方案审查,掌握接口施工方案做法。

(2)介入单位在过程中做好介入检查,发现问题及时向建设单位和施工单位通报并督促研究整改方案。

四、实施效果

站房外装与雨棚各装饰面收口尺寸相符如图 5-13-3 所示。

图 5-13-3 站房外装与雨棚各装饰面收口尺寸相符

第十四节 电梯安装与站台雨棚接口工程

一、现场情况

站台安装的垂直电梯玻璃罩棚高度超过站台雨棚净高，导致罩棚无法实施，如图 5-14-1 所示。

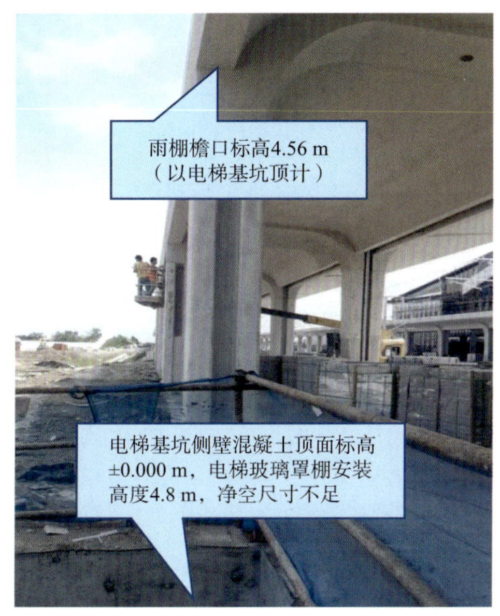

图 5-14-1 垂直电梯玻璃罩棚安装高度与站台雨棚净高冲突示意

二、原因分析

（一）设计方面

设计单位在设计阶段对垂直电梯玻璃罩棚安装高度需求考虑不足（结构专业与装饰专业或设备安装专业对接不足），导致预留尺寸不满足安装要求。

（二）施工方面

施工单位未详细核对设计方案，未发现接口工程设计方案问题；站台雨棚施工时未考虑垂直电梯构筑设施安装要求；未及时发现雨棚与电梯玻璃罩标高冲突问题。

（三）介入方面

介入单位对施工图审查不仔细，未联合设计单位与电梯厂家充分沟通、校对图纸，未在满足结构条件下设定电梯使用要求。

三、解决方案

（一）设计方面

（1）设计单位各专业要互提设计资料，详细对接预留尺寸和收边收口工作，与厂家对接电梯尺寸，核对电梯安装位置（图 5-14-2），平面与竖向构件预留安装条件。

(2)施工前设计单位对施工单位做好现场技术交底。

(3)施工中设计单位加强现场巡查和沟通，发现问题及时组织研究和变更设计。

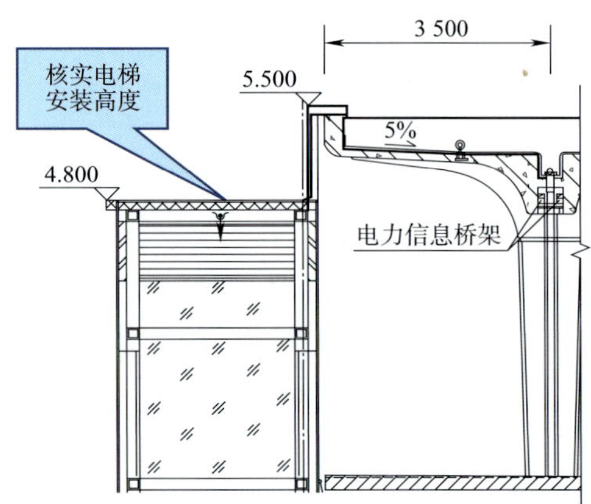

图 5-14-2　垂直电梯安装高度与站台雨棚净高协调

(标高单位：m；其他单位：mm)

(二)施工方面

(1)施工单位根据设计方案组织现场踏勘，对接预留尺寸和收边收口工作。

(2)施工单位严格按照设计方案、工序及工艺组织施工。施工中发现与设计不符情况，立即向建设、设计和介入单位报告，在未确定变更方案前，不得盲目施工。

(三)介入方面

(1)介入单位联合电梯生产厂家做好设计方案审查，确定各项参数。

(2)介入单位在过程中做好介入检查，发现问题及时向建设单位和施工单位通报并督促研究整改方案。

四、实施效果

进站垂梯如图 5-14-3 所示。

图 5-14-3　进站垂梯

第十五节　卫生间、清洁间电气布线与使用需求接口工程

一、现场情况

候车大厅卫生间内未设置烘手机、吹地机的设备插座，清洁间内未设置清洁车的充电插座（图 5-15-1），无法满足使用需求。

图 5-15-1　卫生间、清洁间内无用电设备插座

二、原因分析

（一）设计方面

机电设计在设计卫生间及清洁间时仅考虑了常规的使用功能，未及时了解使用单位具体要求，导致电气布线、插座等设置不足。

（二）施工方面

施工单位对使用单位具体使用要求不清楚，在施工阶段未及时将相关要求反馈给设计单位进行补充设计。

（三）介入方面

介入单位对施工图审查不仔细，未及时将使用需求反馈给设计单位；介入检查中未及时发现施工过程问题。

三、解决方案

（一）设计方面

设计单位加强与使用单位的对接，确定使用要求，在建筑、装修和设备专业施工图中全面表达，如图 5-15-2 所示。

（二）施工方面

施工单位在施工前充分考虑使用单位需求，提前了解站房设施设备的安装要求，主动对安装布管布线进行优化，并征得各单位同意后施工。

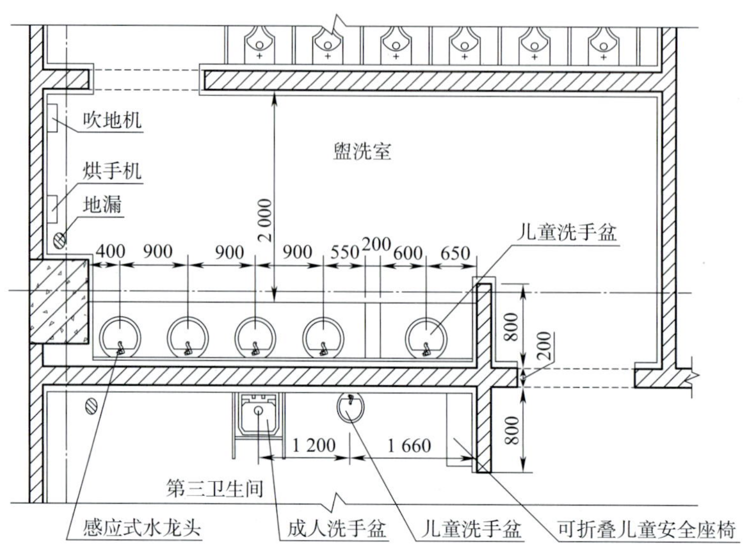

图 5-15-2　卫生间、清洁间内完善相关设备布置示意(单位:mm)

(三)介入方面

介入单位在设计阶段提前介入,对特殊使用部位提出要求,确保落实到图纸中;施工过程中应对施工单位进行交底,督促施工单位按图施工。

四、实施效果

卫生间、清洁间电气布线与使用单位需求接口工程实施效果如图 5-15-3 所示。

图 5-15-3　卫生间、清洁间电气布线与使用单位需求接口工程实施效果

第十六节　电力线缆通道与预留通道接口工程

一、现场情况

(1)信号楼、站房、综合工区通信机房 G3 配电盘房建未预留电力电缆穿线管或者穿线管线径过小,无法穿放电缆,如图 5-16-1 所示。

(2)信号机械室与运转室在走廊两侧时,之间未预埋电缆管道,如图 5-16-2 所示。

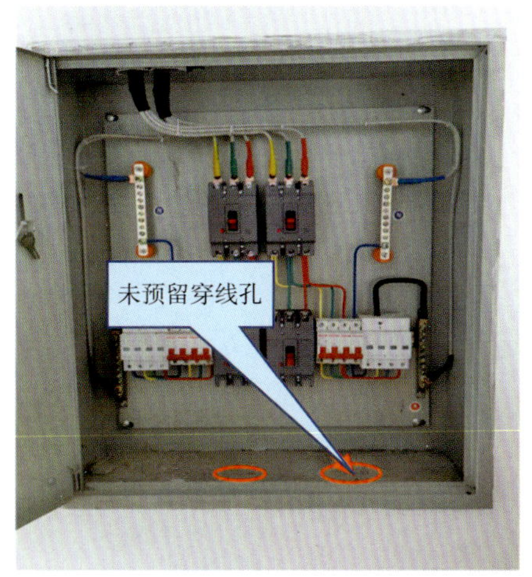

图 5-16-1 配电盘未预留穿线孔

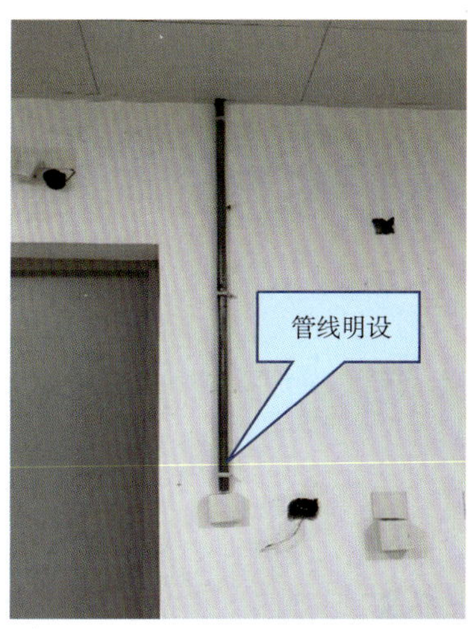

图 5-16-2 信号机房管线未暗设

二、原因分析

(一)设计方面

设计阶段专业间未详细对接专业接口工程,导致设计方案不匹配。

(二)施工方面

施工单位未详细核对设计方案,未发现接口工程设计方案问题;施工单位未详细对接施工工序或施工工艺不满足设计要求。

(三)介入方面

介入单位对施工图审查不仔细,未发现接口工程设计方案问题;介入检查中未及时发现施工过程问题。

三、解决方案

(一)设计方面

(1)设计单位房建、通信、信号等专业在确定预埋管径时要互提设计资料,充分考虑线缆路径、管径尺寸及安装工艺需求。

(2)资料中明确设备管线预埋的路径、材质及管径大小、数量和施工工艺要求,如图 5-16-3 所示。

(二)施工方面

(1)施工单位充分听取设计单位技术交底,核实预埋线缆路径、管径尺寸是否满足施工工艺需求,对接相关单位确定施工工序和施工工艺。

(2)施工单位严格按照设计方案、工序及工艺组织施工,施工中发现问题时,立即向建设、设计和介入单位报告,在未确定变更方案前,不得盲目施工。

(三)介入方面

(1)介入单位做好设计方案审查,严格把关管道预埋的施工工艺要求。

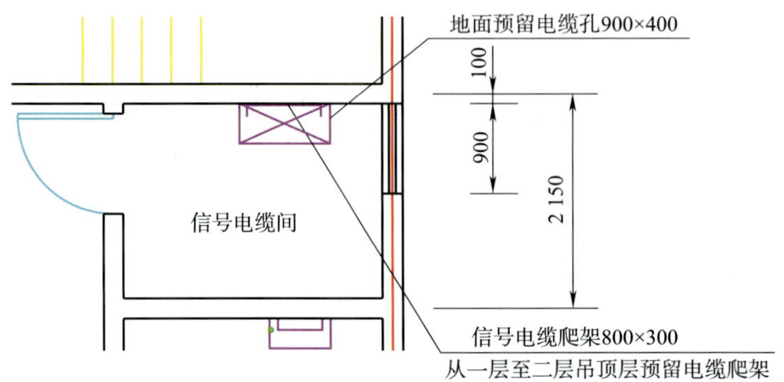

图 5-16-3　图纸明确设备预留管洞示意(单位:mm)

(2)介入单位在过程中做好介入检查,发现问题及时向建设单位和施工单位通报并督促研究整改方案。

四、实施效果

配电盘预留穿线管及管线暗设后效果如图 5-16-4 所示。

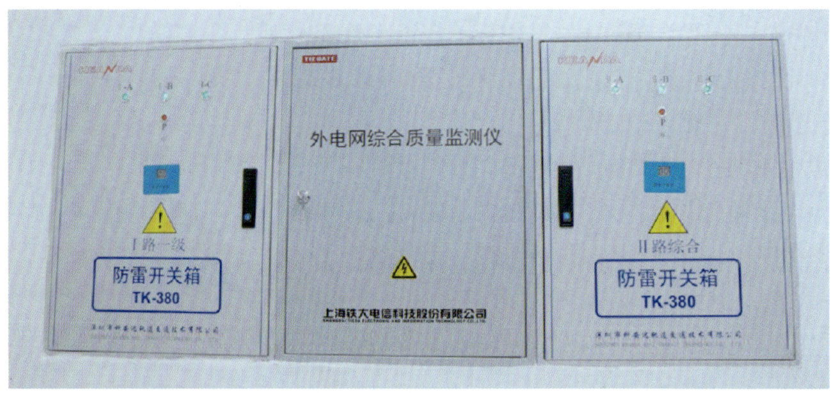

图 5-16-4　配电盘预留穿线管及管线暗设后效果

第十七节　站台限界与轨道平面接口工程

一、现场情况

由于施工坐标系不一致、专业接口工程不匹配等,实测站台建筑限界与轨道平面位置关系不符合站台限界管理规定,如图 5-17-1 所示。

二、原因分析

(一)设计方面

设计阶段站前、站后由多家单位负责设计,采用的坐标系不一致或提供给站前、站后施工单位的测量控制点不一致,基准误差导致接口不匹配。

图 5-17-1　站台边缘侵限需切割打磨

(二)施工方面

施工单位在站台墙定位时,站前、站后单位未开展联测导致定位偏差;站房施工未使用 CPⅢ数据作为基准,引用站房坐标点控制站台边界;站前单位轨道线形调整或站后施工单位站台结构偏差造成侵限;路基下沉导致站台墙和轨道线形偏移造成侵线。

(三)介入方面

介入单位未联合站房与站前单位开展技术交接,明确基准坐标系和线形联测,未要求保留足够的建筑限界冗余;介入检查中未及时发现施工过程问题。

三、解决方案

(一)设计方面

(1)设计单位各专业要互提设计资料,站前、站后采用统一的坐标系或指导施工单位进行坐标转化。

(2)站前、站后设计单位给施工单位移交测量控制点,包含至少两个共用点位,以方便不同标段施工单位联测和修正。

(3)站前、站后专业图上应标注限界要求,如图 5-17-2 和图 5-17-3 所示。

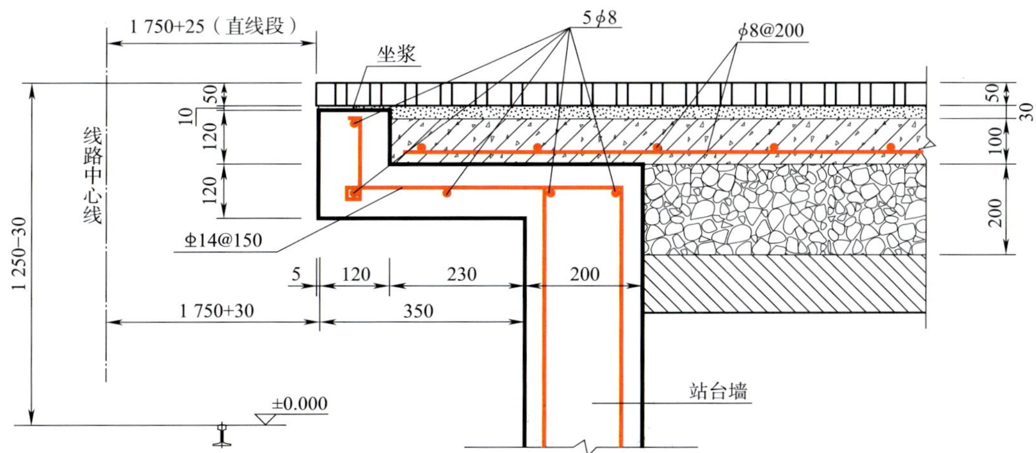

图 5-17-2　站台设计示意(标高单位:m;其他单位:mm)

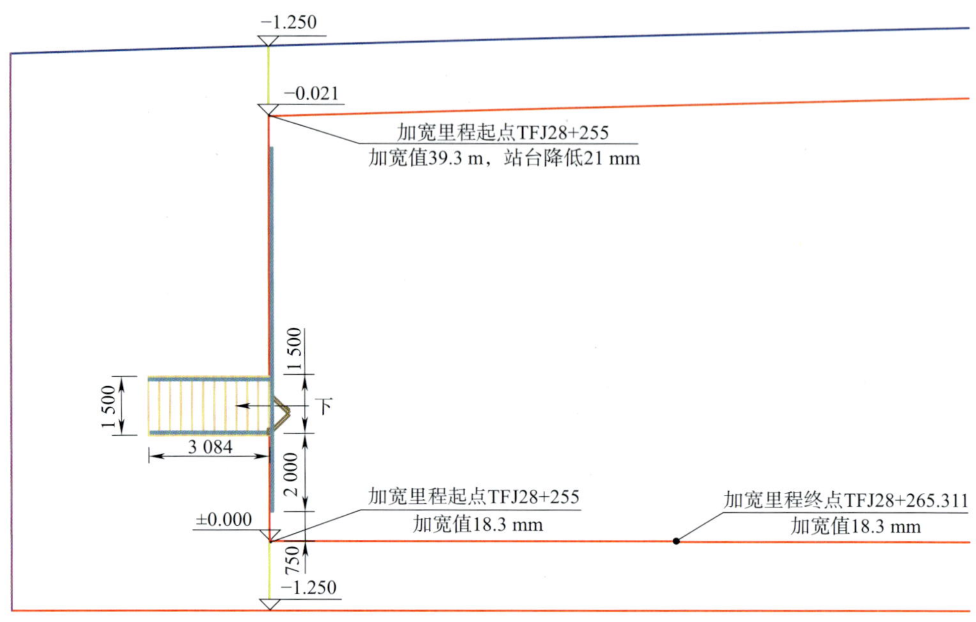

图 5-17-3　设计明确限界加宽值(标高单位:m;其他单位:mm)

(二)施工方面

(1)施工单位根据设计方案,组织联合现场踏勘,充分听取设计单位技术交底,对接相关单位确定施工工序和施工工艺。

(2)站台墙施工前和施工过程中,站前、站后单位联合开展数据联测,并共同确认测量结果,避免站台墙施工完成后因轨道调整造成工程损失。

(3)考虑施工偏差,站台墙挑檐结构施工时宜适当缩尺,保留限界冗余。

①站台高度限界:允许范围 1 230～1 250 mm,建议实施标准 1 230 mm。

②直线段水平限界:允许范围 1 750～1 765 mm,建议实施标准 1 765 mm。

③曲线加宽区段不小于设计加宽值,线间结构柱需满足正线限界要求。

(4)严格把控路基回填质量。

(三)介入方面

(1)介入单位联合站台墙施工单位与铺轨单位做好测量技术交底,确保测量基准一致。

(2)介入单位做好轨道与站台墙位置关系核对,加强站台界限监测。

(3)介入单位在站台面铺装时做好 CPⅢ联测数据确认,根据建筑限界保留建筑限界冗余,消除轨道精调和铺装施工误差造成的建筑限界不达标问题。

四、实施效果

站台边缘与曲线吻合如图 5-17-4 所示。

图 5-17-4　站台边缘与曲线吻合

第十八节 落客平台与市政道路接口工程

一、现场情况

落客平台与市政道路存在标高差，采用台阶方式处理时，不利于旅客通行，如图 5-18-1 所示。

图 5-18-1 落客平台与市政道路交接处出现台阶影响旅客通行

二、原因分析

（一）设计方面

站房落客平台与市政道路工程分属不同设计单位负责，就接口部位未进行统筹设计和明确做法。

（二）施工方面

施工单位在施工中未对接口部位进行对接，未对高程、平面定位控制系统进行互相确认；未能及时将问题反馈给设计单位以修改接口做法。

（三）介入方面

介入单位对施工图审查不细致，在站房工程与市政道路工程接口管理方面，未建立有效协商沟通机制，未明确双方设计接口互认要求。

三、解决方案

（一）设计方面

落客平台与市政道路之间在旅客进出站流线上应平整通畅，不应留设影响旅客通行的花坛、台阶等，高差处宜设置坡道予以顺接，坡道坡度不应大于 1 ∶ 12，其余场地坡度宜为 0.5%～2%；当高差太大采用台阶或台地时，应进行无障碍设计，如图 5-18-2 所示。

（二）施工方面

落客平台与市政道路相接处设置坡道，站房与市政工程施工单位建立有效的协商沟通机制，针对施工界面、预留预埋、平面和高程控制网等在施工前进行友好协商；施工中，出现做法不统一等争议时，施工单位及时向设计单位和建设单位反馈，避免返工。

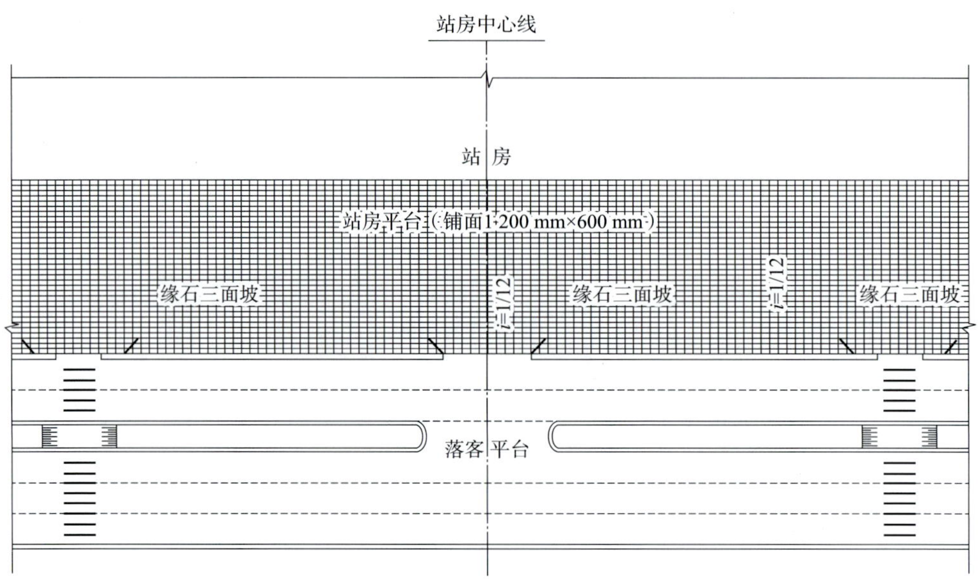

图 5-18-2　落客平台与旅客进出站口地面无障碍设计

（三）介入方面

在设计阶段，介入单位组织设计、运维等单位明确相关接口设计原则及标准；在土建工程施工前，介入单位组织设计相关专业及施工、监理单位对预留接口设计进行核对，并组织专项设计技术交底；介入单位组织站房、市政道路施工单位将房建接口工程纳入实施性施工组织设计文件，同步实施。

四、实施效果

落客平台与市政道路接口工程如图 5-18-3 所示。

图 5-18-3　落客平台与市政道路接口工程

第十九节 公网设备安装与桥架管线接口工程

一、现场情况

车站站房内部分区域前期未考虑公网设备安装和线缆敷设需求，造成信号覆盖差，影响通信；变更后新增桥架、线路和末端设备，造成房屋吊顶拆改、机房布局调整和管线布置凌乱等问题，如图 5-19-1 所示。

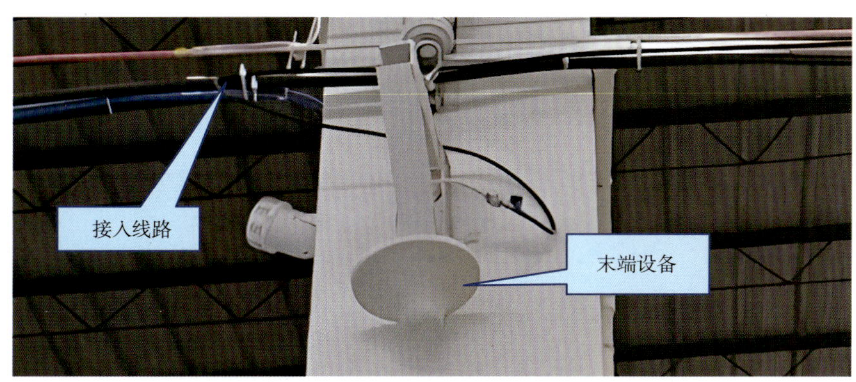

图 5-19-1 后期增加管线及末端设备导致布置凌乱

二、原因分析

（一）设计方面

设计单位未考虑公网布线和设备安装需求，末端布置未考虑对建筑装饰美观效果的影响。

（二）施工方面

公网覆盖工程项目启动较晚，施工进度滞后。

（三）介入方面

介入单位未联合建设单位与公网运营商做好对接，未要求公网运营商参加站房施工图审查，未预留公网安装条件。

三、解决方案

（一）设计方面

（1）在站房设计阶段，设计单位邀请公网运营行业专家及介入单位参加施工图审查，提前制定公网覆盖工程引入设计方案。

（2）设计阶段依据站房各层不同区域旅客密度，以及屋面、幕墙、钢结构、室内隔墙等构件对信号强度的影响，确定公网信号强度、带宽等需求。

（3）设计阶段在商业区应预留充足的公网系统信号末端接口。

（4）设计阶段通信专业应明确系统设备、线路、末端的布局和走向，提供资料给建筑、装修专业，建筑、装修专业在管线综合布置、装饰深化设计、机房布局时统筹考虑。

（二）施工方面

（1）建设单位与公网运营商加强对接，及时通报站房施工进度，督促公网运营商启动公网覆盖工程，将其作为站房配套工程同步实施，在站房正式投用前完工验收。

（2）地方通信线路、末端安装施工应与其他机电安装、装饰同步进行，纳入站房投用前必验项目，室内通信设施分布系统与建筑装修统一设计风格。

（三）介入方面

（1）介入单位联合建设单位提前与公网运营商对接，提出铁路沿线和车站网络覆盖需求，签订资源占用合同，为公网覆盖施工提供便利条件。

（2）介入单位在过程中做好介入检查，发现问题及时向建设单位和施工单位通报并督促研究整改方案。

四、实施效果

室内通信设施分布系统与建筑装修设计风格相统一如图 5-19-2 所示。

图 5-19-2　室内通信设施分布系统与建筑装修设计风格相统一

第二十节　客服终端设备与接地扁铁接口工程

一、现场情况

客服终端设备（包括综合服务中心、综控室、候车厅处自动售取机、进出站闸机、安检仪等）未与接地扁铁连接，设备外壳未就近接地（图 5-20-1），存在设备静电伤人隐患。

二、原因分析

（一）设计方面

信息和房建专业间未详细对接专业接口工程，未明确客服终端设备接地类别及平面位置需求。

（二）施工方面

施工单位未详细对接施工工序和接口方案，未及时向各专业设计反馈施工中的问题。

图 5-20-1 闸机未引入接地扁铁

（三）介入方面

介入单位对施工图审查不仔细，未发现接口工程设计方案问题；介入检查中未及时发现施工过程问题。

三、解决方案

（一）设计方面

设计单位根据现场需求做好专业间的对接，明确客服终端设备接地类别及平面位置（图 5-20-2），设计成果经相关专业确认和会签。

（二）施工方面

施工单位充分听取设计单位技术交底，严格按照设计和现场需求施工。接地扁铁引入位置与设备安装位置不大于 2 m，预防设备静电伤人。

（三）介入方面

设备管理单位认真审查施工图，提出自动售取机、进出站闸机、安检仪等客服终端设备接地要求，督促施工单位按图施工。

四、实施效果

客服终端设备接地引入接口工程如图 5-20-3 所示。

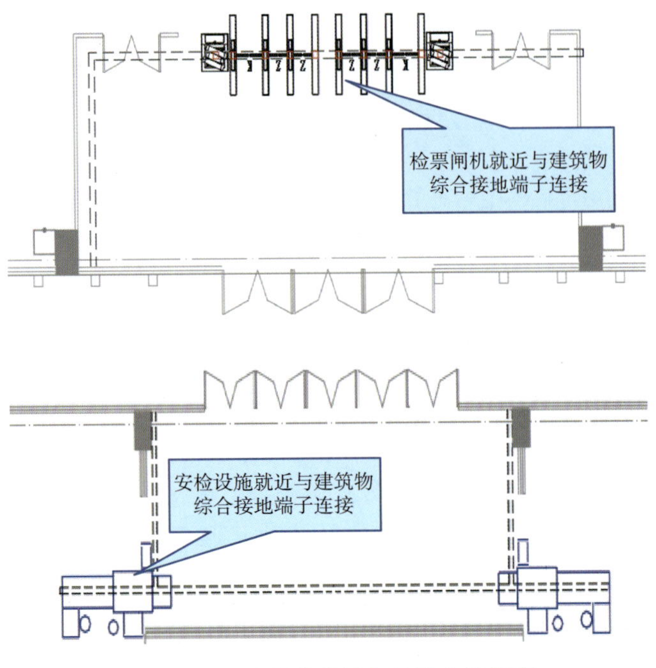

图 5-20-2　客服终端设备接地安装示意

图 5-20-3　客服终端设备接地引入接口工程

第二十一节　信息用房设备与房建基础设施接口工程

一、现场情况

信息用房(包括信息机房、信息设备间和综控室)内的消防、空调、照明、接地端子、静电地板、铜箔带等房建基础设施预留位不明确,导致信息设备安装不符合标准或维修空间不足。如空调设备摆放不合理,出风口方向被机柜遮挡(图 5-21-1),空气流通不畅,不利于设备散热。

图 5-21-1 机房空调设备位置朝向不利于空气流通

二、原因分析

(一)设计方面

信息、房建设计单位之间未充分沟通，未充分考虑信息机房的消防、空调、照明、接地端子、静电地板、铜箔带等基础设施的摆放和后期信息设备维护需要。

(二)施工方面

信息、房建施工单位未详细对接施工工序和专业接口需求，对现场出现的问题未及时反馈。

(三)介入方面

介入单位对施工图审查不仔细，未发现接口工程设计方案问题；介入检查中未及时发现施工过程问题。

三、解决方案

(一)设计方面

(1)设计各专业依据信息专业提供的信息机房消防、空调、照明、接地端子、静电地板、铜箔带等基础设施预安装位置信息，充分考虑现场实际和业务需求开展设计，如图 5-21-2 所示。

(2)信息机房宜按照一体化统筹设计，设计成果经相关专业确认和会签。

(二)施工方面

(1)施工单位加强专业间沟通协调，信息施工单位提供机房设备设施安装位置，房建专业施工单位严格按照对接要求进行空调、消防基础设备安装，信息设备位置若出现变化应及时通知房建施工单位调整，以满足设备使用要求和后续维护检修。

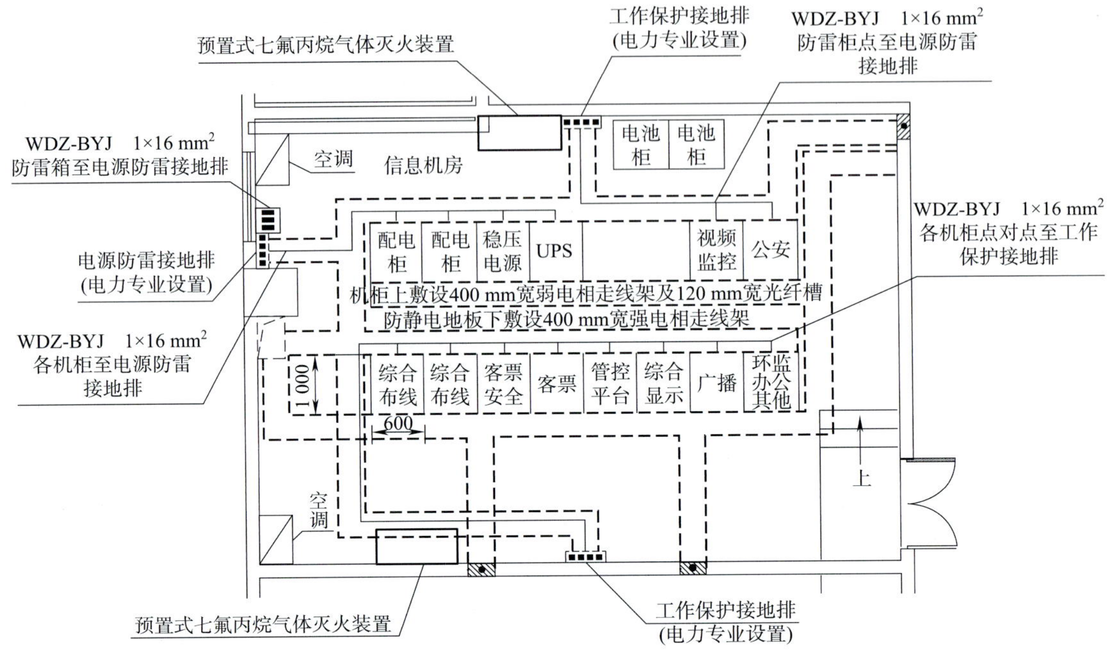

图 5-21-2 信息机房平面布置示意(单位:mm)

(2)信息机房宜由单一施工单位一体化施工,减少接口工程影响。

(三)介入方面

(1)介入单位做好设计方案审查,明确信息机房和信息设备间消防、空调、照明、接地端子、静电地板、铜箔带等基础设施预留位。

(2)介入单位在过程中做好介入检查,发现问题及时向建设单位和施工单位通报并督促研究整改方案。

四、实施效果

信息机房布局与使用单位需求接口工程如图 5-21-3 所示。

图 5-21-3 信息机房布局与使用单位需求接口工程

第二十二节　客服信息终端设备与管件预埋接口工程

一、现场情况

站区客服信息终端设备包括自动售取机、进出站闸机、票额信息屏、候车检票屏、进出站大屏、到发公告屏、站台屏、LCD 屏、候车厅落地屏、广播、摄像头、电视墙、安检仪等，因安装条件不足或位置不明导致后续设备安装不标准。

二、原因分析

(一)设计方面

信息、房建设计单位之间未充分沟通，设计资料互提不足，设计交底不清。

(二)施工方面

信息、房建施工单位之间协调沟通不够，对现场出现的问题未及时反馈。

(三)介入方面

介入单位对施工图审查不仔细，现场检查深度不够，与信息、房建施工单位对接不力。

三、解决方案

(一)设计方面

设计单位依据显示屏、广播、摄像头等客服设备的规格和布局做好预埋管件设计，设计成果经相关专业确认。站台雨棚客服信息终端设备安装示意如图 5-22-1 所示。

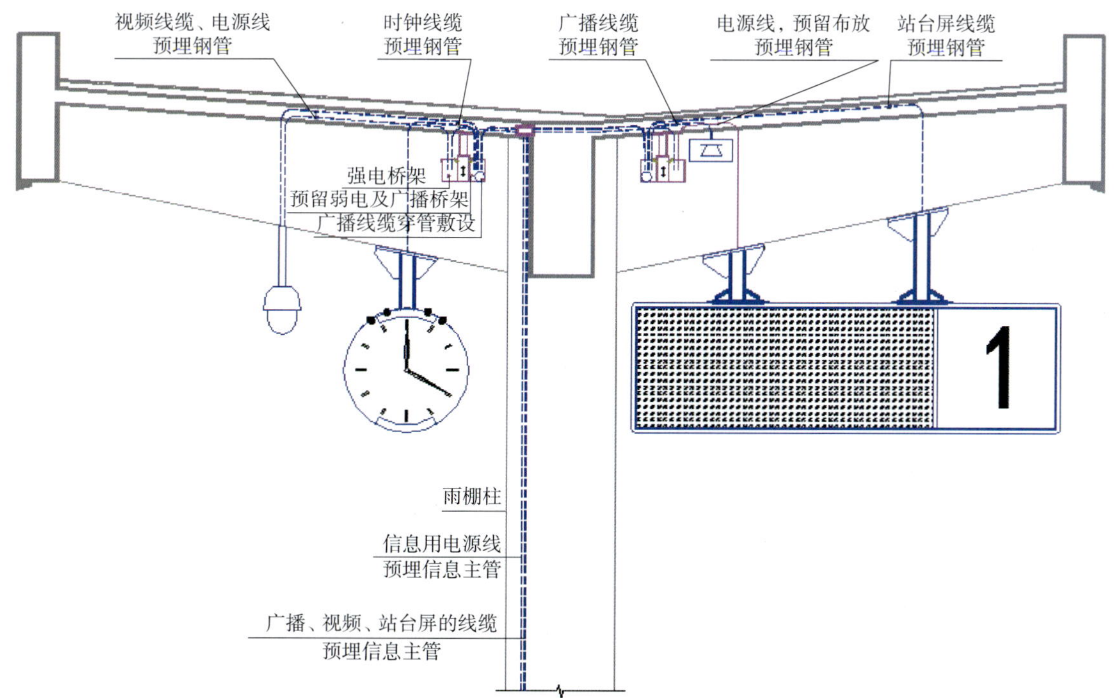

图 5-22-1　站台雨棚客服信息终端设备安装示意

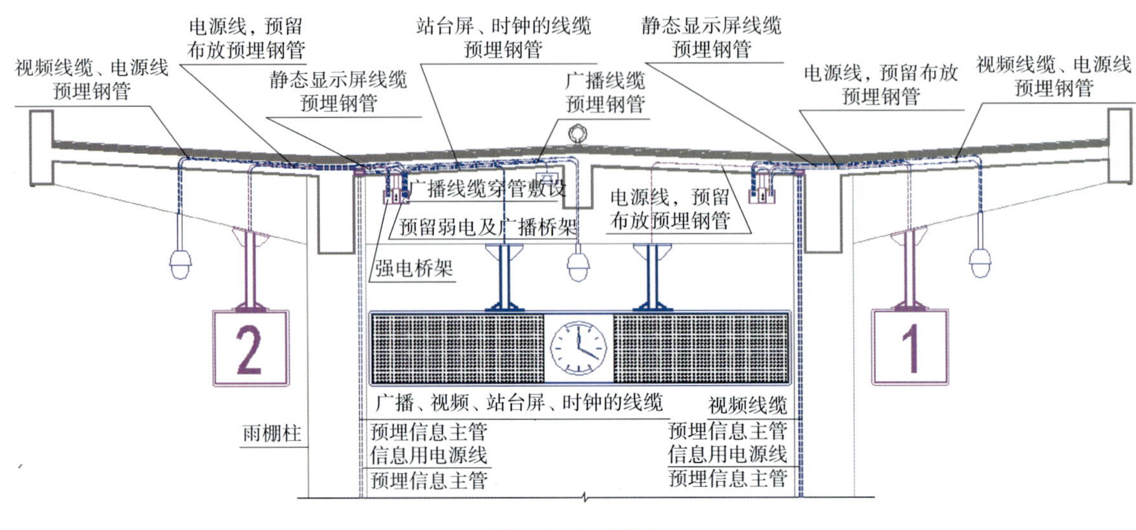

图 5-22-1 （续）

（二）施工方面

施工单位加强专业间沟通协调，信息设备专业提前掌握相关客服设备规格尺寸大小，与房建专业沟通，房建专业在混凝土梁、板等结构浇筑前依据需求做好预埋管件敷设安装，满足设备安装需求。房建专业根据安检仪、自动售取机、电视墙设备规格和现场需求做好管件预埋。

（三）介入方面

介入单位做好设计方案审查，确认客服信息终端设备安装条件，信息专业及时将设备安装需求提交房建专业，督促施工单位按图施工。

四、实施效果

客服信息终端设备预留安装位置接口工程实施效果如图 5-22-2 所示。

图 5-22-2 客服信息终端设备预留安装位置接口工程实施效果

图 5-22-2 (续)

第二十三节 门禁、闸机与消防联动接口工程

一、现场情况

站区门禁、进出站闸机未接入消防系统，未实现消防联动(图 5-23-1)，存在人员疏散安全隐患。

二、原因分析

(一)设计方面

设计各专业前期沟通对接不足，房建、信息、消防之间资料互提不足，设计交底不清。

(二)施工方面

施工单位各专业间沟通不足，对现场出现的问题未及时反馈，在设备位置发生变化后未及时反馈给相关设计。

(三)介入方面

介入单位对施工图审查不仔细，未及时掌握门禁、闸机点位信息，现场检查深度不够，与房建、信息、消防施工单位对接不力。

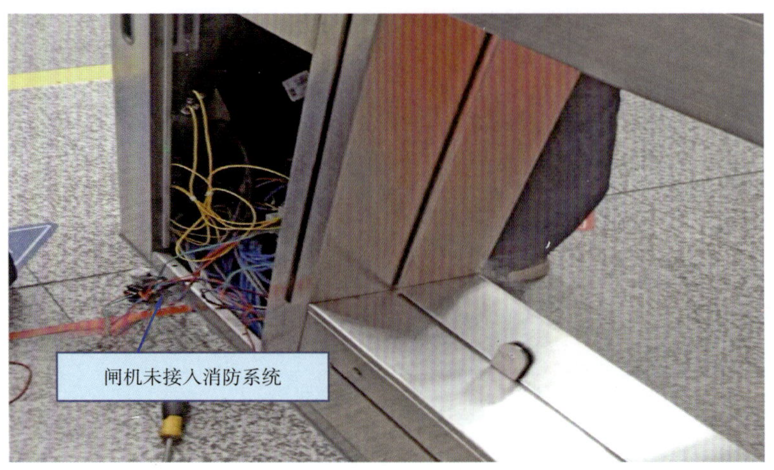

图 5-23-1　闸机未接入消防系统

三、解决方案

（一）设计方面

设计各专业加强沟通，设计说明、技术交底应对门禁、闸机点位信息进行提醒，明确消防干接点信号源接入要求，设计成果经相关专业确认。客服前端设备接入消防系统示意如图 5-23-2 所示。

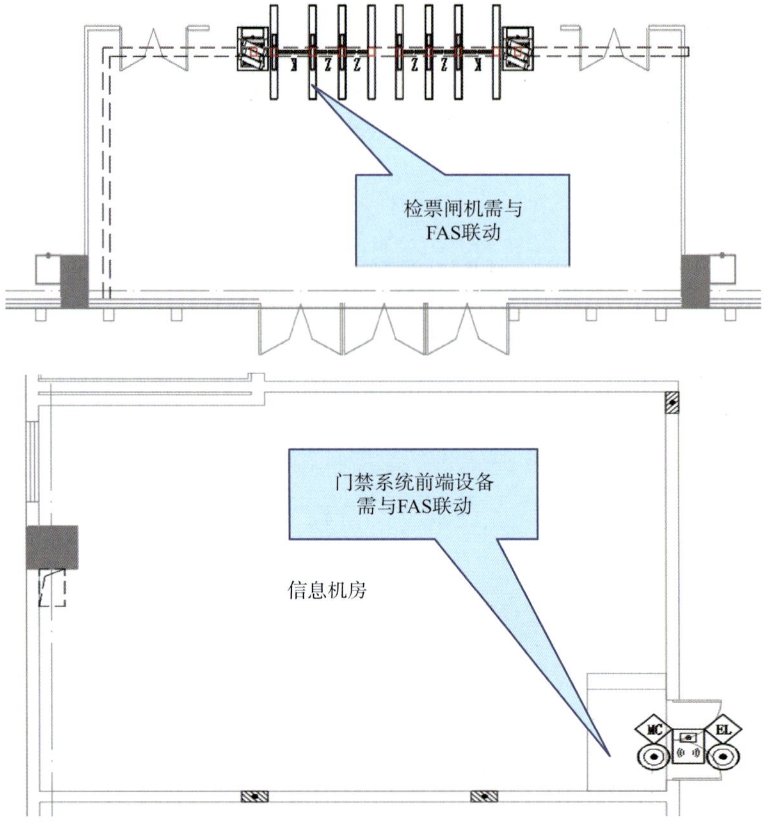

图 5-23-2　客服前端设备接入消防系统示意

（二）施工方面

施工单位加强各专业间沟通，信息专业提供消防广播接口设备，消防专业提供消防音源，信息专业提前掌握门禁、进出站闸机点位信息，与消防专业对接接入干接点信号源，将需求告知房建专业，房建专业依据需求做好管件预埋。

（三）介入方面

介入单位做好设计方案审查，确认门禁、闸机点位；过程中做好介入检查，发现问题及时向建设单位和施工单位通报并督促研究整改方案。

四、实施效果

客服设备终端与消防联动接口工程如图 5-23-3 所示。

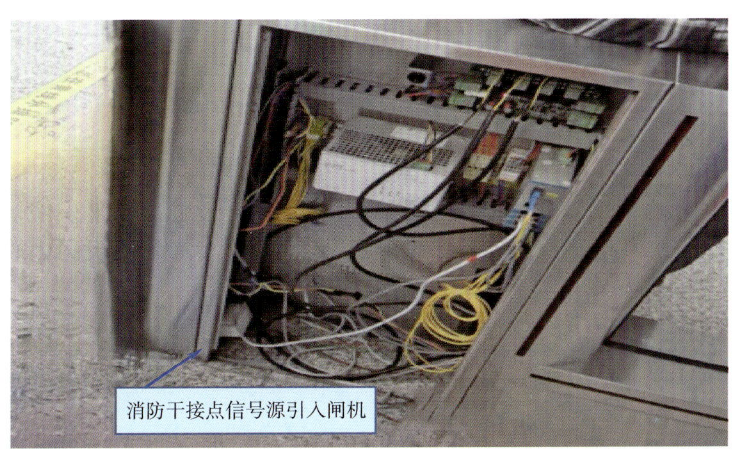

图 5-23-3　客服设备终端与消防联动接口工程

第二十四节　检查地沟与轨道接口工程

一、现场情况

由于施工工序未有效衔接，检查地沟侧壁中心与轨道中心存在平面偏差，导致检查地沟侧壁顶面标高与轨道标高不匹配，如图 5-24-1 所示。

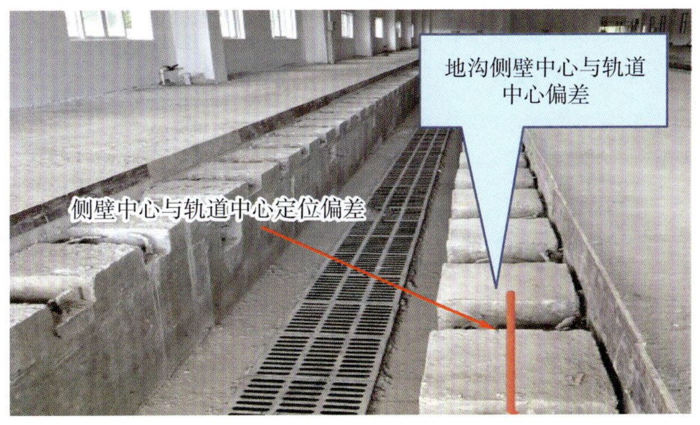

图 5-24-1　地沟侧壁中心与轨道中心存在平面偏差

二、原因分析

(一)设计方面

设计文件未强调工序衔接组织和质量卡控重点，且施工交底时未对此内容进行重点说明。

(二)施工方面

站前、站后施工单位分别负责地沟基础和轨道的修建，施工前未详细对接施工工序，未联合测量确定检查地沟侧壁顶面与轨道标高关系，导致标高不匹配。

(三)介入方面

介入单位对施工图审查不仔细，未发现接口工程设计方案问题；介入检查中未及时发现施工过程问题。

三、解决方案

(一)设计方面

(1)设计单位各专业互提资料，轨道专业牵头组织施工图审查，在结构施工图设计中明确检查地沟侧壁顶面与轨道的平面位置关系及轨顶标高。

(2)施工前设计单位对施工单位做好现场技术交底，督促站后施工单位与站前施工单位充分对接，联合测量确定准确的轨道位置及标高关系，如图 5-24-2 所示。

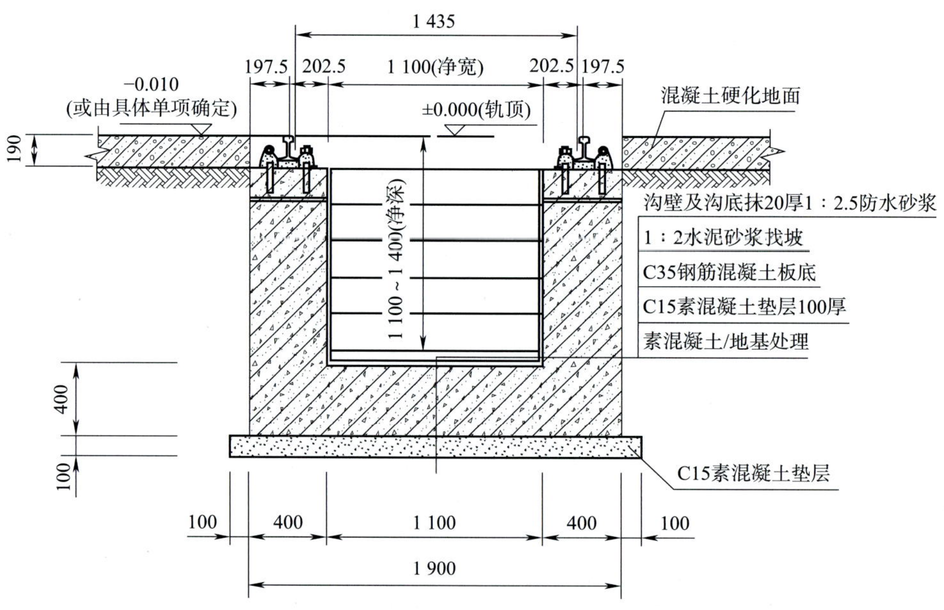

图 5-24-2　地沟侧壁与轨道相对位置关系示意(标高单位：m；其他单位：mm)

(二)施工方面

(1)施工单位充分听取设计单位技术交底，对接相关单位确定施工工序和施工工艺。

(2)施工单位严格按照设计方案、工序及工艺组织施工，加强施工配合，发现问题立即向建

设、设计和介入单位报告，不得盲目施工。

(三)介入方面

(1)介入单位做好施工图审查，防止检查地沟侧壁顶面与轨道标高不匹配。

(2)介入单位在过程中进一步核查轨道与检查地沟的标高关系是否合理，发现问题及时向建设单位和施工单位通报并督促研究整改方案。

四、实施效果

地沟侧壁与轨道相对位置如图 5-24-3 所示。

图 5-24-3 地沟侧壁与轨道相对位置

第二十五节 站台雨棚柱与地道出入口侧墙接口工程

一、现场情况

地道出入口雨棚柱设置在地道墙上，由于雨棚柱与侧墙未同步施工，出现预留的插筋接头未实施、预留的插筋锚固长度不满足现行《混凝土结构设计规范》(GB 50010)等问题，造成雨棚柱无法实施，如图 5-25-1 所示。

二、原因分析

(一)设计方面

设计阶段专业间未详细对接专业接口工程，各专业施工图对于插筋的施工规定不一致。

(二)施工方面

施工单位未详细核对设计方案，未发现接口工程设计方案问题；施工单位未详细对接施工工序或施工工艺不满足设计要求；站前施工单位不熟悉雨棚柱预留插筋锚固国标图，导致施工工艺不满足要求。

图 5-25-1　插筋锚固长度不满足规范要求

(三)介入方面

介入单位对施工图审查不仔细,未发现接口工程设计方案问题;介入检查中未及时发现施工过程问题。

三、解决方案

(一)设计方面

(1)设计单位各专业要互提设计资料,统一插筋的施工规定,确保设计方案相互匹配。

(2)结构和地道施工图设计明确地道出入口侧墙预留雨棚柱纵筋施工标准,如图 5-25-2 所示。

(3)施工前设计单位对施工单位做好现场技术交底。

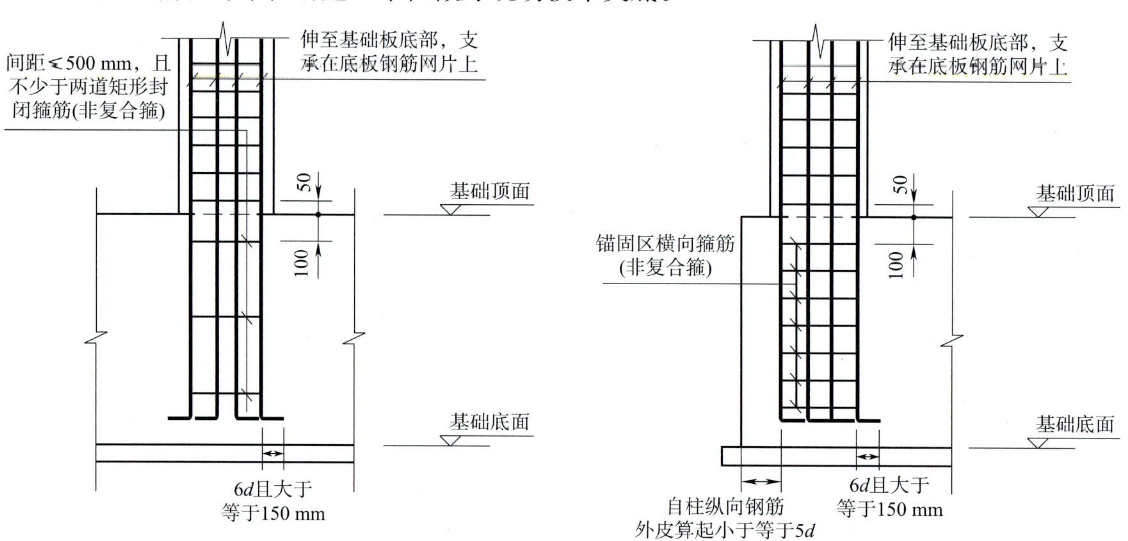

图 5-25-2　插筋锚固长度示意(单位:mm)

(二)施工方面

(1)施工单位充分听取设计单位技术交底,对接相关单位确定施工工序和施工工艺。

(2)站前施工单位严格按照设计方案、工序及工艺组织施工,过程中加强沟通协调,做好接口工程施工管理。

(三)介入方面

(1)介入单位做好设计方案审查,做好不同阶段施工的技术对接。

(2)介入单位在过程中做好介入检查,发现问题及时向建设单位和施工单位通报并督促研究整改方案。

四、实施效果

地道出入口侧墙预留雨棚柱钢筋如图 5-25-3 所示。

图 5-25-3 地道出入口侧墙预留雨棚柱钢筋

第二十六节 区间“四电”房屋与通所道路接口工程

一、现场情况

区间“四电”房屋院落大门无法与通所道路衔接,影响使用功能,如图 5-26-1 所示。

二、原因分析

(一)设计方面

设计阶段专业间未详细对接专业接口工程,导致设计方案不匹配。

（二）施工方面

施工单位未详细核对设计方案，未相互核对大门和通所道路位置，未发现接口工程设计方案问题。

图 5-26-1　院落大门无通所道路衔接

（三）介入方面

介入单位对施工图审查不仔细，未发现接口工程设计方案问题；介入检查中未及时发现施工过程问题。

三、解决方案

（一）设计方面

（1）设计单位各专业要互提设计资料，明确大门和通所道路位置，如图 5-26-2 所示。

（2）施工前设计单位对施工单位做好现场技术交底。

（3）施工中设计单位加强现场巡查和沟通，发现问题及时组织研究和变更设计。

（二）施工方面

（1）施工单位充分听取设计单位技术交底，对接相关单位确定施工工序和施工工艺。

（2）施工单位严格按照设计方案、工序及工艺组织施工。站前、站后施工单位加强沟通协调，过程中发现问题立即向建设、设计和介入单位报告，在未确定变更方案前，不得盲目施工。

（三）介入方面

（1）介入单位做好设计方案审查。

（2）介入单位在过程中做好介入检查，发现问题及时向建设单位和施工单位通报并督促研究整改方案。

四、实施效果

通所道路接入院落大门如图 5-26-3 所示。

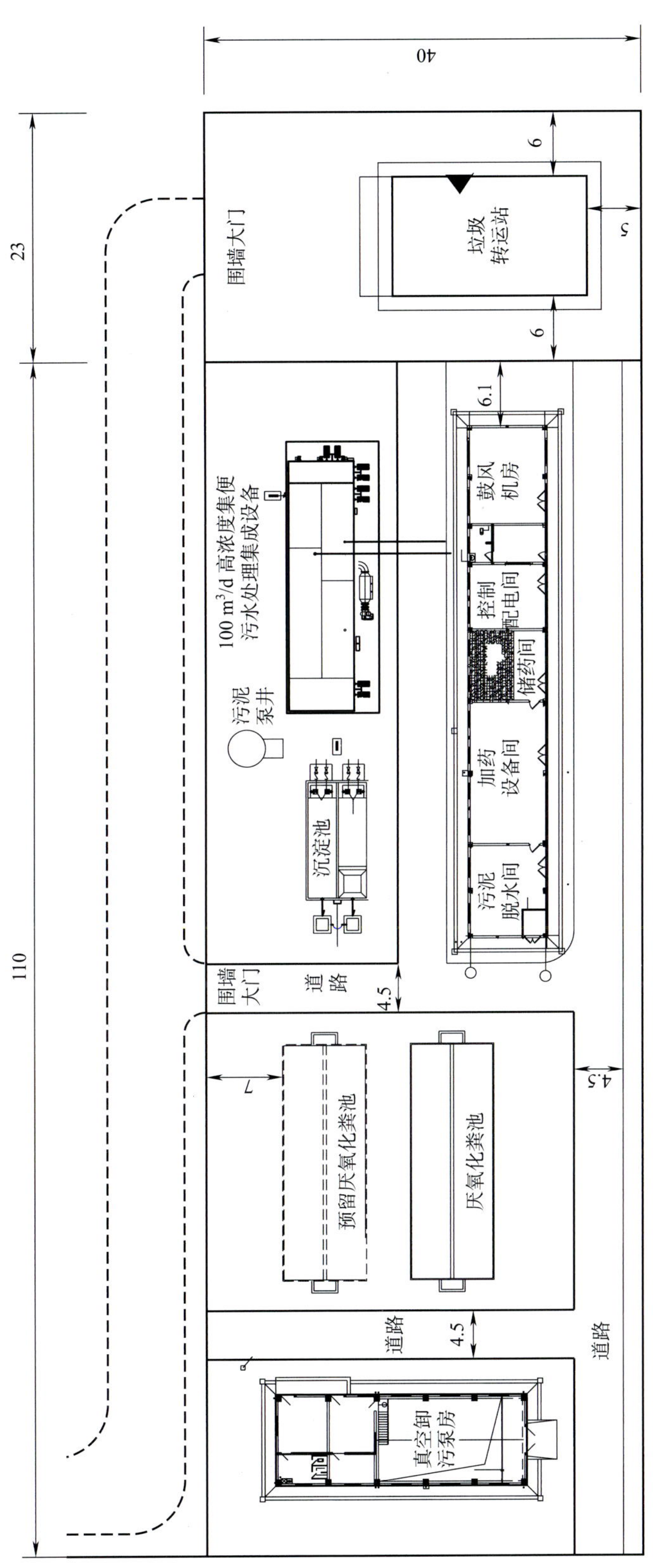

图 5-26-2　通所道路衔接围墙大门示意（单位：m）

图 5-26-3　通所道路接入院落大门

第二十七节　地道出入口与站台面铺装接口工程

一、现场情况

地道出入口结构顶面标高和扶梯顶面标高设置过高，影响站台面铺装施工，如图 5-27-1 和图 5-27-2 所示。

图 5-27-1　地道出入口开口段土建工程结构顶标高过高

图 5-27-2　扶梯顶面与站台面标高不一致形成缓坡

二、原因分析

（一）设计方面

设计阶段专业间施工时序不同步，未详细对接专业接口工程，导致设计方案不匹配。

（二）施工方面

施工单位未详细核对设计方案，未发现接口工程设计方案问题；施工单位未详细对接施工工序或施工工艺不满足设计要求。

（三）介入方面

介入单位对施工图审查不仔细，未发现接口工程设计方案问题；介入检查中未及时发现施工过程问题。

三、解决方案

（一）设计方面

（1）设计单位各专业要互提设计资料，结构设计图中明确地道出入口结构顶面标高、扶梯顶面标高与站台铺装完成面标高之间的空间关系，如图 5-27-3 和图 5-27-4 所示。

（2）施工前设计单位对施工单位做好现场技术交底，指导站前、站后施工单位对接站台铺装完成面标高的空间关系，确定地道出入口结构顶面标高、扶梯顶面标高，避免接口冲突。

（二）施工方面

（1）施工单位根据设计方案，组织联合现场踏勘，充分听取设计单位技术交底，对接相关单位确定施工工序和施工工艺。

（2）施工单位严格按照设计方案、工序及工艺组织施工。遇不符合设计的情况时，施工单位立即向建设、设计和介入单位报告，在未确定变更方案前，不得盲目施工。

（三）介入方面

（1）介入单位做好设计方案审查。

（2）介入单位在过程中做好介入检查，发现问题及时向建设单位和施工单位通报并督促研究整改方案。

四、实施效果

地下通道出入口结构顶面与站台平台铺装面标高一致如图 5-27-5 所示。扶梯上、下支撑点分别如图 5-27-6 和图 5-27-7 所示。

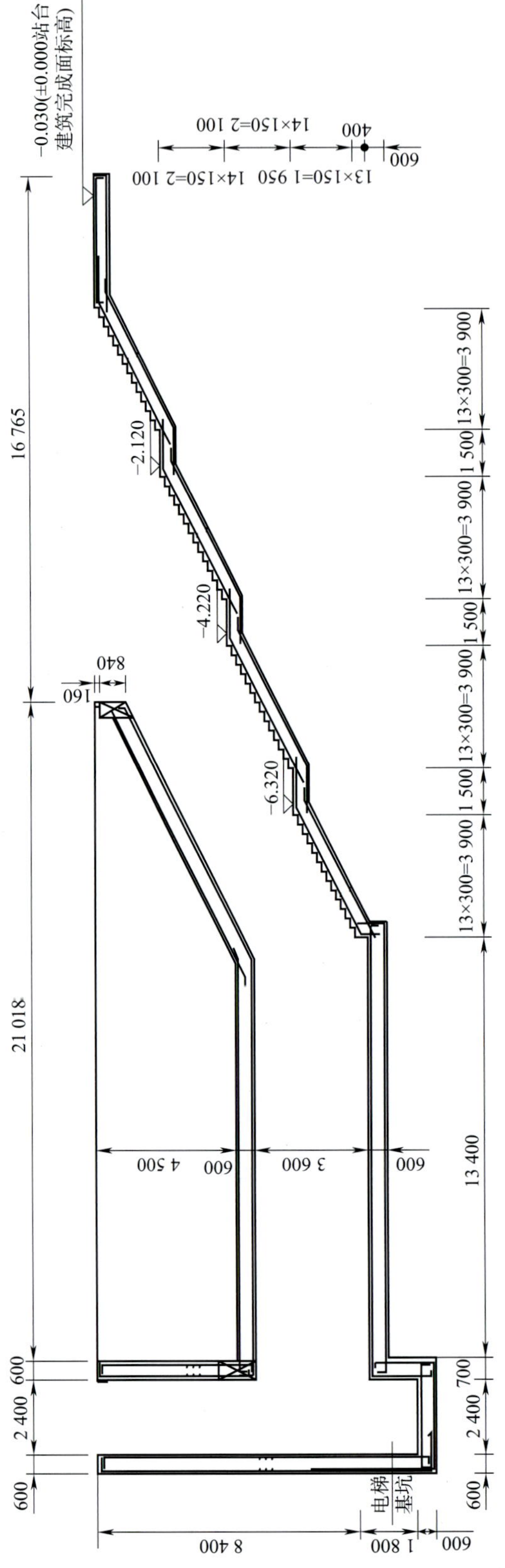

图 5-27-3　地道出入口结构标高示意（标高单位：m；其他单位：mm）

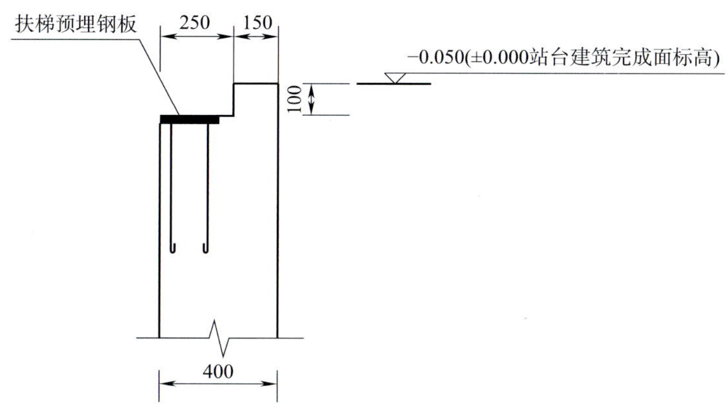

图 5-27-4 扶梯上下支撑点大样做法及预埋件示意(标高单位:m;其他单位:mm)

图 5-27-5 地下通道出入口结构顶面与站台平台铺装面标高一致

图 5-27-6 扶梯上支撑点

图 5-27-7　扶梯下支撑点

第二十八节　接触网连接法兰盘与钢结构雨棚柱接口工程

一、现场情况

钢结构雨棚预留的接触网连接法兰盘锈蚀严重，影响接触网施工质量，存在安全隐患，如图 5-28-1 所示。

图 5-28-1　接触网连接法兰盘锈蚀严重

二、原因分析

(一)设计方面

设计阶段专业间未详细对接专业接口标准，房建结构专业按照现行《建筑钢结构防腐蚀技术规程》(JGJ/T 251)进行钢结构防腐蚀设计，与接触网专业采用的现行《金属覆盖层　钢铁制件热浸镀锌层　技术要求及试验方法》(GB/T 13912)防腐蚀技术标准存在差异。

（二）施工方面

施工单位未详细核对设计方案，未发现接口工程设计方案问题；房建施工单位未严格把关施工环境和涂刷条件，导致防腐涂料涂刷不均匀，局部厚度不满足设计要求。

（三）介入方面

介入单位对施工图审查不仔细，未发现接口工程设计方案问题；介入检查中未及时发现施工过程问题。

三、解决方案

（一）设计方面

（1）设计方案中明确钢结构雨棚预留的接触网连接法兰盘采用与接触网专业相同的防腐蚀技术标准，如图 5-28-2 所示。

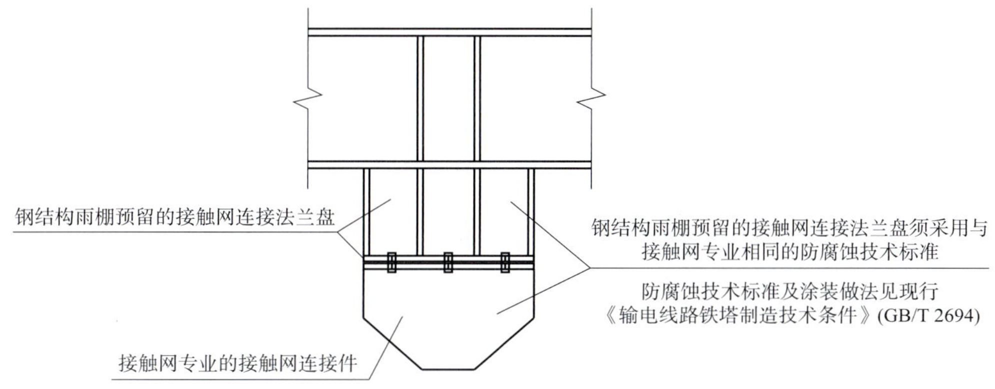

图 5-28-2　接触网连接法兰盘防腐蚀技术要求示意

（2）施工前设计单位对施工单位做好现场技术交底。

（二）施工方面

（1）施工单位在施工前核实设计图防腐技术标准与接触网专业要求是否一致。

（2）施工单位向房建、供电部门提出首件定标申请，牵头组织建设、设计、监理和介入单位开展首件定标。

（3）施工单位严格按照设计方案、工序及工艺组织施工，在对雨棚预留的接触网连接法兰盘喷涂时对当时的环境温度、湿度、污染程度等环境监测指标、质量检测环节做好影像资料录制。

（三）介入方面

（1）介入单位做好设计方案审查。

（2）介入单位联合施工单位开展首件定标，确认喷涂时的环境温度、湿度、污染程度等环境监测指标、施工工艺工法。

（3）介入单位在过程中做好介入检查，发现问题及时向建设单位和施工单位通报并督促研究整改方案。

四、实施效果

接触网支柱法兰盘如图 5-28-3 所示。

图 5-28-3　接触网支柱法兰盘

第二十九节　接触网预埋件与房建结构接口工程

一、现场情况

车站雨棚柱漏埋接触网预埋件或埋设位置错误，导致站后施工单位无法正确安装接触网设备，如图 5-29-1 所示。

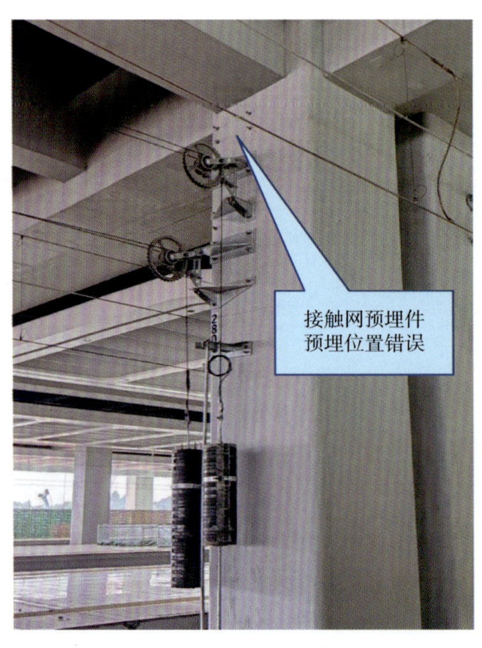

图 5-29-1　接触网预埋件预埋位置错误

二、原因分析

(一)设计方面

设计阶段专业间未详细对接专业接口工程,设计图中未明确接触网预埋件技术标准,导致设计方案不匹配。

(二)施工方面

施工单位未详细核对设计方案,未发现接口工程设计方案问题;施工单位未详细对接施工工序或施工工艺不满足设计要求。

(三)介入方面

介入单位对施工图审查不仔细,未发现接口工程设计方案问题;介入检查中未及时发现施工过程问题。

三、解决方案

(一)设计方面

(1)设计单位各专业要互提设计资料,在站房设计图中明确接触网预埋件设置里程、规格型号、安装高度、防腐等级、接地电阻的标准,如图 5-29-2 所示。

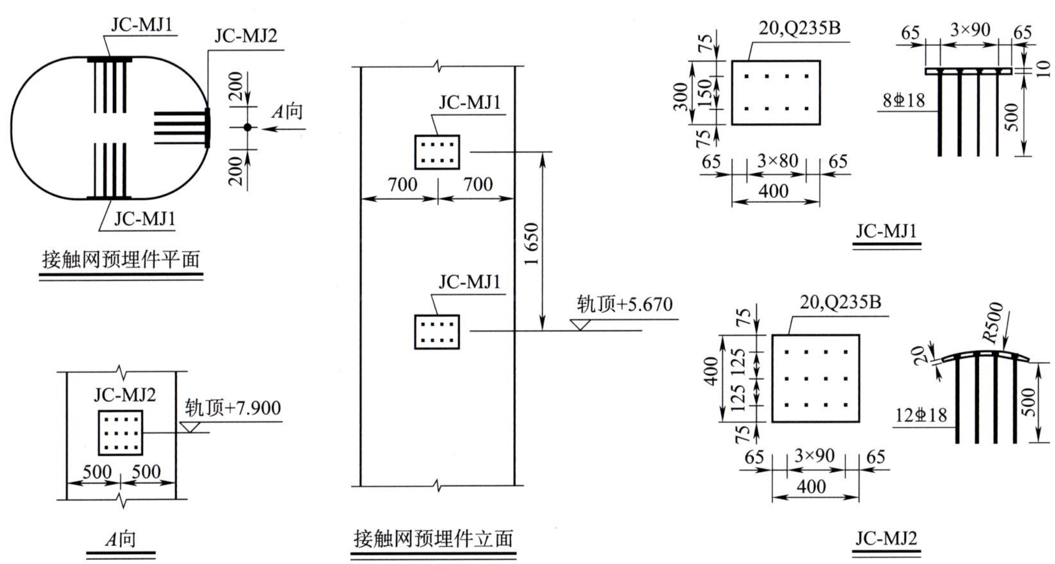

图 5-29-2 接触网预埋件设计示意(标高单位:m;其他单位:mm)

注:1. 预埋钢板及预埋钢筋最外侧 100 mm 范围采用一级热浸镀锌。

2. 预埋钢板应与雨棚柱的结构钢筋相连,接地电阻≤10 Ω。

(2)施工前设计单位对施工单位做好现场技术交底。

(二)施工方面

(1)施工单位根据设计方案,组织联合现场踏勘,充分听取设计单位技术交底,对接相关单位确定施工工序和施工工艺。

(2)施工单位向房建、供电部门提出首件定标申请,牵头组织建设、设计、监理和介入单位开展首件定标。

(3)施工单位严格按照设计方案、工序及工艺组织施工,施工中发现问题时,立即向建设、设计和介入单位报告,在未确定变更方案前,不得盲目施工。

(三)介入方面

(1)介入单位做好设计方案审查。

(2)施工前房建、供电部门与施工单位现场核对接触网预埋件设置位置是否与施工图一致,并现场编号标记。

(3)介入单位联合施工单位开展首件定标,确认接触网预埋件材质、规格型号、防腐等级、安设位置及高度、接地电阻、成品保护的标准。

(4)介入单位在过程中做好介入检查,发现问题及时向建设单位和施工单位通报并督促研究整改方案。

四、实施效果

接触网预埋件如图 5-29-3 所示。

图 5-29-3　接触网预埋件

第三十节　区间基站围墙内外电缆沟接口工程

一、现场情况

区间直放站、基站围墙内电缆沟与围墙外站前施工单位修建的电缆沟错位,无法接通,亦无法敷设光电缆,如图 5-30-1 所示。

图 5-30-1　围墙内外电缆沟接驳位置错位

二、原因分析

(一)设计方面

站前、站后专业设计图未准确定位围墙内外电缆沟接驳位置。

(二)施工方面

站前、站后施工单位施工范围、时序不一致,施工过程中未有效沟通。

(三)介入方面

介入单位对施工图审查不仔细,未及时发现问题。

三、解决方案

(一)设计方面

站前、站后设计单位加强沟通及资料互提,设备专业向房建及站前专业互提准确的墙内外电缆沟接驳位置,同时站前、站后设计图应注意定位接驳位置,如图 5-30-2 所示。

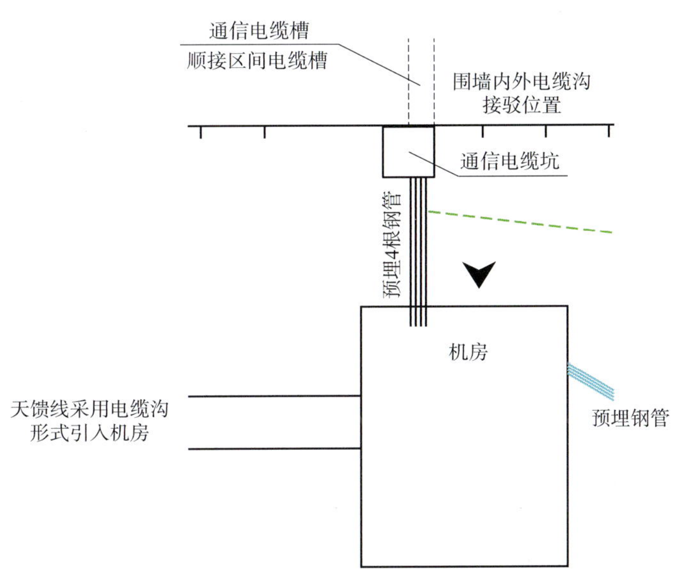

图 5-30-2 围墙内外电缆沟接驳位置示意

(二)施工方面

站前、站后施工单位间加强沟通,后施工的电缆沟应根据先施工的电缆沟进行定位并接通。

(三)介入方面

介入单位组织不同标段施工单位进行技术对接,明确施工界面及工程接口处施工工序。

四、实施效果

围墙内外电缆沟引入如图 5-30-3 所示。

图 5-30-3　围墙内外电缆沟引入

第三十一节　区间通信铁塔天馈线引入机房接口工程

一、现场情况

区间直放站、基站铁塔天馈线引入机房段未明确引入方式，未修建电缆沟槽，造成缺少引入路径，如图 5-31-1 所示。

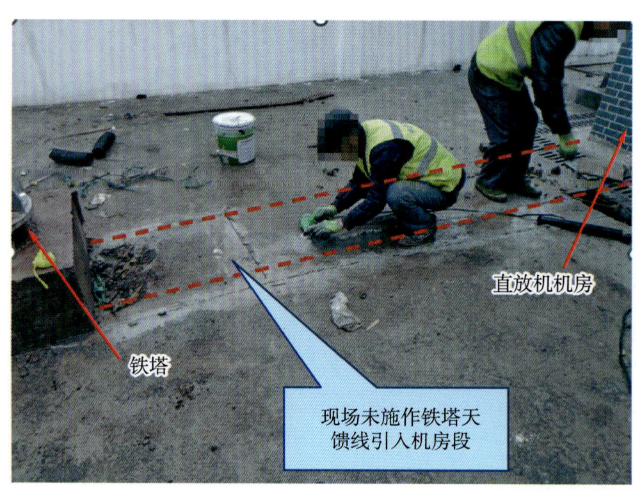

图 5-31-1　现场未施作铁塔天馈线引入机房段

二、原因分析

(一)设计方面

设计阶段未明确天馈线引入机房方式和路径，专业间未提供相关的标准和需求，未详细对接专业接口工程，导致设计方案不匹配。

（二）施工方面

施工单位未详细核对设计方案，未发现接口工程设计方案问题；通信专业与房建专业未对接接口需求，造成沟槽设置不满足设备设施需求。

（三）介入方面

介入单位对施工图审查不仔细，未组织通信铁塔施工单位与房建施工单位进行技术对接；介入检查中未及时发现施工过程问题。

三、解决方案

（一）设计方面

（1）加强设计管理，明确天馈线引入机房方式，如图 5-31-2 所示。

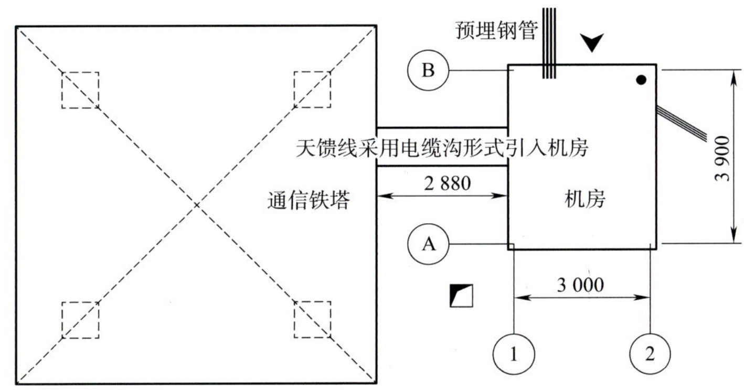

图 5-31-2　铁塔天馈线引入机房段平面示意（单位：mm）

（2）清楚标示敷设天馈线 1、2、3、4 支路（1、3 支路接上行方向天线，2、4 支路接下行方向天线），方便通信人员维护。

（3）铁塔至机房之间馈线采用下走线，每根馈线分别穿入直径 100 mm 的钢管，钢管在带活动盖板的水泥沟槽内固定，便于故障时查找及更换。

（二）施工方面

（1）施工单位充分听取设计单位技术交底，对接相关单位确定施工工序和施工工艺。

（2）施工单位严格按照设计方案、工序及工艺组织施工；施工中做好缆线保护，修建的沟槽必须满足设备设施需求，不能挤压变形或损伤缆线；发现问题立即向建设、设计和介入单位报告，在未确定变更方案前，不得盲目施工。

（三）介入方面

（1）介入单位做好设计方案审查，明确施工界面和工程接口处施工工序。

（2）介入单位排查区间铁塔基站和直放站，明确缆线引入方式和径路。

（3）介入单位在过程中做好介入检查，发现问题及时向建设单位和施工单位通报并督促研究整改方案。

四、实施效果

铁塔天馈线引入机房段沟槽如图 5-31-3 所示。

图 5-31-3　铁塔天馈线引入机房段沟槽

第三十二节　UPS 电池堆放与地板负荷接口工程

一、现场情况

信息机房进行 UPS 设备安装时，未对机房地板负荷进行核算，集中摆放 UPS 电池层数过高有垮塌风险，如 UPS 电池堆放层数为 6 层时，因堆放过高有垮塌风险，如图 5-32-1 所示。

图 5-32-1　UPS 电池堆放过高有垮塌风险

二、原因分析

(一)设计方面

设计单位各专业沟通不足，资料互提、设计交底不清，UPS 电池对地板负荷需求未提交房建专业。

(二)施工方面

施工单位各专业沟通不够，设备施工单位未核实地板负荷信息，将 UPS 电池集中堆放过高。

(三)介入方面

介入单位对施工图审查不仔细，未掌握信息机房地板负荷情况。

三、解决方案

(一)设计方面

设计单位各专业加强沟通,做好信息机房设备摆放位置及重量信息收集,做好信息机房等效均布活荷载计算书等设计交底。信息机房设备平面布置示意如图 5-32-2 所示。

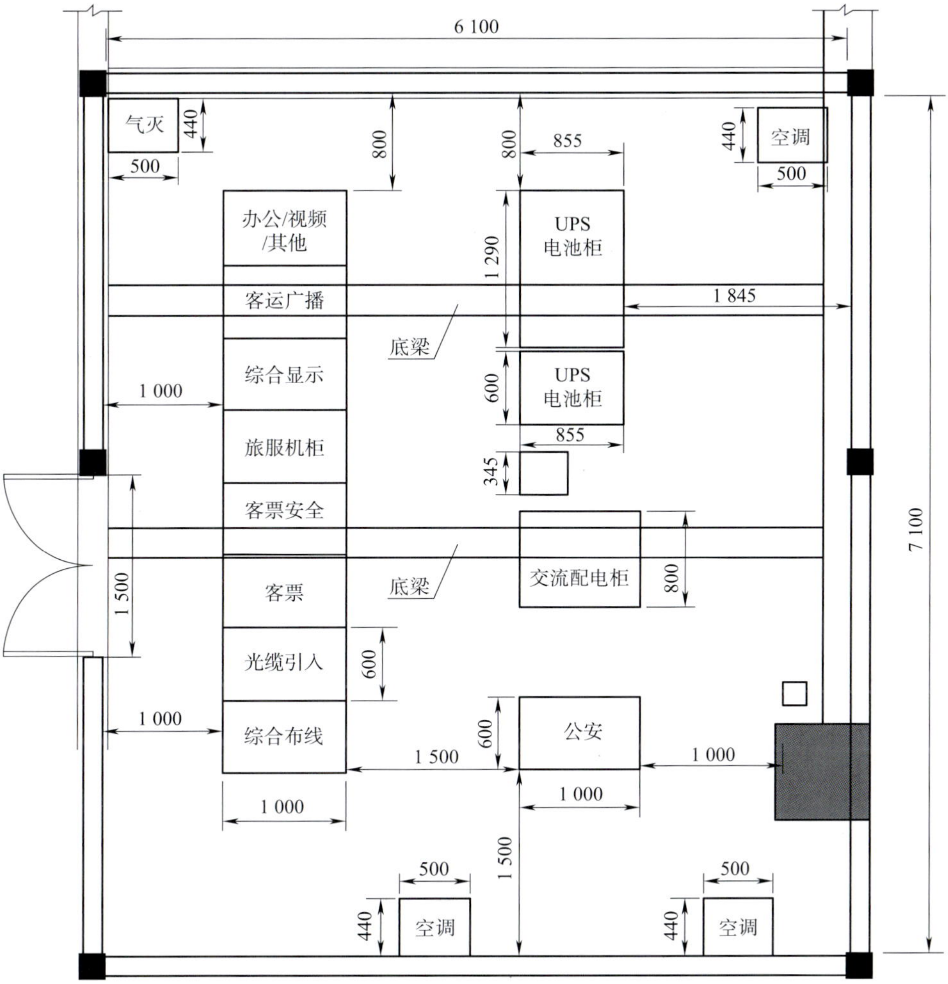

图 5-32-2　信息机房设备平面布置示意(单位:mm)

(二)施工方面

施工单位依据信息机房等效均布活荷载计算书等设计资料进行设备安装,为防范垮塌风险和便于电池维保,电池堆放不高于 3 层。

(三)介入方面

介入单位做好设计方案审查,依据信息机房设备平面布置图和信息机房等效均布活荷载计算书,督促施工单位按图施工。

四、实施效果

信息机房地板承重接口工程如图 5-32-3 所示。

图 5-32-3　信息机房地板承重接口工程

第三十三节　无关管线路径与电力变电所位置的接口工程

一、现场情况

与电力变电所无关的风管或水管进入电力变电所，影响电力设备运行安全，不便于运营维护管理，如图 5-33-1 所示。

图 5-33-1　无关风管进入电力变电所

二、原因分析

(一)设计方面

综合管线设计滞后于建筑方案及平面布局设计,未充分考虑风管或水管路径,导致后期路径选择困难,为避免建筑、结构设计出现大的调整,采用穿越电力变电所方案。

(二)施工方面

为方便施工或节约工程费用,更改设计,将部分与电力变电所无关的风管或水管直接穿过电力变电所。

(三)介入方面

介入单位未提前审查电气和水暖专业设计图,未核对风管、水管路径,未发现接口工程设计方案问题;介入检查中未及时发现施工过程问题。

三、解决方案

(一)设计方面

(1)无关管线受条件限制确需进入变电所区域时,水暖专业需与建筑、结构和电力专业及时协调,具备条件时可增设封闭的结构体,将风管或水管设置在封闭的结构体内,且需满足电气设备安装和维护通道要求,如图 5-33-2 所示。

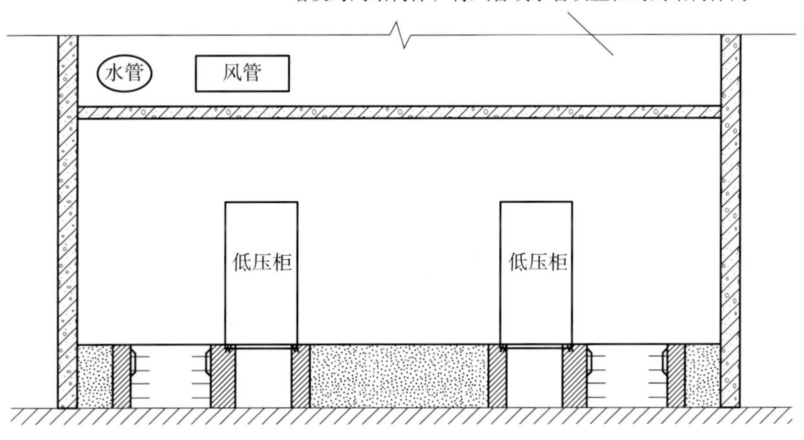

图 5-33-2 无关风管或水管设置在封闭的结构体内

(2)施工前设计单位对施工单位做好现场技术交底。

(二)施工方面

(1)施工单位充分听取设计单位技术交底,对接相关单位确定施工工序和施工工艺。

(2)水暖专业施工前应认真核查水暖和电气设计图及专业设计接口,将无关的风管或水管路径调整至电力变电所外,困难时在不影响设备布置和维护条件的情况下将风管或水管设置在封闭的结构体内。

(三)介入方面

(1)介入单位做好设计方案审查。

(2)介入单位在过程中做好介入检查，发现问题及时向建设单位和施工单位通报并督促研究整改方案。

四、实施效果

变电所内管线综合排布合理如图 5-33-3 所示。

图 5-33-3　变电所内管线综合排布合理

第三十四节　电力变电所通风管道与设备接口工程

一、现场情况

电力变电所内的通风管道位于电力设备正上方，影响电力设备运行安全，如图 5-34-1 所示。

图 5-34-1　通风管道位于电力设备正上方

二、原因分析

(一)设计方面

变电所需设置通风管改善变电所通风条件,暖通专业通风管平面布置未与电力设备平面布置核对,或暖通专业设计图未明确通风管布置位置要求。

(二)施工方面

风管施工单位未与电力施工单位进行对接,未核实电力设备位置,随意安装导致风管位于电气设备正上方。

(三)介入方面

介入单位未全面审查电气和暖通专业设计图,未发现管道与电气设备安装位置冲突的问题;介入检查中未及时发现施工过程问题。

三、解决方案

(一)设计方面

(1)暖通专业加强与电力专业的设计配合和对接,避免出现风管位于电气设备上方的情况,如图 5-34-2 和图 5-34-3 所示。

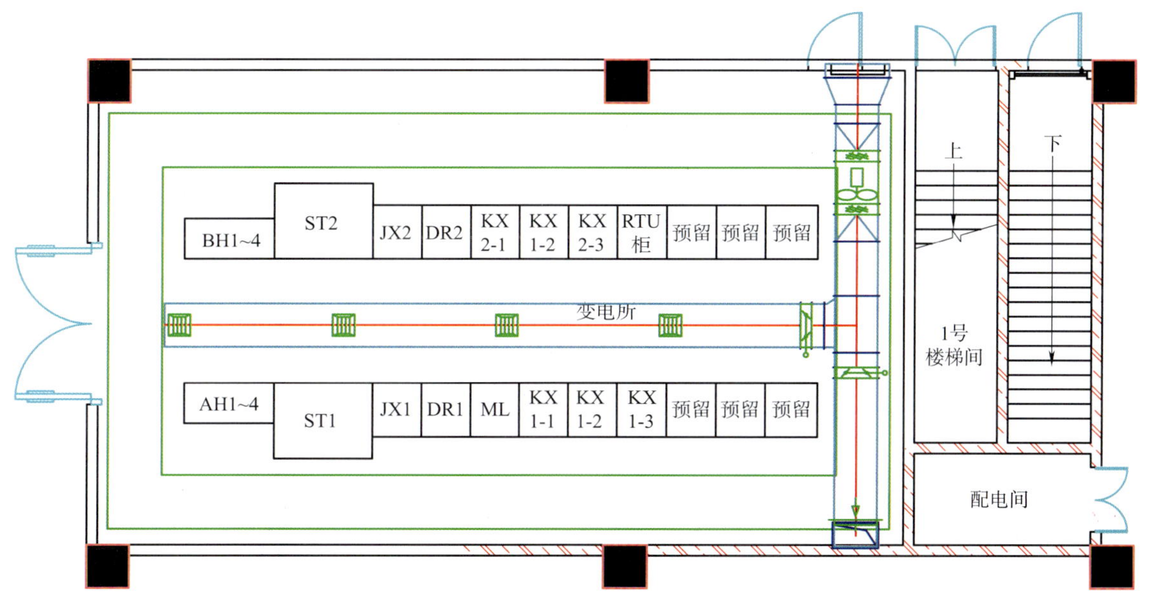

图 5-34-2 风管与配电设备平面布置示意一

(2)施工前设计单位对施工单位做好现场技术交底。

(二)施工方面

(1)施工单位充分听取设计单位技术交底,对接相关单位确定施工工序和施工工艺。

(2)变电所内风管施工前,施工单位先核查电气设备设计位置,若发现风管位于电气设备正上方时不得施工,并及时联系设计单位处理。

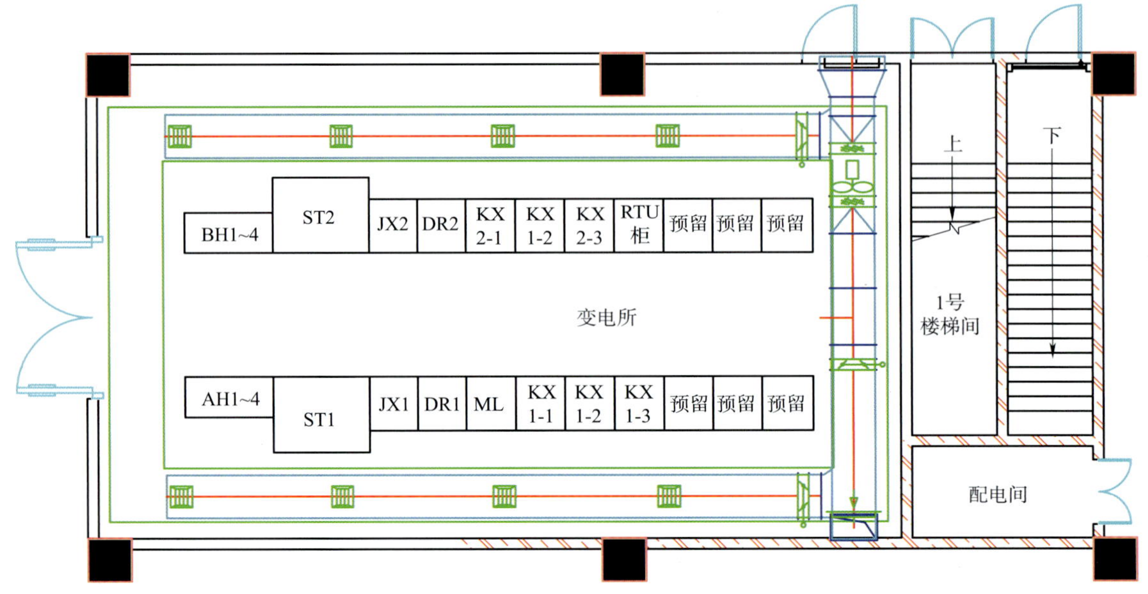

图 5-34-3　风管与配电设备平面布置示意二

(三)介入方面

(1)介入单位做好设计方案审查。

(2)介入单位在过程中做好介入检查,发现问题及时向建设单位和施工单位通报并督促研究整改方案。

四、实施效果

配电柜上方无其他管道如图 5-34-4 所示。

图 5-34-4　配电柜上方无其他管道

第三十五节 室内电力电缆沟与电力电缆桥架接口工程

一、现场情况

（1）电力电缆桥架宽度大于电力电缆沟宽度，致使电缆无法从电缆沟顺利进入电缆桥架，如图 5-35-1 所示。

（2）电力电缆桥架过小，致使电缆大量拥挤在小电缆桥架内，墙体基础与桥架接口成直角，不能满足电缆穿入桥架弯曲半径，如图 5-35-2 所示。

图 5-35-1 电缆桥架位于电缆沟范围外

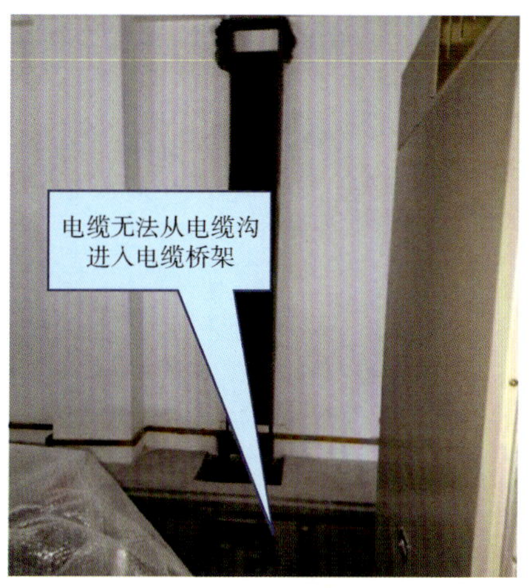

图 5-35-2 电缆桥架过小不满足需求

二、原因分析

（一）设计方面

设计阶段专业间未详细对接专业接口工程，未核查电缆桥架与电缆沟土建尺寸匹配性。

（二）施工方面

土建电缆沟与电缆桥架为不同施工队伍施工，相互之间未进行接口核对；现场电缆桥架随意施工或调整，电缆沟施工位置、尺寸与设计不一致等。

（三）介入方面

介入单位未提前检查电缆桥架和电缆沟设计尺寸，没有发现接口冲突；介入检查中未及时发现施工过程问题。

三、解决方案

（一）设计方面

（1）变电所电缆数量较多，设计阶段加强电缆桥架尺寸计算，细化电缆桥架与电缆沟衔接部位设计，如图 5-35-3 所示。

（2）出现冲突时，采取加宽电缆沟、更换电缆桥架位置等措施。

（二）施工方面

（1）施工单位充分听取设计单位技术交底，施工时应充分考虑电缆敷设条件。

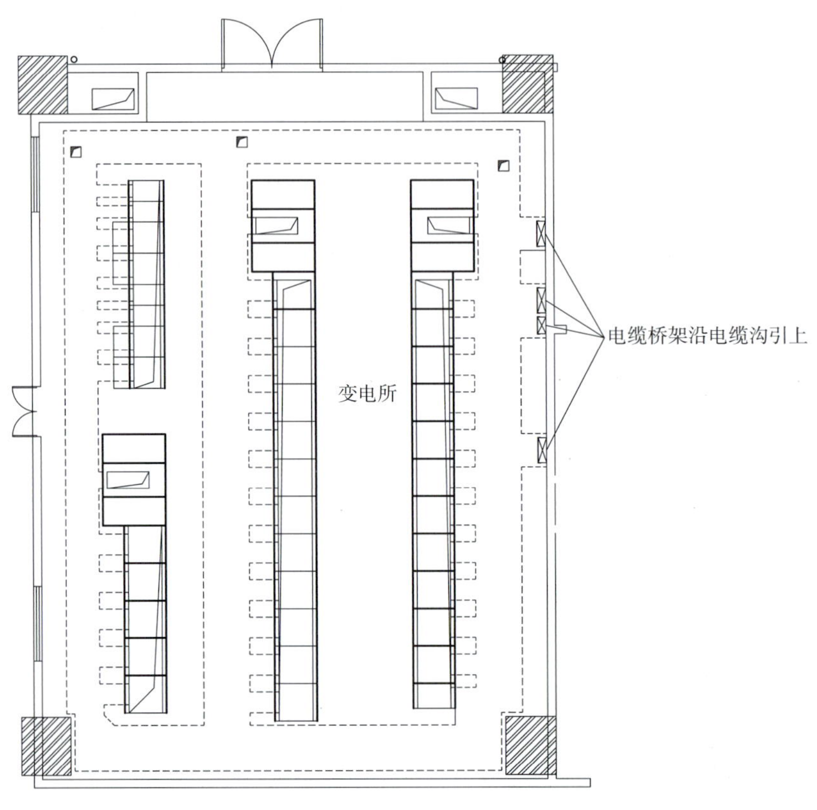

图 5-35-3　电缆桥架与电缆沟衔接部位设计示意

(2)施工单位施工前确认电缆桥架的尺寸、数量与电缆沟的连接关系,合理确定电缆桥架安装位置,将电缆桥架基础与沟体基础衔接处做成弧度,满足电缆穿入所需弯曲半径。

(3)施工中发现问题时,施工单位立即向建设、设计和介入单位报告,在未确定变更方案前,不得盲目施工。

(三)介入方面

(1)介入单位做好设计方案审查。

(2)介入单位在过程中做好介入检查,发现问题及时向建设单位和施工单位通报并督促研究整改方案。

四、实施效果

增加及更改电缆桥架后的电缆铺设如图 5-35-4 所示。

图 5-35-4　增加及更改电缆桥架后的电缆铺设

第三十六节　电力电缆进出建筑物孔洞与防火封堵接口工程

一、现场情况

电力电缆进出建筑物处未预埋管，预留孔过大，直通方式防火封堵困难，难以满足防火要求，如图 5-36-1 所示。

图 5-36-1　电缆进出建筑物处节点做法不满足防火要求

二、原因分析

（一）设计方面

设计单位未明确电缆进出建筑物处预埋或开孔方式、防火封堵的技术要求。

（二）施工方面

施工单位施工时未认真核对设计图，未按设计要求预埋电缆保护管，采用开孔直通方式。

（三）介入方面

介入单位对施工图审查不仔细，未发现接口工程设计方案问题；介入检查中未及时发现施工过程问题。

三、解决方案

（一）设计方面

（1）设计单位设计阶段明确电缆进出建筑物预埋保护管及防火封堵的技术要求，如图 5-36-2 所示。

（2）施工前设计单位对施工单位做好现场技术交底。

（二）施工方面

（1）施工单位充分听取设计单位技术交底，确定施工工序和施工工艺。

（2）施工单位施工时若已采用了开孔直通方式，应及时整改，按要求完善防火封堵措施。

（三）介入方面

（1）介入单位做好设计方案审查。

（2）介入单位在过程中做好介入检查，发现问题及时向建设单位和施工单位通报并督促研究整改方案。

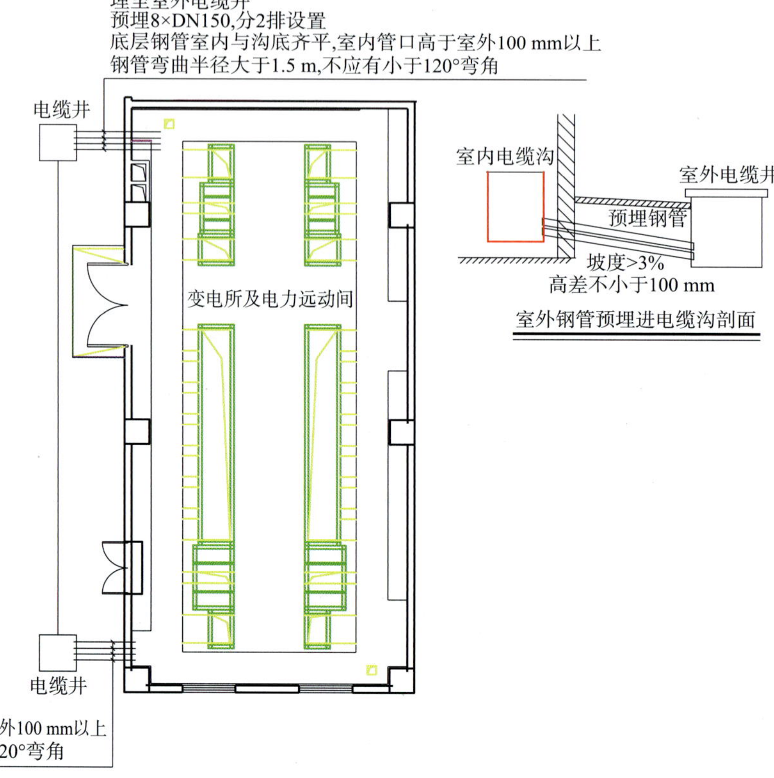

图 5-36-2　电缆进出建筑物预埋保护管及防火封堵要求

注:电缆构筑物中电缆引至电气柜、盘或控制屏、台的开孔部位,电缆贯穿隔墙、楼板的孔洞处,工作井中电缆管孔等均应实施阻火封堵。电力配线的沟槽管洞防火封堵均应满足现行《电力工程电缆设计标准》(GB 50217)的要求。建筑物内防火分隔件上的贯穿孔口、电缆沟槽缝隙等处应按现行《建筑防火封堵应用技术规程》(CECS 154)的有关规定采取防火封堵措施。

四、实施效果

电缆进出建筑物防火封堵要求如图 5-36-3 所示。

图 5-36-3　电缆进出建筑物防火封堵要求

第三十七节 电力线缆进出建筑物与土建预留预埋接口工程

一、现场情况

建筑物土建施工未预留预埋电力线缆进出保护管或孔洞，如图 5-37-1 所示。

图 5-37-1 电力线缆进入建筑物处未预留孔洞

二、原因分析

(一)设计方面

设计阶段专业间未详细对接专业接口工程，建筑、结构等相关专业图纸中对于尺寸较小的电力预埋管和预留孔洞未做细部设计。

(二)施工方面

施工单位未详细核对设计方案，未发现接口工程设计方案问题；施工单位未详细对接施工工序，土建施工与电气施工脱节。

(三)介入方面

介入单位对施工图审查不仔细，未发现接口工程设计方案问题；介入检查中未及时发现施工过程问题。

三、解决方案

(一)设计方面

(1)对于涉及主体结构或尺寸较大的预留孔洞或预埋管，结构设计图中应予以明确，如图 5-37-2 和图 5-37-3 所示。

(2)对于尺寸较小的电力预埋管和预留孔洞，土建设计、电气设计说明中应明确施工注意事项，提出施工接口协调要求。

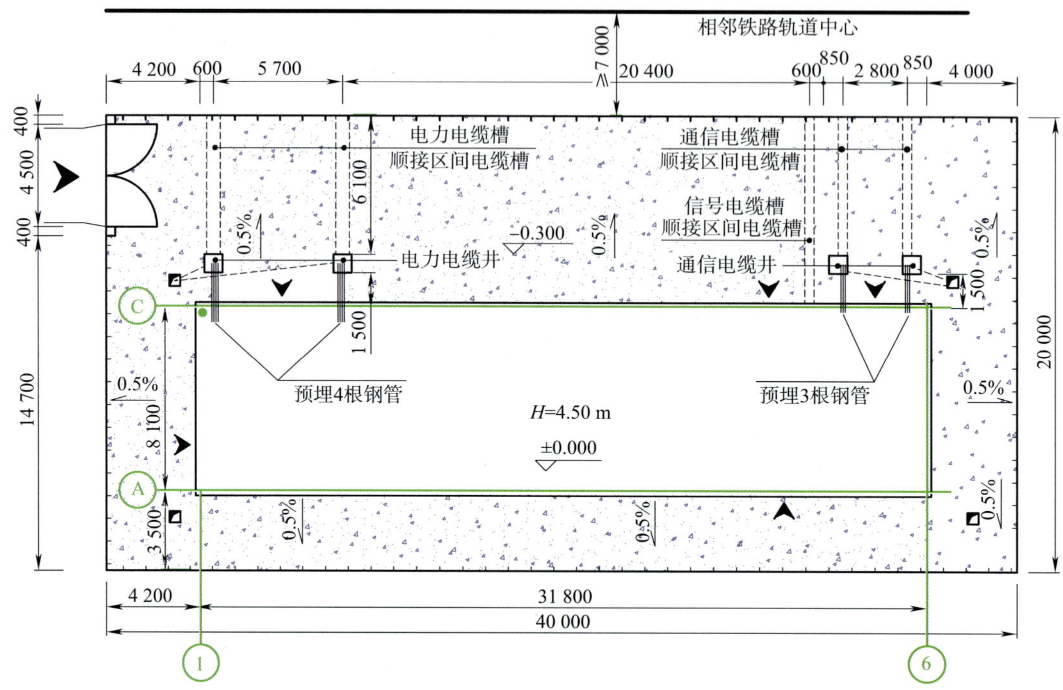

图 5-37-2　结构总平面图中明确电缆预埋管(标高单位:m;其他单位:mm)

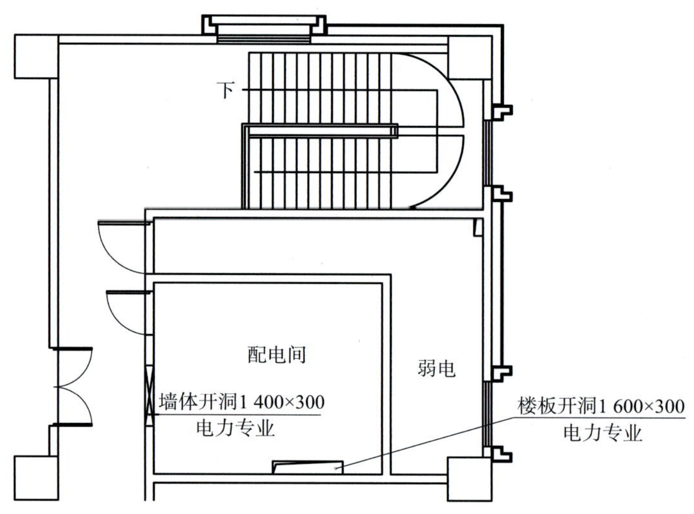

图 5-37-3　结构图中明确预留孔洞(单位:mm)

(二)施工方面

(1)施工单位根据设计方案,组织联合现场踏勘,充分听取设计单位技术交底,对接相关单位确定施工工序和施工工艺。

(2)施工单位严格按照设计方案、工序及工艺组织施工,施工中发现问题时,立即向建设、设计和介入单位报告,在未确定变更方案前,不得盲目施工。

(三)介入方面

(1)介入单位做好设计方案审查。

(2)介入单位在过程中做好介入检查,发现问题及时向建设单位和施工单位通报并督促研究整改方案。

四、实施效果

电力线缆进入建筑物如图 5-37-4 所示。

图 5-37-4 电力线缆进入建筑物

第三十八节 建筑物接地系统与综合贯通地线接口工程

一、现场情况

(1)路基地段综合贯通地线敷设在电缆槽侧面,如图 5-38-1 所示。

图 5-38-1 综合贯通地线位于电缆槽侧面

(2)综合贯通地线敷设遇桥梁伸缩缝时,未使用PE管进行防护或无余量,如图5-38-2所示。

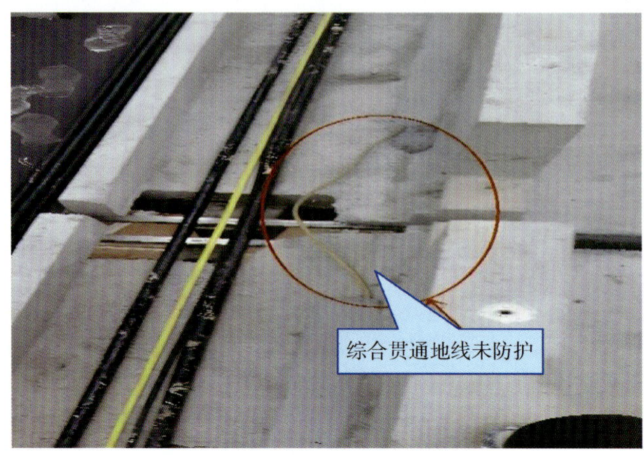

图5-38-2　综合贯通地线未防护

(3)综合贯通地线接地端子为假端子,未与综合贯通地线连接,如图5-38-3所示。

图5-38-3　建筑物接地未与综合贯通地线连接

二、原因分析

(一)设计方面

设计阶段专业间未详细对接专业接口工程,未明确综合贯通地线敷设和连接的相关要求,站后"四电"设计互提资料中未计列相关工程数量。

(二)施工方面

施工单位未详细核对设计方案,未发现接口工程设计方案问题;综合贯通地线施工中,施工单位因综合贯通地线造价很高担心丢失,基本将综合贯通地线施工安排滞后;站前施工单位对于综合贯通地线敷设、连接、标识等技术标准掌握不清,未按照设计标准施工。

(三)介入方面

介入单位对施工图审查不仔细,未发现接口工程设计方案问题;介入检查中未及时发现施工过程问题。

三、解决方案

(一)设计方面

(1)站前、站后设计互提资料,施工图中明确综合贯通地线敷设、连接、标识相关要求和计列数量,如图 5-38-4～图 5-38-7 所示。

(2)施工前设计单位对施工单位做好现场技术交底。

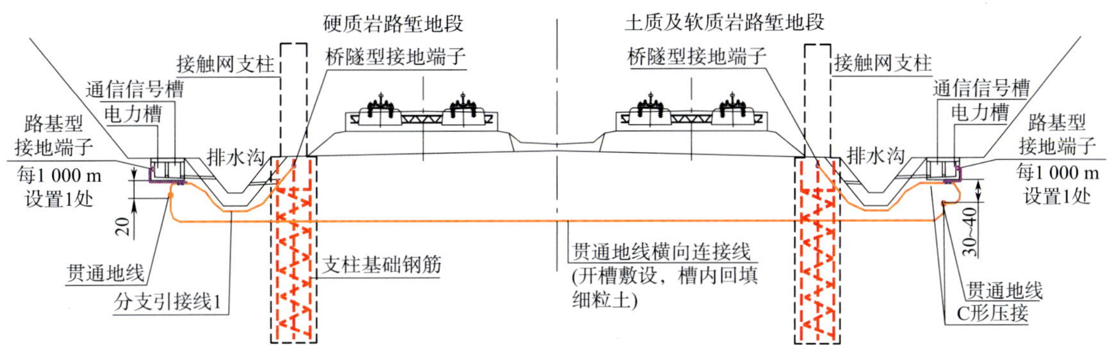

图 5-38-4 硬质岩路堑地段、土质及软质岩路堑地段综合接地示意[通号(2016)9301,单位:cm]

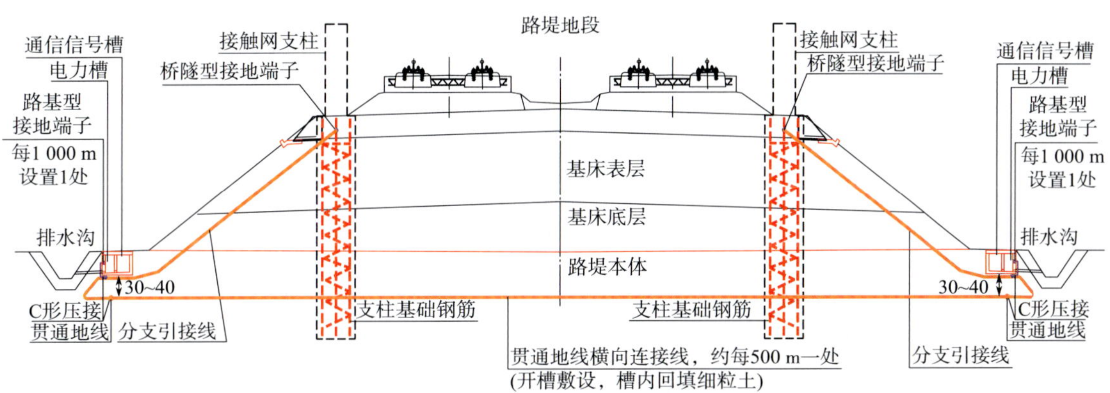

图 5-38-5 路堤地段综合接地示意[通号(2016)9301,单位:cm]

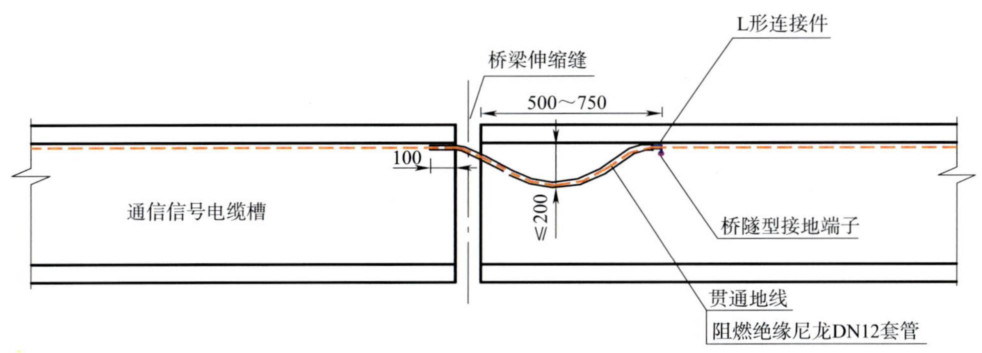

图 5-38-6 桥梁伸缩缝综合贯通地线敷设示意[通号(2016)9301,单位:mm]

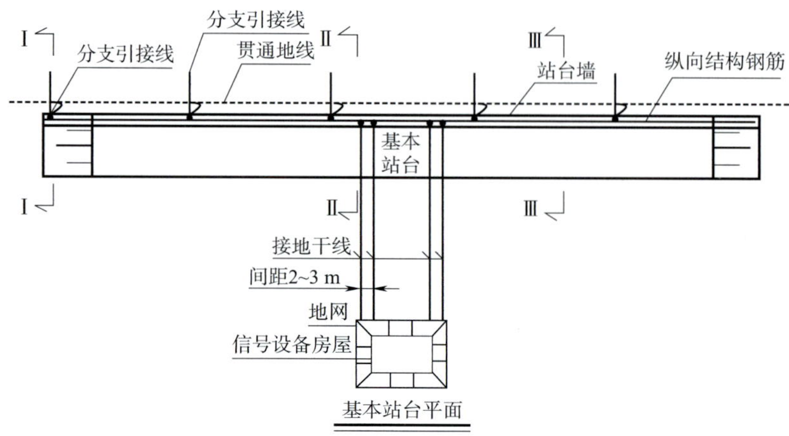

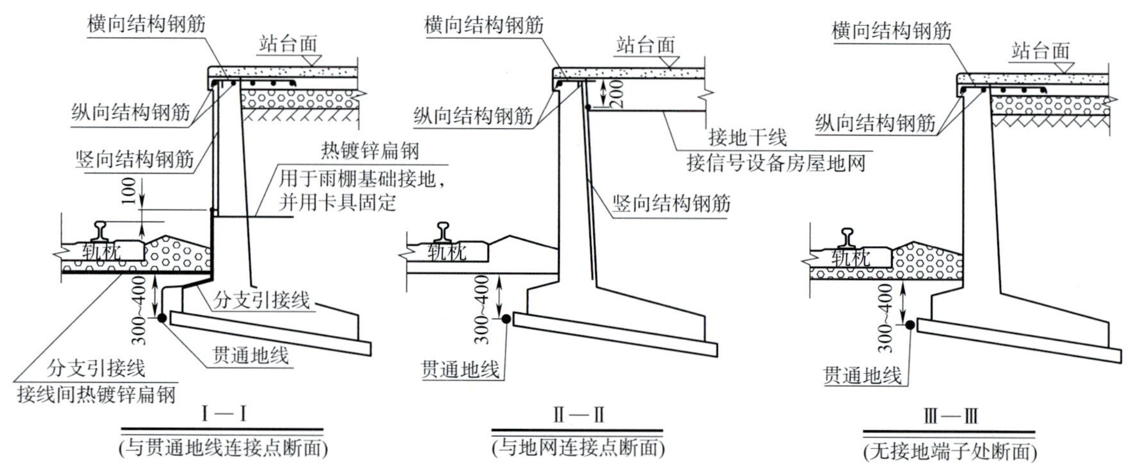

图 5-38-7　建筑物接入综合接地系统示意[通号(2016)9301，单位：mm]

(二)施工方面

(1)施工单位充分听取设计单位技术交底，对接相关单位确定施工工序和施工工艺。

(2)综合贯通地线敷设应同电缆沟制作同步开展；桥梁、隧道口等处做好视频监控，做好成品保护和线路封闭，防止综合贯通地线丢失。

(三)介入方面

(1)介入单位做好设计方案审查。

(2)介入单位在过程中做好介入检查，发现问题及时向建设单位和施工单位通报并督促研究整改方案。

四、实施效果

综合贯通地线敷设及防护如图 5-38-8 所示。

图 5-38-8 综合贯通地线敷设及防护

第三十九节 弱电设备接地与建筑物接地网的接口工程

一、现场情况

信号、通信、信息设备机房中，由于接地排数量不够、安装位置和连接方式不正确等，不满足弱电设备接地需求，如图 5-39-1～图 5-39-3 所示。

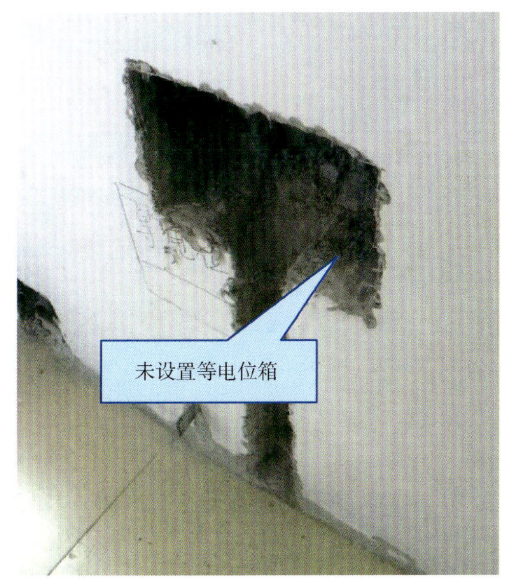

图 5-39-1 未设置等电位箱

图 5-39-2 静电地板支架未接地

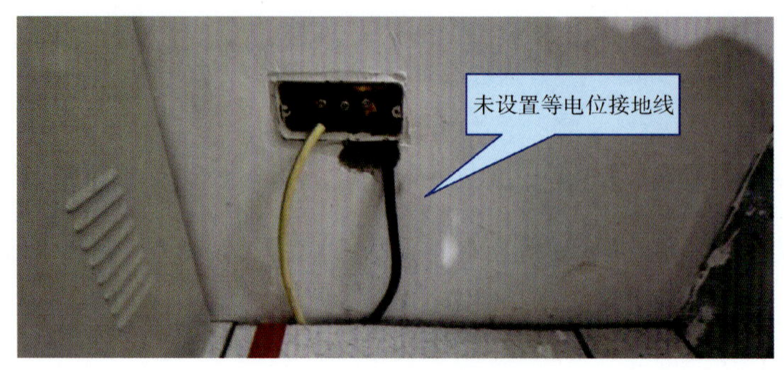

图 5-39-3　未设置等电位接地线

二、原因分析

（一）设计方面

信号、通信、信息专业未向建筑物接地专业明确接地排数量、接地类别和平面位置需求，专业间接口工程对接不到位。

（二）施工方面

施工单位未详细核对设计方案，未发现接口工程设计方案问题；施工单位未详细对接施工工序或施工工艺不满足设计要求，接地排施工时弱电设备施工单位配合不到位。

（三）介入方面

信号、通信、信息专业对施工图接地排审查不仔细，未发现接口工程设计方案问题；介入检查中未及时发现施工过程问题。

三、解决方案

（一）设计方面

（1）建筑物接地设计专业根据信号、通信、信息专业提供的接地排设置需求开展设计（图 5-39-4），设计成果经相关专业确认和会签，在施工图中明确细部设计内容。

（2）施工前设计单位对施工单位做好现场技术交底。

（二）施工方面

（1）施工单位充分听取设计单位技术交底，对接相关单位确定施工工序和施工工艺，弱电设备施工单位明确向建筑物接地施工单位确认正确的接地排位置、数量及接入地网方式。

（2）施工单位严格按照设计方案、工序及工艺组织施工，施工中发现问题时，立即向建设、设计和介入单位报告，在未确定变更方案前，不得盲目施工。

（三）介入方面

（1）介入单位做好设计方案审查，信号、通信、信息专业核查接地排设计图是否纳入建筑施工图。

（2）介入单位在过程中做好信号、通信、信息设备房间内的接地排数量检查，发现问题及时向建设单位和施工单位通报并督促研究整改方案。

四、实施效果

地网铜箔连接采用点焊如图 5-39-5 所示。机房内所有金属构筑物接地如图 5-39-6 所示。机房内不同类型防雷设备采用不同接地线如图 5-39-7 所示。

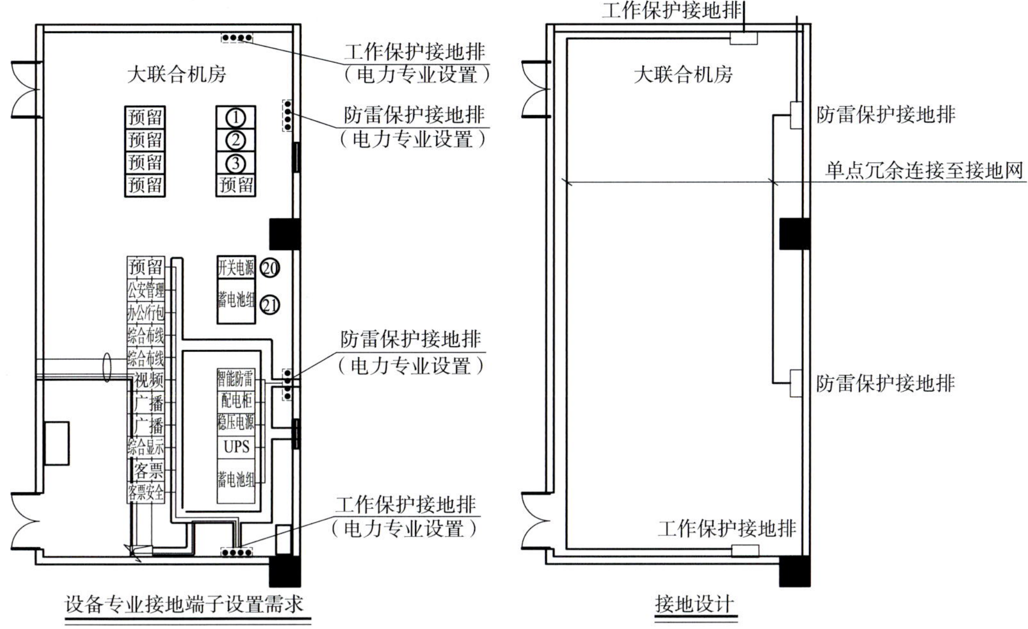

图 5-39-4 弱电设备机房接地设计示意

图 5-39-5 地网铜箔连接采用点焊

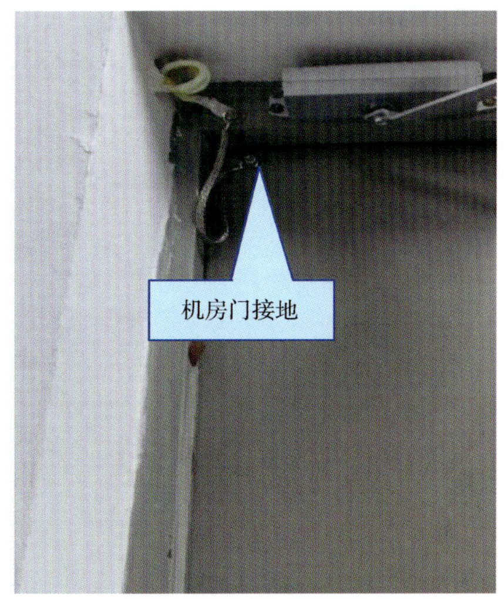

图 5-39-6 机房内所有金属构筑物接地

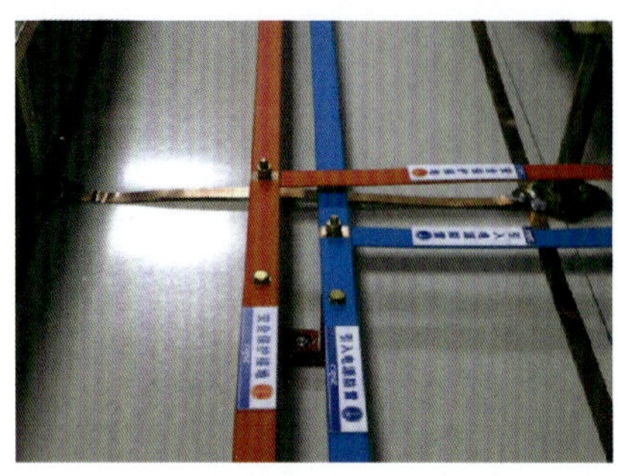

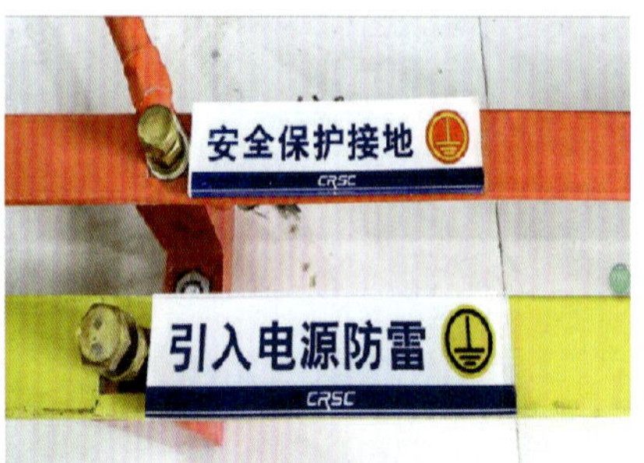

图 5-39-7　机房内不同类型防雷设备采用不同接地线

第四十节　电缆长度与电缆沟路径接口工程

一、现场情况

局部区段电缆沟长距离绕行，电缆长度或预留长度不足，如图 5-40-1 所示。

图 5-40-1　电缆长度小于电缆沟长度

二、原因分析

（一）设计方面

由于忽视局部电缆沟绕行对电缆长度的影响，电缆设计总长度不足。

（二）施工方面

施工单位未详细对接施工工序或施工工艺不满足设计要求，在电缆沟路径尚未形成之前提前敷设电缆；电缆配长计算时，未现场核对电缆路径，对局部区段电缆沟绕行因素考虑不足。

（三）介入方面

电缆敷设完成后，介入单位提出电缆或电缆沟路径调整的要求。

三、解决方案

（一）设计方面

（1）施工前设计单位对施工单位做好现场技术交底，提醒施工单位考虑局部区段电缆沟绕行因素，如图 5-40-2 所示。

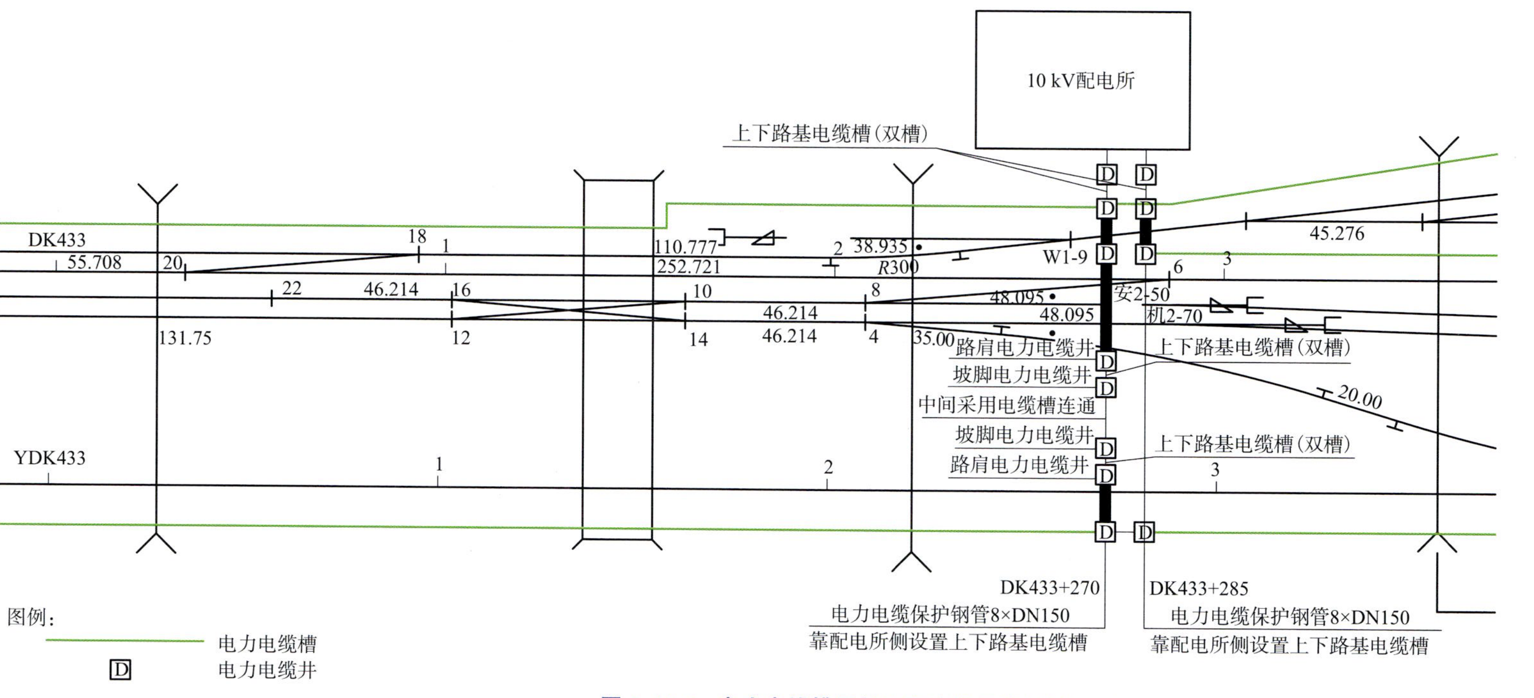

图 5-40-2 电力电缆槽局部平面布置示意(单位:m)

注:1. 电缆长度计算及施工定测时，须结合现场地形条件，考虑电缆局部绕行、地形起伏、电缆长度预留等因素。
2. 图中双槽位置中，每个单槽尺寸为500 mm × 200 mm。

(2)施工中设计单位加强现场巡查和沟通,发现问题及时组织研究和变更设计。

(二)施工方面

(1)计算电缆长度时,应将局部区段电缆沟绕行因素考虑在内,并按规定预留长度。

(2)施工单位严格按照设计方案、工序及工艺组织施工,施工中发现问题时,立即向建设、设计和介入单位报告,明确整改方案,可选择更换电缆、增加中间接头或采用熔焊接头等方式进行补救。

(三)介入方面

(1)介入单位做好设计方案审查。

(2)介入单位在过程中做好介入检查,发现问题及时向建设单位和施工单位通报并督促研究整改方案。

四、实施效果

电力电缆槽增加中间对接头如图 5-40-3 所示。

图 5-40-3 电力电缆槽增加中间对接头